VORWORT

Wissen die heutigen Mütter eigentlich nicht mehr, wie das mit dem Erziehen geht? Man könnte glatt den Eindruck gewinnen. Unsicher, übervorsichtig, überfordert – dieses Bild herrscht in der Öffentlichkeit von der heutigen Müttergeneration vor. Und wer sich als Mutter in die Erziehungsecke der Buchhandlung wagt, der kann ja auch ins Zweifeln kommen: Ist Mutterschaft etwa doch eine Wissenschaft? Braucht man nicht zumindest einen Mami-Führerschein, um den schlimmsten Erziehungscrash zu vermeiden?

Schluss damit! Die Mütter machen es so gut wie nie. Supermütter eben. Das sagen jedenfalls die Kinder. Noch nie hat sich eine Elterngeneration so gut mit ihrem Nachwuchs verstanden wie die heutige. 90 Prozent der Jugendlichen gaben bei der Shell-Studie an, ein gutes Verhältnis zu ihren Eltern zu haben. Drei von vier Jugendlichen wollen im Übrigen ihre Kinder einmal so erziehen, wie sie es zu Hause selbst erlebt haben. Ein größeres Lob kann es doch nicht geben.

Für diesen Ratgeber – ja, es ist auch einer, aber ein etwas anderer – haben wir daher nicht die üblichen Experten gefragt. Sondern diejenigen, die den Erziehungsjob vor allem machen: Mütter! Und sie gebeten, so zu antworten, wie sie ihrer besten Freundin antworten würden. Was tun, wenn ich nicht mit dem Chef telefonieren kann, weil stets Remmidemmi zu Hause herrscht? Wie reagieren, wenn mein Kind die Bäckerei-verkäuferin auf ihren hübschen Bart hinweist? Was unternehmen, wenn es nichts isst, wenn es zu viel isst, wenn es haut, wenn es gehauen wird …? Wie antworten, wenn es wissen möchte, ob Gott zur Oma auch nett sein wird? 101 Fragen rund ums Thema Erziehung und noch viel mehr kluge Antworten.

Gefragt haben wir Bankkauffrauen, Rechtsanwältinnen, Krankenschwestern, Unternehmerinnen, Hausfrauen, Sekretärinnen … und auch Pädagoginnen und Psychologinnen, allesamt aber Mütter. Supermütter eben. Manche noch mittendrin mit kleinen Kindern, manche schon aus dem Gröbsten heraus. Die Antworten? Klug, pragmatisch, ehrlich, lustig, liebevoll und auch gegensätzlich. Müttergetestete Lösungen für Alltagssituationen, die man mit Kindern im Alter von drei bis zwölf eben so erlebt. Und die Väter? Auch für die ist dieses Buch natürlich gedacht, befragt werden sie dann fürs nächste.

DIE AUTORINNEN

Die Journalistinnen Stefanie Wirsching (links) und Doris Wegner sind Redakteurinnen bei der Augsburger Allgemeinen – und Mütter. Sie arbeiten Schreibtisch an Schreibtisch in der Kultur- und Journalredaktion. Stefanie Wirsching schreibt über Literatur und Gesellschaft, Doris Wegner ist zuständig für das Reise-Journal. Für dieses Buchprojekt haben sie nun auch ihre Freizeit miteinander verbracht, daher selbstverständlich ihre Kinder vernachlässigt. Die fanden das ganz in Ordnung! Stefanie Wirsching ist Mutter von zwei Kindern im Alter von 15 und 18 Jahren. Doris Wegner hat einen neunjährigen Sohn.

INHALT

4 DAS IST NUR EINE PHASE | DAS GROSSWERDEN UND SEINE TÜCKEN

5 ABER BITTE MIT SEIFE | SAUBER UND GESUND

6 NA, WIE WAR'S IN DER SCHULE? | DER ERNST DES LEBENS – AUCH FÜR ELTERN

10 IST DAS NOCH EINE PHASE? | TICKS UND EIGENHEITEN

11 DIE SIND DOCH NETT | FREUNDE FÜRS LEBEN — ODER ZUMINDEST FÜR HEUTE NACHMITTAG

12 MAMA, MIR IST LANGWEILIG | FREIZEIT KANN ANSTRENGEND SEIN

1

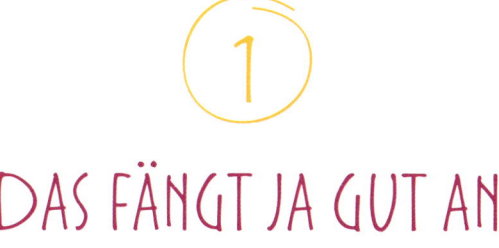

DAS FÄNGT JA GUT AN

Der Start in den Tag

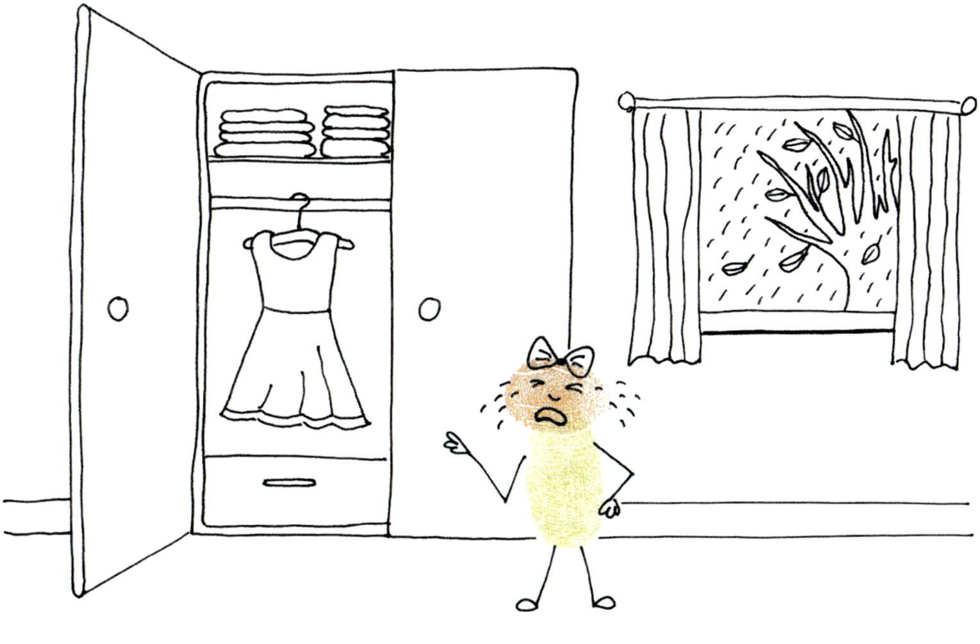

MEIN KIND KOMMT MORGENS NICHT IN DIE GÄNGE

Ihr Kind hat Zeit, Sie nicht. Gerade morgens ist Ihr Kind besonders gelassen. Erst kommt es nicht aus dem Bett, dann spielt es verträumt Lego, Domino und Weiß-der-Himmel-was, bis es endlich an den Frühstückstisch kommt. Während Sie die Pausenbrote schmieren, haben Sie tatsächlich die Zeit gestoppt. Es vergehen glatt zwei Minuten zwischen zwei Müslilöffeln. Ihr Kind schaut entspannt aus dem Fenster, Sie geraten in Panik. Denn Zähneputzen, Waschen und Anziehen stehen auch noch an. Wie mache ich meinem Kind Beine?

Wir haben einen Zeitplan. Mein Sohn hat generell Zeit, träumt und verliert sich in Gegenständen, Geschichten und kann deshalb manchmal stundenlang die Zähne putzen, auf der Toilette sitzen und sich in Allerseelenruhe anziehen … Wenn ich dann in Stress gerate, kann alles eskalieren und alles dauert noch länger, da ich ihn erst

Karin, Journalistin, ein Sohn (7)

wieder trösten muss. Also hilft nur eines: Ruhe bewahren und einen Zeitplan aufstellen. Und an den halten wir uns: Ich sage ihm immer die Uhrzeit und wie viel Minuten er für was Zeit hat. Das machen wir jeden Morgen so, und seit einiger Zeit funktioniert das auch. Am Wochenende darf er sich seine Zeit nehmen. Und alle sind zufrieden.

Einfach mal trödeln lassen. Bei uns herrscht jeden Morgen Zeitdruck, aber vermutlich ist das Problem auch ein wenig hausgemacht. Ich lasse die Kinder so lange wie möglich schlafen, daher ist das morgendliche Zeitfenster einfach ein bisschen eng. Was aber auf jeden Fall viel mehr hilft als das ständige Antreiben von wegen „Komm schon, mach los, schnell jetzt…", ist, wenn man die Kinder einfach mal machen lässt, auch wenn sie dann zu spät kommen. Sie bestrafen sich ja fürs Trödeln quasi selber. Mein Sohn zum Beispiel findet es am schlimmsten, wenn er alleine zur Schule laufen muss, weil er das Treffen mit den Freunden verpasst hat. Wenn das ein oder zwei Mal passiert ist, dann ist er plötzlich der Erste am Treffpunkt.

Vanessa, kaufmännische Angestellte, ein Sohn (8), eine Tochter (10)

Früher wecken. Wenn ich morgens aufwache, bin ich auch wach. Das ist bei meinem Sohn nicht so. Dem gibst du am besten seine Zeit, auch wenn du dich immer wieder wunderst, wieso Zähneputzen und Anziehen derart lange dauern kann. Jedenfalls waren wir schon in der Krippe immer die letzten, die kamen. Und auch heute ist er tendenziell eher ein paar Minuten später dran. Das ist eine Typsache und da kann man auch nichts ändern. Mein Sohn hat ein komplett anderes Zeitmanagement. Das zu akzeptieren, war schwierig, gerade weil mir Pünktlichkeit so wichtig ist. Ich habe den Morgen dadurch entstresst, dass ich gewisse Dinge für ihn übernommen habe: Die Anziehsachen herausgelegt, das Frühstück gemacht, alles vorbereitet. Und dass ich ihn früher geweckt habe, als aus meiner Sicht nötig, damit er einen gewissen zeitlichen Spielraum hat, sein Tempo beibehalten kann und zumindest halbwegs pünktlich ist. Apropos Schlafanzug (siehe nächste Frage): den Fall hatten wir im Kindergarten auch einmal. Am nächsten Tag riefen mich zwei Mütter an und erzählten mir, ihre Söhne hätten das so cool gefunden. Die wollten dann auch im Schlafanzug gebracht werden.

Antonie,
Lehrerin,
ein Sohn (18)

MEIN KIND ZIEHT NUR AN, WAS ES WILL

Draußen überzieht der Raureif die Bäume und das Thermometer bewegt sich flott unter die Frostgrenze. Drinnen im Kinderzimmer steigt die Mutter-Temperatur dagegen stetig: Ihre Tochter will das Trägersommerkleid anziehen. Und zwar nur das Spaghetti-Teil. Ohne Drunter und ohne Drüber, keine Kompromisse. Oder Ihr Sohn besteht auf die verschlammte Wohlfühlhose von gestern, die schon längst im Wäschekorb liegt bzw. steht… eben wegen des Schlamms. Jedenfalls, die oder das muss es sein, nichts anderes. Sonst können Sie Ihr Kind an den Haaren in den Kindergarten schleifen. Was tun? Wirklich die Nummer abziehen mit „dann bringe ich dich im Schlafanzug in den Kindergarten"? Gleichbedeutend mit der öffentlichen totalen Kapitulation vor dem Erziehungsnotstand?

Leben mit der Freestyle-Phase. Ab März ist für meine mittlere Tochter Sommer. Da zieht sie nur noch kurzärmelige T-Shirts an — aber sie friert erstaunlicherweise auch nicht. Dafür kann es sein, dass sie bei 30 Grad am

13

liebsten Langarm-T-Shirt, Pumphose, darüber Rock und lange Kniestrümpfe trägt – und das alles auch anlässt. Sie hat einen etwas eigenwilligen Stil – wir nennen das Freestyle-Phase. Solange sie noch in den Kindergarten geht, bin ich total relaxt. Ich hoffe aber ehrlicherweise auf einen Stilwechsel, bis für sie die Schule beginnt. Und auch auf ein besseres Gefühl für die Jahreszeiten. Grundsätzlich dürfen sich meine Mädchen selbst aussuchen, was sie anziehen möchten, ich sage ihnen nur, was für ein Wetter heute ist und bin froh, wenn ich Dirndl und Sonntagskleid für den Kindergartentag verhindern kann. Aber ich finde, deswegen lohnt es sich nicht in der Früh zu streiten. Für den Fall, dass die Kleiderauswahl gar zu freestylig ist, haben wir einen Puffer von 15 bis 20 Minuten eingebaut. Denn das Umziehen ist dann durchaus mit Diskussionen verbunden.

Auf Kombinationen geeinigt. Meine kleine Tochter hatte schon früh klare Vorstellungen, was sie anziehen möchte, oft ohne meine Wünsche beziehungsweise die Außentemperaturen zu berücksichtigen. Ich wurde meist irgendwann lauter, dann ging

> Petra,
> Bankkauffrau,
> drei Töchter
> (2, 4, 6)

natürlich nichts mehr. Was schließlich half: Als ich mich zu ihr auf den Boden setzte und ihr gesagt habe, dass ich mich nicht streiten will und mich das total stresst, dass ich zur Arbeit muss … und es nicht darum geht, dass sie das Kleid nicht anziehen darf, sondern nur darum, dass sie nicht krank wird. Wir haben uns schließlich auf eine optisch merkwürdige Kombination geeinigt: Pulli unter dem Kleid, dazu Mütze und Stiefel. Mich auf Augenhöhe zu begeben, nicht von „oben herab" zu agieren, war übrigens generell eine gute Idee. Eine Freundin von mir hat ihre Tochter, die sich nicht anziehen wollte, tatsächlich im Schlafanzug in die Kita gebracht. Die Tochter wurde ausgelacht, hat sich sehr geschämt, aber dann immer angezogen, was vernünftig war. Aber sie hat das ihrer Mutter sehr lange übel genommen und das mit gerade fünf Jahren. Da muss es dann vielleicht doch eine andere Lösung geben …

> Bettina,
> Juristin,
> zwei Töchter
> (16, 18)

Bedürfnisse des Kindes respektieren. Bei meiner jüngeren Tochter war es nie ein Problem: Es sieht vielleicht manchmal lustig aus, was sie anzieht, ist aber eigentlich immer wettergerecht und das ist ja die Hauptsache. Bei meiner älteren Tochter dagegen gab es im Alter von fünf oder sechs Jahren eine Zeit, da hat sie nur die eine Hose und den einen Pulli getragen, nichts anderes! Es gab keine Alternative. Ich habe dann Hose und Pulli jeden Abend gewaschen. Natürlich hätte ich auch sagen können, nein, das geht nicht, aber das hätte mich vermutlich nur viel Nerven gekostet. Und ich hätte damit auch nicht die Bedürfnisse meiner Tochter respektiert. Denn vermutlich hatte sie ja ihre Gründe, warum es diese Hose und dieser Pulli sein musste, aber offenbar konnte sie mir das nicht mitteilen bzw. ich konnte es rational nicht nachvollziehen. Für mich war es auf jeden Fall stressfreier zu waschen und die Sache so zu handhaben, als in die Konfrontation zu gehen. Irgendwann legt sich so eine Phase ohnehin wieder.

Susanne,
Agraringenieurin,
zwei Töchter
(7, 14)

Vorbereitung ist alles. Meine Fünfjährige liebt Sommerkleider und würde diese auch sehr gerne immer tragen und meine Zweijährige eifert ihr darin schon nach. Allerdings umgehen wir die Diskussion am Morgen, indem ich während des abendlichen Zähneputzens das Wetter für den nächsten Tag checke und dann die Kleidung richte. Auf einen Kleidungsstück-Tausch (nein, das mag ich aber nicht) lasse ich mich ein – alles andere wird mit „für ein Kleid ist es morgen zu kalt" etc. abgelehnt. Morgens gibt es dann (meist) kein Theater mehr.

Gabi,
Grafikerin,
zwei Töchter
(2, 5)

MEIN KIND HAT BAUCHWEH, DENNOCH DAS ÜBLICHE PROGRAMM?

Das Kind ist krank. Aber nur ein bisschen. Ein bisschen Bauchweh, da könnte natürlich ein Magen-Darm-Infekt dahinterstecken, aber vielleicht auch nur die große Portion Pommes von gestern Abend. Ein bisschen erhöhte Temperatur, da könnte sich ein Infekt anbahnen, aber vielleicht auch nur eine kleine Erkältung. Und mit etwas Fiebersaft wäre das Kind ja sofort topfit, könnte also doch in den Kindergarten, in die Schule, zu Freunden oder mit zum lang geplanten Familienausflug in den Freizeitpark …

Oder man selber könnte zum Beispiel zum Arbeiten gehen, weil schon wieder zu Hause bleiben, da verdrehen die Kollegen am Ende die Augen! Alles eine Frage der Abwägung?

Das ist nicht nur eine Erziehungsfrage. Es geht schließlich ums Einkommen, zumindest bei mir als Freiberufliche. Arbeit absagen bedeutet Einbußen. Deswegen muss ich an den Tagen, an denen ich arbeite, schon echt überlegen, ob ich bei einem bisschen Kränkeln gleich das Krankenlager eröffne. Meist handhabe ich es so: Erhöhte Temperatur am Morgen, mein Kind geht dennoch. Fieber in der Früh, wir bleiben zu Hause. Ich habe zwar auch mal ein schlechtes Gewissen, wenn ich mein kränkelndes Kind losschicke, aber die Miete gewinnt. Und mein Notfallprogramm wie zum Beispiel, wir rufen die Oma an, ob sie nicht bitte kommen kann, ist eben auch nur für echte Notfälle gedacht.

Marina, Musikpädagogin, ein Sohn (4),

Es kommt darauf an. Bei ein bisschen Bauchweh schicke ich meine Söhne erst einmal los, verspreche ihnen aber, sie jederzeit abzuholen, wenn es ihnen schlechter geht. Solange ein Kind nicht mit gekrümmten Beinen im Bett liegt, kann das Bauchweh nicht so schlimm sein. Eigentlich hat man da ja doch ein gutes Gefühl dafür, ob das Kind wirklich krank ist oder sich nur ein bisschen unwohl fühlt. Oder vielleicht sogar versucht, einen schulfreien Tag herauszuschlagen. Das versucht es dann vielleicht auch wieder, deshalb bin ich eher konsequent im Schicken. Als ich das letzte Mal meinen Sohn mit Bauchweh in die Schule geschickt habe, hat mich dann aber nachmittags die Kinderärztin angeschaut, als sei ich eine Rabenmutter. „Der war heute in der Schule?" Mein Sohn hat sich sehr gefreut und gesagt: „Siehst du, ich habe doch was gehabt." Das kann natürlich auch mal sein … Bei Fieber, also ab 38 Grad, bleiben meine Söhne auf jeden Fall zu Hause, da gibt es auch kein Ibuprofen!

Andrea, Krankenschwester, zwei Söhne (7, 9)

Ich bin ehrlich gesagt erst mal wütend. Wenn ich morgens die Kinder wecke und einer jammert, dass es ihm nicht gut geht, wirft mich das durchaus aus der Bahn. Sofort fängt mein Kopf an zu arbeiten. Mist, wie schlimm ist es? Kann er trotzdem in die Schule gehen? Könnte ich ihn ein wenig alleine lassen? Wie viel versäumt er in der

Schule? Wo bekomme ich dann wieder die Hausaufgaben her? Was muss ich organisieren, wenn ich zu Hause bleibe? Was muss ich organisieren, wenn ich nicht zu Hause bleibe? Der erste Impuls ist immer, dass ich wütend werde. Kein Mitleid oder „du armes Kind", sondern total genervt und überfordert mit der Entscheidung, die ich innerhalb weniger Minuten treffen muss. Wenn das Kind wirklich krank ist, zum Beispiel mit Fieber, dann stellt sich natürlich sofort ein schlechtes Gewissen ein, weil ich die Lage mal wieder nicht richtig eingeschätzt habe. Der Ärger wandelt sich in Mitleid und Fürsorge. Ich kann dann auch sofort resigniert umschalten und das Kind und mich selbst für den Tag entschuldigen.

Eva,
Bürokauffrau,
zwei Söhne
(11, 14)

MEIN KIND FRÜHSTÜCKT NICHT

Ihnen klingen die Worte noch vom letzten Elternabend in den Ohren: Schicken Sie Ihr Kind nie ohne Frühstück los! Die wichtigste Mahlzeit des Tages ... Das Kind hat keine Kraft für den Tag ... Unkonzentriert in der Schule ... Sie kennen die klassischen Frühstücksweisheiten – die Ihnen aber nicht weiterhelfen! Ihr Kind bekommt morgens um sieben keinen Bissen runter und für Sie ist die Welt alles andere als in Ordnung. Und jetzt? Das Kind zum Essen zwingen oder darauf vertrauen, dass es bis zur Pause schon durchhalten wird?

Frühstück ist überschätzt. Ich selbst frühstücke nicht. Aber für meine Tochter habe ich mich umgestellt und morgens gemeinsam mit ihr etwas gegessen. Ich habe ihr Müsli gemacht, Obst geschnitten, es mit frischen Croissants versucht. Zumindest in den ersten Wochen der ersten Klasse, aber nichts hat funktioniert. Das Frühstück ist fast immer im Müll gelandet, da habe ich es gelassen und gebe ihr dafür seitdem etwas mehr Brotzeit mit. Es heißt zwar immer, Frühstück sei so wichtig. Aber meine Tochter hat sich eigentlich immer schlecht gefühlt und über Bauchweh geklagt, wenn sie morgens etwas gegessen hat. Seitdem gibt es bei uns das klassische Frühstück nicht mehr. Wir sitzen zwar zusammen, ich trinke Kaffee, sie trinkt Wasser, das war's dann aber auch. Meine Tochter ist einfach genau der gleiche Typ wie

Vanessa,
kaufmännische
Angestellte,
ein Sohn (8),
eine Tochter
(10)

ich, sie hat erst mittags Hunger. Und auch ich bin ja ohne Frühstück leistungsfähig und kann mich konzentrieren. Ich stresse mich jedenfalls nicht mehr. Frühstück ist überschätzt.

Ich kann es den Kindern nicht hineinstopfen. Morgens bringen meine Kinder nichts hinunter. Keine Brote, kein Müsli, einfach nichts. Und ich habe es immer wieder versucht. Dann haben wir beschlossen, das Frühstück bleiben zu lassen – egal, was die Lehrerin oder Kindergärtnerin über die wichtigste Mahlzeit des Tages sagt. Ich kann's den Kindern ja nicht hineinstopfen. Also gebe ich ihnen etwas mehr Brotzeit mit – und das klappt auch.

Ines,
Bankkauffrau,
eine Tochter (8),
ein Sohn (5)

Wenigstens eine Kleinigkeit. Die Ursachen können vielfältig sein – zu große Müdigkeit oder morgendlicher Zeitdruck sind in einem gewissen Maß abstellbar, aber bei manchen Menschen ist früh am Morgen einfach das Betriebssystem noch nicht hochgefahren und sie bringen deswegen kaum einen Bissen herunter. Abhängig vom Alter des Kindes versuche ich mehr oder weniger Überzeugungsarbeit zu leisten. Bei den kleineren im Kindergarten und Grundschulalter bestehe ich darauf, dass sie wenigstens eine Kleinigkeit – ein Stück Obst, ein paar Löffel Joghurt – essen oder etwas Nahrhaftes wie Kakao trinken. Bei den größeren, die die Zeitspanne bis zur ersten großen Pause besser einschätzen können, akzeptiere ich, dass sie ihr Frühstück lieber mitnehmen. Ganz ohne geht es allerdings auch nicht, wie wir an dem Tag erfahren mussten, als unser Sohn, damals elf, wegen Übelkeit und Kopfschmerzen aus der Schule abgeholt werden musste. Wie sich dann herausstellte, war er nur unterzuckert.

Almut,
Hausfrau,
drei Töchter
(6, 6, 17),
ein Sohn (14)

Eine Tasse Kakao reicht auch. Eigentlich will man sein Kind ja mit einem anständigen Frühstück aus dem Haus schicken. Aber du kannst ihm das Essen ja auch nicht hineinpressen. Meine Tochter hat immer nur eine Tasse heißen Kakao getrunken. So habe ich sie gehen lassen, ihr aber natürlich ein gutes Pausenbrot mitgegeben. Man muss es ja mal so sehen: Eine Tasse guter Kakao mit Vollmilch hat auch nicht viel weniger Nährwert wie beispielsweise ein Toast und ein Tee dazu … Ich habe mich jedenfalls nicht lange davon verrückt machen lassen.

Isabella,
Hausfrau,
eine Tochter
(18)

KOMM, NUR NOCH EINEN LÖFFEL

Essen wird überschätzt

MEIN KIND ISST NUR SORTENREIN

Heute Nudeln mit Butter. Morgen Nudeln mit Butter. Übermorgen… Ihr Kind isst seit Tagen nichts anderes. Gemüse, Vitamine, Vielfalt, alles was Ihnen wichtig ist, darauf pfeift es getrost. Hauptsache es gibt Nudeln mit Butter. Kann ich abwarten, bis die Vorliebe sich wieder legt oder soll ich darauf bestehen, dass mein Kind auch andere Sachen probiert?

Ich gebe nicht auf. Bei uns im Schrank gibt es viele angefangene Packungen von Quinoa, Hirse, Bulgur… Denn jeden Tag Pfannkuchen, Kartoffeln mit Butter oder Pommes, das kann es ja auch nicht sein. Mir ist gesundes Essen sehr wichtig, meinen Kindern ehrlich gesagt total egal. Wenn ich wieder etwas Neues ausprobiere (Rote-Bete-Suppe zum Beispiel war nicht der Hit), bin ich echt erleichtert, wenn irgendwas mal ankommt. Aber meistens sieht mich mindestens eines meiner Kinder total entgeistert an und meint: „Was ist das denn? Das gab es ja noch nie." Dann weiß ich, ich habe für dieses

Steffi,
Rechtsanwältin
eine Tochter (8),
ein Sohn (9)

Mal verloren. Aber ich gebe nicht auf. Spinatknödel beispielsweise haben es auf unseren Speiseplan geschafft.

Ein Trick hilft weiter. So what? Immerhin isst mein Kind ja. Warum soll ich meinen Sohn zwingen, alles zu essen? Das habe ich früher doch auch nicht getan. Mir ist nur wichtig, dass er unterschiedliche Vitamine und Nährstoffe zu sich nimmt. Das sehe ich ganz entspannt. Nudeln sind doch gute Kohlenhydrate, eine Energiequelle und für uns eine sichere Nummer. Wenn wir essen gehen, dann weiß ich, dass mein Sohn gerne mitgeht, wenn er seine Butternudeln bekommt. Wir haben allerdings ausgemacht, dass er immer wieder probiert, wenn ich etwas Neues koche! Zusätzlich wende ich auch oft einen Trick an: Ich mische Möhren und Zucchini in die Soße, püriere sie und am Ende schmeckt sie genau so, wie sie sein soll, und enthält Vitamine. Hauptsache, die Farbe stimmt. Und bei Kartoffelpuffern mit Apfelmus mische ich Zucchini und Karotten in den Teig.

Karin,
Autorin,
ein Sohn (7)

Ich werde durchhalten. Was habe ich mich zu Beginn meiner Zeit als kochende Mutter gut gefühlt: Da habe ich

Pastinaken püriert und mir gedacht, wow, wie ich meinen Sohn geschickt an diese tolle Sachen heranführe. Und dann, zack, kommt der Punkt, da geht plötzlich nichts mehr: Alles wird getrennt und alles Grüne herausgepopelt. Adieu Pastinaken! Ich schwärme nun von der Vergangenheit und hoffe auf die Zukunft, setze in der Zwischenzeit meinem Kind nach wie vor Nudeln mit Gemüse und Fleisch vor und sehe zu, wie er jede Nudel feinsäuberlich separiert. Und ich werde durchhalten, solange er nebenbei auch Äpfel und Gurken isst. Es gibt Phasen, da mögen Kinder nichts Neues, nichts, was zu intensiv schmeckt, nichts, was rot ist … irgendwann aber gibt es wieder Pastinaken!

Marina,
Musikpädagogin,
ein Sohn (4)

MEIN KIND ISST GAR NICHTS

Heute ist wieder so ein Tag, an dem Ihr Kind von Luft und Liebe lebt. Morgens zwei Löffel Müsli, die Brotzeitdose kommt mit komplettem Inhalt zurück. Mittags stellen Sie Belohnungen für jeden absolvierten Löffel in Aussicht. Und wenn Sie sich mit Kohldampf das Abendessen schmecken lassen, will Ihr Kind lieber spielen. Kann ich getrost warten, bis mein Kind wieder mehr Hunger hat?

Nicht ärgern – angepasst kochen. Es fing schon mit den ersten Löffeln an: Egal, ob selbst gekocht oder aus dem Gläschen – meine Tochter aß drei Löffel und war satt. Wo andere Mütter von ganzen Gläsern berichteten, die verdrückt werden, reichte bei uns die Menge eines Gläschens locker für vier Mahlzeiten. Alle gut gemeinten Ratschläge von Omas etc. halfen nichts. Auch heute hat meine Fünfjährige noch relativ wenig Bedarf an Essen. Sie ist die Kleinste im Kindergarten und alle Jüngeren haben sie überholt. Aber inzwischen hab ich es akzeptiert und nehme das Ganze gelassener. Ich sehe es positiv: Andere klagen, wie ihre Kids aus den Klamotten wachsen, bei uns passt alles eeewig. Bei der Zweiten wird ja sicher alles besser … Dachte ich. Sie isst noch weniger. Sie ist noch wählerischer als Nummer eins! Aber nachdem beide Obst lieben und auch Rohkost gerne essen, mache ich mir inzwischen keine Gedanken mehr und koche einfach oft, was ihnen schmeckt: Nudeln,

Gabi,
Grafikerin,
zwei Töchter
(2, 5)

Pommes, Pfannkuchen, Würstchen. Wie heißt es so schön: Der Körper holt sich das, was er braucht. Wird schon stimmen. Und so freue ich mich im Freibad oder Restaurant darüber, wie billig wir mit unseren Kindern doch wegkommen. Eine Portion für zwei Kinder, und selbst da bleibt noch genug übrig…

Es darf ein Nutellabrot mehr sein.
Mein Kind isst sozusagen von Geburt an wie ein Spatz, das begann beim ersten Löffel „Gläschen". Ähnlich übrigens wie bei meiner Schwester, da war es früher so, dass die Reste in einen Topf gegeben wurden und die sollte sie später dann noch essen. Das gibt es bei uns nicht. Ich habe gelernt, dass es das Beste ist, wenn du das Essen bei so einem superdünnen Kind gar nicht thematisierst. Natürlich machst du dir als Mutter Gedanken, schaust, was liegt noch auf dem Teller und bist auch zu mehr Zugeständnissen bereit. Die Konsequenz, die manche Eltern haben, deren Kinder gut essen, die kannst du nicht anwenden. Ich kann nicht auch noch darauf achten, dass sie nur Gesundes isst. Mein Sohn isst morgens ein Honigbrot, meine Tochter bekommt ein Nutellabrot und auch gerne ein

Julia,
Lehrerin,
eine Tochter (10),
ein Sohn (14)

zweites. Und wenn sie nach dem Mittagessen fragt, ob sie noch ein Nutellabrot haben könne, dann bekommt sie das auch. Und natürlich versuche ich, so zu kochen, dass immer etwas dabei ist, was sie wirklich gerne isst. Wichtig ist für mich vor allem eins: Dass meine Tochter in der Wachstums-Gewichtskurve auf ihrer Linie bleibt, darauf achte ich. Solange ist alles gut.

Punkte fürs Probieren. „Mag ich nicht" – wie oft ich diese Worte gehört habe? Nicht mitgezählt. Die kulinarische Landkarte meines Teilzeitsohnes bestand eine Zeit lang aus den Koordinaten Schnitzel, Grießbrei, Spinat mit Spiegelei, Spaghetti Bolognese und Chicken Nuggets – und davon absolute Miniportionen. Eher nichts als wenig. Deswegen ist an ihm auch eher nichts als wenig dran. Als er dann aber im Ausland wieder Chicken Nuggets bestellen wollte, blutete mir als Globetrotter das Herz, schließlich würde er so unglaublich viele Leckereien verpassen. „Du lernst ein Land auch durch seine Gerichte kennen", erklärte ich ihm und erfand kurzerhand ein Spiel. Für jedes Lebensmittel, das er probiert, bekommt er einen Punkt. Für einen Punkt gibt es

Lena,
Journalistin,
zwei Söhne
(2, 9)

eine Minute Klettern in der Kletterhalle. Wichtige Unterregel außerdem: Du kostest, damit du dir eine Meinung bilden kannst. Wenn es dir nicht schmeckt, musst du es nicht essen. Plötzlich probierte der damals Siebenjährige also Dinge, die er zuvor nicht zu schmecken geträumt hatte – und hatte dabei sogar einige Aha-Erlebnisse. Zum Beispiel: Essigchips, lecker! Das Punktesammeln ging nach dem Urlaub weiter und wir waren schon zwei Mal die Punkteliste „abklettern". Was der Bonussohn nicht kennt, isst er nicht – das war einmal. Jetzt hören wir dafür häufiger: „Krieg ich einen Punkt?"

MEIN KIND ISST ZU VIEL

Der eine Teller Spaghetti reicht nicht. Zumindest ein kleiner Nachschlag muss es noch sein. Wie auch von den Fischstäbchen, dem Risotto, dem Gulasch und vom Kartoffelbrei, denn stets sagt Ihr Kind: „Ich habe noch Hunger". Und zwar immer: morgens, mittags, abends. Es isst und isst und isst: Gesundes, Ungesundes, Saures, Süßes, Hauptsache viel. Muss ich mein Kind bremsen, vor allem, wenn das gute Essen zu Fettpölsterchen führt, oder mache ich damit erst aus der ganzen Sache ein Problem?

Solange ein Kind fit ist. Mein Sohn isst gerne, zeitlebens schon. Mit dem dampfgegarten Großküchenessen im Kindergarten kamen dann aber die ersten Pfunde dazu. Da steckt ja auch Veranlagung dahinter, wir sind keine Size-Zero-Familie und das Nichtsport-Gen hat er auch geerbt. Natürlich habe ich mir Gedanken gemacht, auch weil mein Sohn nicht immer glücklich über seine Figur war. Und man fragt sich ja auch, ob da noch etwas anderes dahintersteckt: Futtert er sich etwa eine Schutzschicht an? Ich habe ihn dazu motiviert, verschiedene Sportarten auszuprobieren. Wir haben auch versucht, den Pfunden mit Ernährungsumstellung beizukommen, abends zum Beispiel die Kohlenhydrate wegzulassen. Aber diese Ansätze sind eigentlich alle ins Leere gelaufen. Mittlerweile kocht mein Sohn sehr gerne und gut, zelebriert seine Mahlzeiten, für ihn ist das Genuss und Entspannung. Und ich bin der Meinung: Solange ein Kind fit ist, sich bewegt und sich einigermaßen gesund ernährt, also nicht jeden Tag

Antonie,
Realschullehrerin,
ein Sohn (18)

einen Burger, sondern auch mal nur Salat und Gemüse, würde ich sagen, muss man sein Kind auch so akzeptieren, wie es ist – auch seine Lust am Essen. Und authoren, es an anderen zu messen, auch was das Gewicht betrifft. Essen jedenfalls darf nicht zum Problem gemacht werden!

Mit dem Hort kam das Bäuchlein. Als unser Sohn angefangen hat, mittags im Hort zu essen, wurden die Hosen immer enger. Es hat ihm wohl geschmeckt und er durfte nachnehmen, so oft er wollte. Er hat wirklich in kurzer Zeit eine kleine Wampe bekommen. Dann haben wir miteinander geredet, wie wir mehr Sport in unseren Alltag bringen könnten. Seitdem ist mein Sohn im Schwimmverein. Auch die Nschereien wurden bei uns eingestellt. Also weniger Süßkram und nicht noch einmal einen zweiten Teller Spaghetti. Das hat rasch Erfolg gebracht. Was ich interessant fand: Als mein Sohn beim Schwimmen dickere Jungs mit richtigen kleinen Hängebrüsten gesehen hat, wurde er auch von sich aus diszplinierter. „So will ich nicht aussehen", sagte er einmal zu mir. Wir haben das Thema Übergewicht im Ansatz erwischt und es gut hingekriegt.

Stephi,
Betriebswirtin,
eine Tochter (6),
ein Sohn (9)

MEIN KIND ISST NUR SÜSSES

Etwas Schokolade zum Frühstück, ein leichtes Eis zum Mittagessen, zwischendurch ein kleiner Bonbon-Snack, und abends der luftig-schaumige Pudding aus der TV-Werbung: Kinderernährung kann so einfach sein. Okay, ein Müsli ist drin, aber nur mit ausreichenden Zuckerchrunchy-schokoknusperflakes. Und Obst, wenn es im Schokofondue schwimmt. Pfiffig dekorierte Früchteteller, Gurkenkrokodile, Rohkost-Stäbchen mit tollbunten Dips – das können Sie vergessen. Wie kann ich mein Zuckermäulchen auf den richtigen Geschmack bringen? Einen Hungerstreik riskieren? Wildschwein in Schokoladensoße kochen?

Erst ein Glas Wasser. Ich würde sagen, es kommt darauf an: auf das Alter und wie extrem der Hang zu Süßem ist. Meine drei Töchter sind total unterschiedlich. Während die Älteste Süßes kaum mag, würde sich die Mittlere neben Chips und Fleisch nur von Süßigkeiten ernähren und die Kleinste braucht auch jeden Tag etwas Süßes. Im letzteren Fall ist es einfacher, sie kann ich gut mit

Alternativen überzeugen: (süße) Früchte zum Beispiel. Oder Süßes nur dann, wenn sie vorher einen Apfel gegessen und ein großes Glas Leitungswasser getrunken hat. Das funktioniert recht gut und damit kann ich auch ganz gut leben, da sich die Quantität an Süßem klar reduziert. Die mittlere Tochter ist dagegen ein schwierigerer Fall, in regelmäßigen Abständen sammle ich sogar Restpapiere von heimlichen Süßigkeitenvorräten aus den unmöglichsten Ecken im Kinderzimmer ein. Bei ihr funktioniert das mit dem Wasser einigermaßen, aber mit Äpfeln, etc. beiße ich total auf Granit … Dafür beginnt sie mit zunehmendem Alter zu verstehen: Gespräche über den Zusammenhang von Zucker und Figur zeigen Wirkung und sie erbarmt sich (wenn auch widerwillig) immer öfter eines nicht-zuckerhaltigen Lebensmittels bzw. schränkt den Süßigkeiten-Konsum selbstständig ein. Es ist noch nicht perfekt, aber die Tendenz ist absolut positiv.

Astrid,
Gesundheits-coach,
drei Töchter
(9, 10, 13)

Nichts Süßes in die Pausenbox. Meine ältere Tochter wirft mir heute noch vor, dass ich ihr als einzige Mutter im Kindergarten nichts Süßes in die Brotzeitbox getan habe. Ich war da sehr kategorisch, aber auch ziemlich alleine mit dieser Haltung. Nicht, dass es bei uns null Süßigkeiten gegeben hätte, aber eben nur wenig. Ich wollte es einfach richtig machen. Es ist doch auch irgendwie idiotisch, wenn zum Beispiel im Kindergarten das Thema Ernährung durchgenommen wird, den Kindern alles übers gesunde Pausenbrot erklärt wird, und dann halten sich die Eltern nicht daran. Was den Erfolg betrifft, muss ich gestehen, die eine Tochter liebt noch immer Süßes, die andere hält sich zurück und sagt: „Dann bleiben meine Zähne gesund." Gleiche Erziehung, unterschiedliches Ergebnis. Vielleicht hätte ich lockerer bleiben sollen, wer weiß? Aber wenn man von etwas überzeugt ist, dann sollte man doch auch danach handeln.

Friederike,
Coach,
zwei Töchter
(11, 13)

Jeder kann an den Süßigkeitenschrank. Wenn aus Süßigkeiten eine Verschlusssache gemacht wird, werden sie ja noch viel interessanter. Gummibärchen, Schokolade und Kekse liegen bei uns schon immer frei zugänglich im Schrank. Jeder hat jederzeit Zugriff. In der Regel klappt das gut und meine Jungs wissen meistens, wann es langsam auf

Eva,
Bürokauffrau,
zwei Söhne
(11, 14)

die Essenszeit zugeht und sie besser keine Schokolade mehr essen. Aber natürlich kommt es auch mal vor, dass einer sich so viel reingedrückt hat, dass er dann beim Abendessen keinen Hunger mehr hat. Dann muss ich mal kurz motzen und an den nächsten Tagen klappt es wieder. Allerdings muss ich sagen, ich habe zwei schlanke Jungs, die auch gerne Obst und Gemüse essen. Hätte ich zwei Gierschlunde, die kein Ende finden können, gäbe es diesen Schrank nicht.

MEIN KIND ISST GANZ FÜRCHTERLICH

Linker Arm unterm Tisch, Kinn knapp über Tellerhöhe, die Gabel als Schaufel und dann los! Es gibt weltweit ganz unterschiedliche Weisen zu speisen, die Ihres Kindes gilt aber vermutlich weder in Papua-Neuguinea noch in Grönland als fein. Was also tun, wenn beim Essen Schnelligkeitsrekorde gebrochen werden, die Haltung der eines Rückenkranken entspricht und beim Kauen auch das Gaumenzäpfchen zu sehen ist? Den Raum verlassen, es mit Späßen versuchen, von der Großmutter erzählen, deren Haare noch am Stuhl festgebunden wurden? Aufgeben? Wie bringe ich meinem Kind Manieren bei?

Es kommt auf den Anlass an. Wir haben ihnen alles erklärt! Mehrfach! Sie wissen es also … Ich halte das wie mit den Klamotten. Es gibt Anlässe, da kommt man an gutem Benehmen nicht vorbei. Und es gibt Situationen, da sind wir mal locker. An einem Tag saß ich mit meiner jüngsten Tochter und zwei großen Schüsseln Spaghetti im Bett und schaute Harry Potter. Wunderbar! Am nächsten Tag kam ihre Freundin und praktizierte die für mich typisch amerikanische Essweise: Alles vorschneiden, Gabel umgreifen, Ellenbogen auf den Tisch und mit der Rechten reinschaufeln – meine Tochter saß daraufhin plötzlich kerzengerade, tupfte sich vor dem Trinken den Mund ab und war schon beinahe dabei, den kleinen Finger abzuspreizen – fast schon peinlich! Alles gut.

Andrea,
Winzerin,
drei Töchter
(19, 20, 22)

Essen soll Spaß machen. Ich sehe das vollkommen entspannt. Solange der Mund beim Kauen zu ist, darf der Ellbogen auf den Tisch – zumindest zu Hause. Ich finde es viel wichtiger, dass

26

wir uns am Tisch unterhalten und die Zeit gemeinsam nutzen. Da will ich nicht ständig ermahnen. Essen soll Spaß machen. Kürzlich bei einem Fest hatte ein Fünfjähriger total ordentlich gegessen. Ich fand es zwar irgendwie toll, aber auch total unnatürlich. Ich jedenfalls schäme mich nicht für mein Kind, auch wenn es einfach reinschaufelt. Dann schmeckt es!

Heike, Marketingassistentin, ein Sohn (5)

Bitte nie aufgeben. Ich biete regelmäßig an, dass wir einen Stall anbauen und mein jüngster Sohn dann gerne dort sein Essen zu sich nehmen kann. Abgesehen davon: Nur nie nachlassen! Ständig korrigieren! Androhen, dass das Essen weggenommen wird, der Fernseher ausbleibt, das Handy Pause machen muss. Bitte nicht aufgeben! Es macht mich fertig, wenn schlaue und nette Kinder bei mir beim Essen fast auf dem Tisch liegen. Den Anblick meines Sohnes bin ich ja gewöhnt (und wohl muttermäßig abgestumpft), aber bei fremden Kindern fällt es mir doch krass auf und ich hab gleich ein Bild im Kopf, aus was für einer Familie das Kind wohl kommt … äähm.

Regina, Referentin Erwachsenenbildung, zwei Söhne (16, 22), eine Tochter (27)

MEIN KIND WILL SCHNELLER ESSEN — FRÜHER AUFSTEHEN

Das gemeinsame Essen mit der Familie und mit den Freunden, das ist doch der Höhepunkt des Tages. Endlich Zeit! Jeder erzählt, was so los war, was ihn bewegt. Und endlich kann man es sich miteinander gemütlich machen. Und sich vielleicht noch einmal einen Nachschlag gönnen. Was gibt es Schöneres … Pustekuchen! Da würden Ihren Kindern viele andere schöne Sachen einfallen. Rausgehen statt still sitzen etwa. Oder den Film zu Ende gucken statt den Teller auszukratzen. Müssen wirklich alle am Tisch sitzen bleiben, bis auch der größte Trödler das letzte Spätzle vom Teller gepiekst hat?

Unser Quirlimann will davonsausen. Wir legen sehr viel Wert auf Tischkultur. Wenigstens einmal am Tag versuchen wir gemeinsam zu essen. Es wird gut gekocht und schön eingedeckt mit Servietten und allem Drum und Dran. Mein Mann, mein älterer Sohn und ich finden das wunderbar. Dann wird erzählt, was bei jedem am Tag so los war. Das kann dauern. Der vierte im Bunde, unser kleiner Quirlimann, hält das allerdings nicht lange aus. Kaum ist er fertig mit Essen, will er schon davonsausen. Wenn er gefragt hat, ob er aufstehen darf, darf er das auch. Wir anderen haben ja sonst auch nichts mehr von unserem Abendessen. Es soll ja jedem Spaß machen.

Jutta,
Hausfrau,
zwei Söhne
(9, 18)

Wir warten … und warten … Wir legen viel Wert aufs gemeinsame Abendessen, da wir nicht die Möglichkeit haben, gemeinsam zu frühstücken. Unser Kind ist ein begeisterter Esser, der sich eigentlich schon ganz gut benehmen kann. Nun ist es aber so, dass er sehr langsam isst. Mein Mann und ich sind meistens wesentlich früher fertig als er. Und so kommen wir in die Situation, dass wir sitzenbleiben müssen, bis unser Kind fertig ist. Und wir anfangen, mit den Füßen zu scharren, weil nach einem Arbeitstag noch so viel zu Hause zu erledigen wäre. Wenn ich jetzt merke, dass das Essen für ihn zu einem Spiel mutiert, dann sagen wir schon mal: „Komm, jetzt iss bitte fertig.“ Wenn er es aber

Sarah,
Pferdewirtin,
ein Sohn (6)

abkühlen lassen will, weil es ihm zu heiß ist, halten wir das aus. Und weil wir eben nicht wollen, dass jeder vom Tisch aufsteht, wie es ihm gefällt, warten wir … und warten wir … und schieben die Gedanken an die To-Do-Liste weit weg. In diesem Fall erzieht uns unser Kind.

Zeichen von Respekt. Der Sohn meines Cousins hat mir mal seinen Trick verraten, wie er und seine Geschwister vom Tisch entwischen: „Ich sage einfach, ich gehe Hände waschen und komme dann nicht wieder …“ Da musste ich natürlich lachen, man kann ja die Ungeduld der Kinder verstehen. Aber zusammen essen, zusammen reden, zusammen sitzen, das gehört nun mal zu einer Gemeinschaft. Und es ist ein Zeichen von Respekt, dass man eben nicht aufsteht, den anderen alleine vor dem Teller sitzen lässt. Das müssen Kinder auch lernen. Der eine isst eben langsamer, der andere schneller. Die andere Sache ist außerdem: Steht das eine Kind auf, weil es bereits fertig gegessen hat, interessieren sich vielleicht die anderen Kinder, die langsamer sind, nicht mehr für den noch vollen Teller vor ihnen.

Melanie,
Kosmetikerin,
zwei Töchter
(beide 8)

DA GEHEN DOCH ALLE HIN

Kindergarten und die ersten Schritte außer Haus

MEIN KIND WILL NICHT OHNE MICH SEIN

„Glauben Sie mir doch, sobald Sie die Tür hinter sich zu machen, höre Ihr Kind auf zu weinen." Sagt die Erzieherin, schaut Sie aufmunternd an, versucht Ihr schniefendes Kind von Ihrem Bein zu trennen, an das es sich mit ungeheurer Kraft klammert, während Sie in Ihrem Inneren eine Art Abzählreim starten: Gehe ich, gehe ich nicht, gehe ich, gehe ich nicht... Und egal, wie Sie sich entscheiden, es fühlt sich schlecht an. Was also nun: bleiben, gehen, Kind mitnehmen?

Man sollte auf sein Herz hören. Ganz klar, ich bleibe – und zwar so lange, bis mein Sohn mir sagt, dass ich jetzt gehen kann. Mit Gewalt muss man ihn doch nicht dort behalten. Es gibt ja keine Kindergartenpflicht. Zu Beginn des Kindergartens war das ein ganz wichtiger Prozess – er musste lernen, dass ich ihn nicht im Stich lasse und tatsächlich auch wieder komme, wenn ich das sage. Hätte ich ihn in seiner Verzweiflung einfach so dort gelassen,

Karin,
Journalistin,
ein Sohn
(7)

dann wäre er nicht mehr hingegangen. Er musste erst das Vertrauen aufbauen und alles sowie alle kennen- und einschätzen lernen. Dann, nach gefühlten drei Monaten, und wirklichen vier Wochen, ist er ohne Probleme dort geblieben. Bei einigen Formen von Kinderweinen merkt man doch, dass es in diesem Moment Show ist. Aber wenn es das verzweifelte „Hilfeweinen" ist, dann sollte man sich nicht beeinflussen lassen, auf sein Herz hören und sein Kind nicht alleine lassen. Mein Sohn und ich haben abgemacht, dass ich immer kürzere Zeit bleibe und nach vier Wochen konnte ich ihn morgens hinbringen und ich bin dann auch gegangen – ohne Weinen, er zumindest.

Auf jeden Fall gehen!
Wenn man sich entschieden hat, dass sein Kind in den Kindergarten gehen soll und man das Gefühl hat, es ist dort gut aufgehoben, sollte man auch konsequent beim „Bringen" sein. Für die Kinder sind unentschlossene Eltern in so einer Situation das eigentliche Problem. „Warum kann sich Mama oder Papa eigentlich nicht von mir trennen?"

Sabine,
Pädagogin,
zwei Töchter
(16, 18)

Er brauchte einen Tröster. Es gab Zeiten, da hat mein Sohn geweint, wenn er in den Kindergarten musste. Dabei hat es ihm eigentlich zuvor gut gefallen. Aber auf einmal wollte er einfach lieber bei mir bleiben. Eigentlich war mein Kleiner kein großer Stofftierfreund. Doch um den Knoten zu lösen, habe ich ihm ein Plüschhündchen als Beschützer mitgegeben. Es war halt eine Phase und in dieser Zeit brauchte er einen Tröster. Damit fiel es ihm ein wenig leichter im Kindergarten zu bleiben. Denn ich musste, ganz ehrlich, einfach arbeiten, obwohl es mir das Herz gebrochen hat, ihn so weinerlich zurückzulassen.

Daniela,
Industriekauffrau,
ein Sohn (8)

MEIN KIND ERZÄHLT GERN PRIVATES

„Mami hat gestern Abend zu viel getrunken und in die Badewanne gespuckt." Weil Kinder häusliche Erlebnisse meist ungefiltert und oft missverständlich weitergeben, kennen Erzieherinnen Details aus Ihrem Familienleben, die Sie selbst vielleicht auch gerne wieder verdrängen würden. Und von denen Sie manchmal gar nichts wissen. „Papa hat sein Auto verkauft, weil wir pleite sind." „Mamas Bauch wird immer dicker, weil sie Zwillinge bekommt." Was macht man nun mit seinem mitteilsamen Kind? Oder: Kann man Dreijährige um mehr Diskretion bitten?

Die Erzieherinnen sind bestens informiert. Kürzlich habe ich im Kindergarten mal nachgefragt, was meine beiden Quasselstrippen eigentlich alles so erzählen … Alles okay, alles im Rahmen. Denn die Erzieherinnen sind bestens über unser Familienleben informiert. Sie wissen, wo wir im Urlaub waren. Sie wissen, was ich backe, was ich gerade nähe, was ich zum Geburtstag bekommen habe, dass ich einen Mädelsausflug nach Stuttgart gemacht habe und über Nacht geblieben bin. Ich mag die Erzieherinnen. Wenn das nicht der Fall wäre, hätte ich mit der Erzählkunst meiner Töchter durchaus ein Problem. Als ich wieder schwanger war, habe ich es meinen Töchtern beispielsweise erst gesagt, als es auch wirklich offiziell war. Und dann haben

Petra,
Bankkauffrau,
drei Töchter
(2, 4, 6)

mir die Erzieherinnen noch am gleichen Tag gratuliert. Ich finde es normal, dass meine Kinder im Kindergarten von zu Hause erzählen, das tue ich ja im Büro auch. Der Kindergarten gehört zum Familienleben, so sehe ich das. Auch wenn es mal nicht so gut läuft. Als ich mir das Bein gebrochen habe, wussten die Erzieherinnen auch bestens Bescheid und haben mir in dieser schwierigen Situation unheimlich geholfen, indem meine Töchter ganz selbstverständlich länger bleiben durften.

Was soll's? Mit etwa fünf Jahren hat mein Sohn der Erzieherin eine Geschichte von einem fremden Mann erzählt, der bei uns immer übers Tor springen und dann auf der Holzbank frische Tomaten essen würde. Ich habe kurz gestutzt, fremder Mann, Tor, Holzbank, könnte ja durchaus sein. Frisch wachsende Tomaten gab es aber in unserem Garten ganz sicher nicht! Die Erzieherin und ich haben sehr gelacht. Mein Sohn hatte einfach schon immer eine blühende Fantasie und außerdem einen großen Mitteilungsdrang. Im Flugzeug hat er sich mit einer Dame

Alenka,
Ärztin,
eine Tochter,
ein Sohn
(beide 15)

unterhalten, während wir schliefen. Die sagte danach: „Ich weiß jetzt alles über Sie." Aber als Problem empfand ich das nie. Natürlich habe ich schon gehofft, dass er nicht allzu Persönliches weiterträgt. Aber was soll's? Er hat einfach gern mit allen Menschen gesprochen, die auch gerne befragt und sich keinen Kopf gemacht. Ich finde es ja eigentlich gerade nett, wenn Kinder frei heraus erzählen. Irgendwann hört es ja dann auch wieder auf.

Mit Humor nehmen. Mein Sohn war in einem Waldkindergarten. Da wir mitten in der Stadt gewohnt haben, musste die Gruppe mit dem Bus raus in den Wald fahren. Als ich ihn einmal begleitet habe, habe ich mithören können, was die Kinder alles den Erziehern von zu Hause erzählt haben. Gigantisch. Ab da habe ich die Erzieher in einem ganz anderem Licht gesehen. Die wussten nämlich alles von uns. Ich kam mir richtig durchleuchtet vor. Aber da ich alle Erzieher gerne mochte, fand ich es dann vor allem sehr lustig. Insofern: Einfach mit Humor nehmen – das ist die beste Herangehensweise!

Christine,
Hausfrau,
zwei Töchter (5, 8),
ein Sohn (10)

MEIN KIND KOMMT MIT EINER PIPIHOSE NACH HAUSE

An der Garderobe im Kindergarten hängt wieder ein Plastikbeutel, darin die Pipihose Ihres Kindes. Bei Dreijährigen noch kein großes Thema, bei Fünfjährigen dann schon. Und auch wenn der Kinderarzt keinen Grund zur Sorge sieht, alleine der stumme Blick der Erzieherin macht das Herz schwer. Gelassen bleiben, Hosen waschen, abwarten? Oder reden, reden, reden?

Irgendwann habe ich das Problem erkannt. Eigentlich hatten wir das Thema schon hinter uns, dann begann der Kindergarten und plötzlich tauchte es wieder auf. Ich habe mit meinem Sohn ein Gespräch geführt, Tenor: Du bist bald vier! Ohne Effekt. Ratlosigkeit. Irgendwann habe ich das Problem erkannt: Im Kindergarten erfordert so ein Toilettengang echte Planung. Sozusagen eine mehrstufige Vorbereitung. Erst muss man fragen, ob man aufs Klo gehen darf, das geht dann

Marina,
Musikpädagogin,
ein Sohn
(4)

allerdings nur, wenn kein anderes Kind gerade gleichzeitig auf der Toilette ist. Dann muss man die Schuhe ausziehen, bevor es endlich abgeht in Richtung Klo. Die Zeit für all das hat mein Sohn aber nicht eingeplant, sondern sich ans bisher bewährte Prinzip gehalten: Solange spielen, bis man es nicht mehr aushält! Da gab es quasi nur die dritte Stufe. Ich verstehe mein Kind jetzt besser und schimpfe weniger … und versuche zu Hause immer wieder zu erinnern. Es wird besser! Und irgendwann ist das Thema ohnehin Vergangenheit!

Ich habe einen Pipi-Piraten gebastelt. Mein Sohn hat sich sowieso schwer getan, sauber zu werden. Tatsächlich geschafft hatte er es erst mit vier Jahren. Allerdings holte uns das Thema ein Jahr später, als er schon fünf war, im Kindergarten wieder ein. Und zwar, weil er regelmäßig vergessen hatte, noch einmal auf die Toilette zu gehen, bevor alle Kinder an die frische Luft marschierten. Ich habe ihn immer und immer wieder erinnert, ich habe mehrfach mit den Erzieherinnen gesprochen, aber nichts hat so richtig geholfen. Da habe ich ihm einen Pipi-piraten gebastelt. Einen cool drein-

Daniela,
Industriekauffrau,
ein Sohn
(8)

blickenden Pappkameraden, den ich ihm an seinen Garderobenhaken gehängt habe – als tägliche, bildhafte Erinnerung an unsere Abmachung: erst Toilette, dann Matschhose. Und siehe da, es hat tatsächlich geklappt – ein paar Rückfälle inklusive. Heute hängt der Pipi-Pirat übrigens in unserem Bad: als Erinnerung ans Händewaschen.

Mit Aufkleber motivieren. Mein großer Tipp: Gelassen bleiben, Hose waschen, abwarten und aufmuntern und das immer wieder! Falls das alles nicht klappt, ist es vielleicht eine Idee mit irgendwelchen Stempeln, Aufklebern usw. zu motivieren. Eine kleine Anekdote am Rande: Wir haben von einer Freundin Kleidung bekommen. Meine Tochter packt die Kiste aus, fragt mich: „Was ist das?" Ich sage: „Eine Unterhose." Sie fragt: „Was macht man damit?" Ich sage: „Die zieht man statt einer Windel an." Sie sagt: „Okay, so eine möchte ich anziehen", zieht die Windel aus, Unterhose an – und war trocken! Echt wahr! Was ich damit sagen will: Irgendwann macht es bei den Kindern „klick" – bei den einen früher, bei anderen später.

Katrin,
Diplom-Betriebswirtin,
eine Tochter (5),
ein Sohn (7)

MEIN KIND MAG SCHON LESEN UND SCHREIBEN LERNEN

Warum sieht das S wie eine Schlange aus? Beim Vorlesen will Ihr Kind nicht nur die Bilder, sondern auch die Buchstaben erklärt bekommen. Ihr Sprössling fragt Ihnen ein Loch in den Bauch, will Buchstaben malen und endlich mehr als nur seinen Namen schreiben. Neulich hat Ihr Kind sogar ein erstes Wort selbst gelesen. Dabei geht es doch noch in den Kindergarten! Aber warum die kindliche Neugier ausbremsen? Oder ist es doch besser, den Schlauberger zu vertrösten, bis die Schule beginnt, schließlich könnte er sich langweilen und vielleicht zum Quatschmacher werden?

Immer ein Schritt voraus. Meine Tochter hat mit vier Jahren Schreiben und Lesen gelernt, sie wollte es einfach, hat es sich selbst beigebracht. Wir haben sie unterstützt in allem, was sie von sich aus gefragt hat. Sie war immer einen Schritt voraus, auch in der Schule,

Astrid,
Gesundheits-coach,
drei Töchter
(9, 10, 13)

34

aber sie hat sich niemals gelangweilt, nicht einmal im Kindergarten. Sie hat immer gern – und tut das bis heute – Helfer-Aufgaben für andere übernommen. Und hat eben neben ihrem Pensum noch viele andere Interessen, denen sie nachgehen kann.

Nichts ist frustrierender als ungestillter Wissensdurst. Machen lassen – darauf achten, dass die Buchstaben in der richtigen „Richtung" gelernt werden. Meine Schwester, die Grundschullehrerin, beklagt sich immer, wenn die Kinder falsche Buchstaben-Schreibweisen lernen. Das wäre dann immer schwer wieder „rauszubekommen". Aber ich finde, es gibt nichts frustrierenderes als ungestillter Wissensdurst. Deswegen darf man das auf keinen Fall abblocken. Meine Erfahrung: Der Lese-Schreibe-Wissensdurst kommt phasenweise und führt nicht notwendigerweise zum kontinuierlichen Durchackern des ganzen Alphabets. Oft reicht es den Kindern nach einigen Buchstaben und einem bisschen Lesen schon wieder. Und wenn nicht, dann hat die Erstklass-Lehrerin halt ein „Lesekind" mehr. Damit sollte sie umgehen können.

Uli,
Geografin,
drei Töchter
(7, 14, 15)

Perfekt lesen mit vier. Meine Tochter sprach mit eineinhalb Jahren in ganzen Sätzen und konnte mit vier Jahren lesen. Da haben wir ihr ein Klavier gekauft. Damit sie nicht immer liest. Der Kindergarten war ihr zu langweilig und bei den Vorschulkindern durfte sie nicht mitmachen. Leider war dort nicht aufgefallen, dass das Kind perfekt lesen konnte. Im letzten Kindergartenjahr hat sie dann angefangen, Nägel zu kauen. Ein Alarmzeichen für mich. Einmal kam der Knirps sogar nach Hause und sagte im O-Ton: „Ihr verarscht mich doch alle." Da wusste ich, so geht es nicht weiter. Also durfte sie vor den Herbstferien zur Probe in die Schule gehen. Sie hat gleich eine Deutschprobe mitgeschrieben und eine Eins bekommen. Danach war klar, dieses Kind kann nicht mehr in den Kindergarten zurück. Aber wie gesagt, es war mitten unterm Schuljahr. Wir haben Akten und Paragrafen gewälzt und herausgefunden, nur ein Hochbegabtentest hilft weiter. Den hat die Kleine bestanden. Nach den Ferien durfte sie in die Schule gehen! Zwei Wochen danach habe ich ihr zum ersten Mal wieder die Fingernägel geschnitten. Das hat mir gezeigt, es gibt Situationen, da muss man alle Hebel in Bewegung setzen.

Mathilde,
Diplomkauffrau,
zwei Töchter
(10, 15),
ein Sohn (13)

Ich habe ihn nie ausgebremst. Mein Kind hat einen großen, schlauen Freund, der mit ihm schon Schule spielt. Und mein Kind ist viel mit Erwachsenen zusammen. Überhaupt tendiert mein Sohn immer zu den Großen, die schon was können. Er hat schon sehr früh Interesse an Büchern und naturwissenschaftlichen Themen entwickelt. Das ganze letzte Kindergartenjahr ist er extrem unterfordert gewesen. Der Schlaubi kann inzwischen die Buchstaben, schreibt einige auch in Druckschrift und liest erste Worte, er rechnet sicher bis zehn und geht schon langsam bis 20 weiter. Das freut einen ja als Mama, aber es macht mir auch Angst, weil mein Sohn ein Kind ist, das ganz schnell aussteigt, wenn es ihm langweilig ist. Dann macht er Quatsch und fängt sich meist Ärger ein. Deshalb werde ich in der Schule ein Auge darauf haben, dass er rasch mit Extra-Aufgaben „gefüttert" wird. Wie bin ich mit seiner Neugierde auf Buchstaben und Zahlen umgegangen? Ich habe es nicht extrem gefördert, aber auch nicht ausgebremst. Im Kindergarten hat er sich übrigens mit den Worten verabschiedet: „Ich lern' jetzt richtig lesen…"

Sarah,
Pferdewirtin,
ein Sohn (6)

DAS IST NUR EINE PHASE

Das Großwerden und seine Tücken

MEIN KIND MAG DEN SCHNULLER NICHT HERGEBEN

Nicht ohne meinen Schnuller: Ihr Kind mag, obwohl schon älter als drei Jahre, nicht auf seinen heißgeliebten Schnuller verzichten. Schon klar, ganz, ganz schlecht für Gaumen und Gebiss. Doch die allerorten erfolgreiche Schnullerfee kann Sie mal. Denn kaum war die Fee weg, war der Ersatz schon da: Daumen, Murmeln, Spielfiguren … Und das soll jetzt besser sein?

Es gab einen Saugersatz. Heute würde ich den Schnuller lassen. Bei uns nämlich wurde dann die Lieblingsstoffpuppe auch Saugersatz. Die musste noch bis 10 oder 11 Jahre überall hin mit. Egal, oder? Sie hat sie einfach gebraucht.

Bettina,
Juristin,
zwei Töchter
(16, 18)

Letztlich war ich die stärkste Bremse. Er war der liebste Begleiter meiner Tochter. Als Vierjährige konnten wir ihr das heißgeliebte Teil zumindest tagsüber abtrotzen, doch in der Nacht wollte sie es nicht hergeben. Ohne Schnuller wollte sie einfach nicht einschlafen. Als leidgeprüfte Mutter einer Schlechtschläferin – von Geburt an – hatte ich nicht die Nerven, es auch hier auf eine Kraftprobe ankommen zu lassen. So war ich selbst bei der Schnullerentwöhnung letztlich die stärkste Bremse. Erst unserer Kinderzahnärztin ist es gelungen, mir die nötige Motivation zu geben: Nach einem Gespräch mit ihr hatte ich die Energie, unserer Tochter am Abend den Schnuller zu verweigern. Was dabei half und was ich unserer Zahnärztin nie vergesse: Sie hat mir sogar ihre Handynummer gegeben, sodass ich sie im Bedarf seelischer Unterstützung hätte anrufen können. Es war dann tatsächlich ein tränenreicher Abschied vom Schnuller: Einen ganzen Abend gab es lautes Weinen, aber irgendwann ist unsere Tochter dann doch eingeschlafen. Und damit war es dann auch schon überstanden. Danach habe ich es bedauert, dass ich das nicht schon früher angegangen hatte.

Iris,
Journalistin,
eine Tochter
(13)

Geschenk an die Babys. Meine Tochter war etwa dreieinhalb und ihre Zähne hatten sich schon nach vorne geschoben, weil sie den Schnuller die ganze Nacht komplett im Mund hatte. Ihr Onkel, ein Kinderarzt, hat ihr dann erzählt, er habe immer so viele Babys in der Praxis, für die er einen Schnuller brauchen könnte. Wenn sie sich von ihren Schnullern trennen würde, könne sie ihm ja ihre im Päckchen schicken. Das hat sie dann tatsächlich gemacht: ihre letzten zwei Schnuller verpackt und an den Onkel geschickt. So konnte sie sich verabschieden davon und damit war die Sache erledigt. Ich glaube, was ihr wirklich geholfen hat, war das Gefühl, sie macht etwas Gutes damit, hilft den Kleinen und wird dadurch selber groß.

Theresa,
Erzieherin,
eine Tochter (15),
ein Sohn (18)

Auf die innere Haltung kommt es an. Ich höre noch meine Pekip-Frau Elfriede, die mir damals erklärt hat: „Du musst den Schnuller deiner Tochter wegnehmen und ihr sagen: ‚Ich weiß, du schaffst es, du bekommst das hin.'" Die innere Haltung als Mutter ist entscheidend, das war ihr Leitsatz. Je nach Gegenwehr hat dann meine innere Haltung auch mal gebröckelt. Aber sie hatte natürlich recht: Wenn ich mir sicher war, eine

Friederike,
Coach,
zwei Töchter
(11, 13)

klare Position hatte, dann hat es auch geklappt. Das spüren gerade auch kleine Kinder. So war's auch mit dem Schnuller.

MEIN KIND BRAUCHT EINEN FESTEN RHYTHMUS

Der Rhythmus, bei dem ich immer mit muss? Natürlich brauchen Kinder eine gewisse Regelmäßigkeit. Aber was tun, wenn der Besuch im Biergarten doch gerade so nett ist? Dennoch um dreiviertel sechs aufbrechen, weil Ihr Kind doch immer um sechs badet, dann 6.30 Essen, 7.00 Geschichtelesen, 7.15 Bett? Alles getaktet. Aber ist das Diktat des Rhythmus wirklich so entscheidend für ein glückliches Kind, oder ist es mal wieder eine Modeerscheinung?

Mehr auf sich vertrauen. Ich war vollkommen fixiert auf Rhythmus und habe meinen Sohn geradezu hineingezwungen. Das hat mir am Anfang auch sehr geholfen, weil ich vollkommen überfordert war. Der Rhythmus hat mich sozusagen über den Tag gerettet. Aber ich habe es ehrlich gesagt übertrieben. Ohnehin ist Rhythmus ein reines Erstgeborenen-Thema. Als meine Tochter dann auf die Welt kam, war diese strenge Struktur gar nicht mehr möglich – und eigentlich wurde es dadurch leichter. Mit meiner heutigen Erfahrung sage ich, Rhythmus wird überbewertet. Gewisse Rahmenbedingungen sind wichtig und Regelmäßigkeit gibt Sicherheit, aber die Welt geht nicht unter, wenn es mal ganz anders kommt. Im Nachhinein betrachtet: Man müsste mehr sich selbst und seinem Kind trauen, dass man es schon richtig macht.

Jasmin,
Ärztin,
eine Tochter (8),
ein Sohn
(10)

Kinder leben leichter mit Rhythmus. Und wir als Familie auch. Ich bin eine Planerin, ich mag gerne wissen, was ich wann und wie erledigen kann und wie ein Tag so in etwa abläuft. Ich finde, wenn die Kinder einen Rhythmus haben, weiß man besser, wie man seine Zeit einteilen kann. Bei uns gibt es feste Essenszeiten und Rituale. Abendessen zwischen 18 und 19 Uhr, dann eventuell Duschen, dann eine Süßigkeit und danach Zähneputzen. So wissen die Kinder auch,

Petra,
Bankkauffrau,
drei Töchter
(2, 4, 6)

was wann zu tun ist. Je mehr Kinder man hat, umso leichter organisiert sich so halt auch der Familienalltag. Dazu gehören für mich auch klare Regeln, was nicht heißt, dass immer alles klappt. Und trotz unserer Rhythmusrituale gehen wir gerne in den Biergarten und es darf auch immer wieder mal länger werden. Wenn ein Abend schön ist, dann nehmen wir auch mal müde Kinder in Kauf.

Ein zu zwanghaftes Familiendasein. Die Sache mit dem Rhythmus ist bei uns ganz einfach: Wir haben keinen. Manchmal denke ich mir: leider! Aber wir sind egoistische Eltern und wenn wir es irgendwo schön finden, müssen unsere Kinder halt auch bleiben. Da können wir dann keine Rücksicht nehmen … Ehrlicherweise muss ich zugeben, dass dies nicht allzu oft vorkommt, vor allem seit es die Schule in unserem Leben gibt. Aber dieses ritualisierte „17.30 Uhr Abendessen, da kannst du die Uhr danach stellen, dann Sandmännchen, dann die Kinder – husch – ins Bett", das ist für mich ein zwanghaftes Familiendasein. Ich habe eine Freundin, die bricht, wenn wir im Sommer zum Baden gehen, immer zur gleichen Zeit

Ines,
Bankkauffrau,
ein Sohn (5),
eine Tochter
(9)

zum Abendessen auf, obwohl es gerade so schön und lustig ist. Nichts gegen Rituale, wir haben sie auch, aber wir bleiben dennoch lieber noch länger – und holen uns eine Portion Pommes am Kiosk …

MEIN KIND BLAMIERT MICH

„Mami, warum ist der Mann so schwarz?" – „Warum hat die Frau einen Bart" – „Die Tante stinkt" … es sind Momente, da wünscht man sich so etwas wie einen Tarnumhang, unter dem man verschwinden kann, um beispielsweise nie mehr der Bäckereiverkäuferin mit Oberlippenbehaarung in die Augen sehen zu müssen, die stumm die Brötchen in die Tüte packt. Das Kind aber steht neben einem, fühlt sich doch keiner Schuld bewusst, wartet auf Antwort. Was sage ich?

Fremdschämen erklären. Beim Feinkost-Discounter an der Kasse sagt mein Dreijähriger zu der eher älteren Mitbürgerin: „Du weißt schon, dass Du auch bald stirbst?" Und beim italienischen Großhändler, der gerade mit dem Gabelstapler Olivenöl ablädt,

zitiert er seine Lieblingsszene aus 'Mein Partner mit der kalten Schnauze': „In diesem Lagerhaus sind Drogen versteckt – ich weiß es und ihr wisst es auch!" Wie gehe ich dann um mit diesem Gefühl des „Fremdschämens"? Ich habe meinem Sohn gesagt, dass er schon Recht hat, dass die Frau bald stirbt und ich mir sicher bin, dass sie es auch weiß (weil sie gefühlte 100 Jahre alt war), aber man Menschen nicht immer an Dinge erinnern muss, die sie gar nicht so gerne hören – weil es sie traurig macht. Und dass er sich immer vorstellen muss, ob es ihm gefallen würde, wenn ein Fremder – auch wenn es ein Kind ist – sagt, „Deine Mama ist aber dick", „Dein Papa ist alt", „Dein Hund stinkt" und „Deine Oma stirbt auch bald". Die Antwort war natürlich „Wer sowas sagt, kriegt eine aufs Maul."

Silke,
Steuerfachfrau,
ein Sohn (12)

Ehrliche Fragen, ehrliche Antworten. Warum ist der Mann schwarz? Weil er eben eine andere Hautfarbe und eine andere Herkunft hat. Warum sitzt jemand im Rollstuhl? Das liegt vielleicht an einer Krankheit oder an einem Unfall. Warum stinkt die Tante? Weil es Gerüche gibt, die man nicht mag. Aber nicht alles, was für meine Tochter stinkt, stinkt auch für mich. Warum hat die Frau einen Bart? Auch mir wachsen z. B. Haare aus einem Leberfleck. Die Erklärung ist meist einfach. Ich hab immer versucht, alles zu erklären – und meistens ist es nicht schlimm. Es hat sich noch nie jemand auf den Schlips getreten gefühlt – und wenn, dann muss derjenige selbst drüber nachdenken, wie, was und warum Kinder fragen – das erkläre ich ihnen dann auch gerne.

Sybllle, Projektmanagerin, eine Tochter (14)

Verwirrungstaktik anwenden. Es gibt zwei Möglichkeiten. Erste Möglichkeit: Flucht nach vorne! Sätze wie „Zum Glück ist dies das Kind meiner Schwester!" oder „Na warte – das erzähle ich Deiner Mama!" oder „Ich war gleich gegen den Schüleraustausch, aber mein Mann wollte ja unbedingt!" beruhigen das geschockte Gegenüber und lenken von Ihrer Person ab. Dann schnell in eine unbelebte Seitenstraße abbiegen und mit den Erziehungsmaßnahmen anfangen. Ich persönlich war aber für die zweite

Regina, Referentin Erwachsenenbildung, zwei Söhne (16, 22), eine Tochter (27)

Möglichkeit: Wende die totale Verwirrungstaktik an! Die geht so: Ich lasse nach Möglichkeit sofort etwas fallen, fange laut an über meine Schusselei zu schimpfen, lasse weitere Dinge fallen, verheddere mich in meiner Handtasche, leere diese dabei aus (der Inhalt sorgt für genügend Gesprächsstoff, wenn ich den Laden verlassen habe …), verwirre alle anwesenden Personen, entschuldige mich tausend Mal für meine Ungeschicktheit und ziehe mein völlig verblüfft guckendes Kind hinter mir her aus dem Laden. Erst danach erfolgen Erklärungen wie: „Es ist total in Ordnung, dass du das fragst, aber die Frage wird der Frau sicher unangenehm sein …, verletzend …, deshalb fragen immer okay …, aber wenn wir alleine sind …, etc. bla bla."

Kann ein Kind wirklich einen Erwachsenen blamieren? Einmal sagte mein Sohn in Anwesenheit seiner Großmutter: „Die Oma ist hässlich [Mamie, elle est moche]". Erst erschrak ich, aber hässlich (moche), dieses Wort und dessen Erwerb konnte ich ziemlich genau einordnen. Mein Sohn hatte es aus einer Geschichte, in der ein Marienkäferchen den anderen Tieren gegenüber

Raphaele, Romanistin, zwei Söhne (5, 9)

ein „hässliches" Verhalten an den Tag legt, sich vor der Arbeit drückt. Es war also nicht Omas Aussehen gemeint, sondern Omas Verhalten, ihre Strenge, die meinem Sohn nicht behagte. Meine Erklärung überzeugte Oma nicht wirklich. Aber sie gehört zu den Menschen mit gesundem Menschenverstand und lebt nach dem Motto: „Wer mich beleidigt, bestimme ich!"

MEIN KIND WILL NICHT TEILEN

Ihr Kind will das Laufrad haben, sein Freund, der zu Besuch ist, auch. Schreien, Heulen, Zerren. Schlimmeres Schreien, Heulen, Zerren. Erste Rempeleien, dann wird schon mal geknufft, gehauen, gebissen. Denn Ihr Kind will nicht teilen: Nicht das Laufrad, nicht die lila Gießkanne, die für den Kindergeburtstag gekauften Geschenke würde es am liebsten behalten und das kleine Gummibärentütchen kann man doch wunderbar alleine in sich hineinschütten. Wie lernt mein Kind teilen?

Das Eigentum des Kindes auch respektieren. Wenn etwas unter den Kindern geteilt werden muss, z. B. Essen

oder Geschenke, dann bin ich der Typ, der irgendwann sagt: „Wenn du nicht teilen kannst, dann gib es lieber mir." Da ist das in meinen Augen dann die einzige Lösung. Wenn es um Spielzeug geht, sieht es schon wieder anders aus: Dann hat derjenige die Hoheit, dem das Spielzeug gehört. Sind Freunde da, muss man natürlich eine Alternative anbieten. Für meinen Sohn z. B. ist es schwer auszuhalten, wenn eines seiner zusammengebauten Lego-Teile von anderen einfach benutzt und dann vielleicht auch zerstört wird. Die Sachen würde er am liebsten alle in die Vitrine packen. Selbst bei seinen Freunden ist er heikel. Das ist mit Sicherheit auch Typsache. Ich denke aber, Kinder müssen auf jeden Fall das Gefühl haben, dass ihr Eigentum respektiert wird. Von Eltern und auch von Geschwistern. Erst dann kann man das Teilen lernen.

Sandra, Betriebswirtin, eine Tochter (6), ein Sohn (9)

St. Martin hat beeindruckt. Ich weiß noch gut, wie meine jüngste Tochter vorsichtshalber alle Spielzeuge weggeräumt hat, bevor Besuch kam, damit die (von ihr selbst eingeladene) Freundin nicht womöglich etwas anfasst. Meine Tochter hat sich beim

Geburtstag auch auf alle verfügbaren Bälle gesetzt (was gar nicht so einfach ist), weil die alle nur ihr gehören. Ich habe aber festgestellt, dass die Geschichte des Heiligen Martin sie so sehr beeindruckt hat, dass sie zumindest zeitweise zum Teilen von Spielzeugen bereit war. Mein Tipp: Auf keinen Fall den Martinsumzug versäumen! Der Martin hat's auch gekonnt, obwohl es damals bestimmt kalt war …

Uli,
Geografin,
drei Töchter
(7, 14, 15)

Wechselt euch halt ab! Also meine Kinder teilen total gerne … Schmarrn! Die wollen natürlich überhaupt nicht teilen. Bei Kleinkindern hilft immer noch Ablenkung am besten. Wenn das nicht klappt, dann klare Taten: Wer hatte was zuerst, der bekommt es wieder. Man kann ein Kind natürlich fragen, ob es ein Spielzeug teilen bzw. hergeben möchte und das wäre ja ganz toll usw. Aber wenn es das nicht möchte, okay. Meistens verliert das besitzende Kind sowieso irgendwann das Interesse (das andere Kind erstaunlicherweise dann auch) und der Fall ist erledigt. Beißen, hauen usw. geht überhaupt nicht – wer gewalttätig wird, bekommt

Katrin,
Diplom-
Betriebswirtin,
eine Tochter (5),
ein Sohn (7)

sowieso nichts. Bei etwas größeren Kindern geht es dann so: „Keiner bekommt etwas oder ihr wechselt euch ab oder teilt – ihr könnt das jetzt selbst entscheiden". Bei großen Kindern kann man schon an die Vernunft und Intelligenz appellieren – soll manchmal funktionieren.

MEIN KIND HAT NOCH IMMER NACHTS EINE WINDEL

Natürlich haben Sie mit Ihrem Kind gesprochen: Wollen wir es mal „unten ohne" versuchen in der Nacht? Es kam, wie es kommen musste, triefendes Bettzeug, ein müdes Kind wandert im frischen Schlafanzug – nun mit Windel – ins Elternbett und Sie sind nach dem mutigen Versuch nicht nur total müde, sondern auch vorläufig von windelfreien Nächten kuriert. Mit drei, vier Jahren kein Problem – auch wenn sich die Erfolgsberichte anderer Eltern häufen. Aber mit fünf, sechs wird's langsam Zeit, oder? Sie haben zwar für sich beschlossen, daraus keinen Problem zu machen und ertappen sich doch in regelmäßigen Abständen bei der Frage: Wird es Zeit für das volle Abgewöhnungsprogramm? Oder kann ich darauf vertrauen, dass mein Kind es irgendwann ganz von alleine schafft?

Bis meine Tochter selbst die Schnauze voll hatte. Ich war immer gelassen, was das Windelthema angeht. Meine beiden Kinder haben, auch als sie schon in der Schule waren, nachts noch immer eine Windel getragen. Beide haben immer so tief geschlafen, dass sie es einfach nicht gemerkt haben, wenn sie auf die Toilette mussten. Mein Sohn hat es irgendwie alleine geschafft. Bei meiner Tochter dauerte es länger. Wir haben erst angefangen, etwas zu ändern, als meine Tochter selbst die Schnauze voll hatte. Die Klingelwindel war unsere Lösung. Die Unterhose mit Pipi-Alarm klingelt zwar so laut, dass die ganze Familie im Bett steht, aber nach nur drei Mal war alles ausgestanden.

Jasmin,
Ärztin,
eine Tochter (8),
ein Sohn (10)

Mein Kind hat sich richtig unter Druck gesetzt. Für mich war es wichtig, dass mein Sohn abends viel trinkt, weil er es tagsüber oft einfach vergessen hat. Tja … Schon mal nicht gut fürs Trockenwerden. Als er vier war, fand ich es mal an der Zeit nachts die Windel wegzulassen. Von da an hat sich der Kleine richtig unter Druck gesetzt. Wenn es nicht geklappt hat, war er unglaublich traurig und niedergeschlagen, sodass wir reagieren mussten. Wir haben eine Familienkonferenz abgehalten und ihm gesagt, dass es überhaupt nichts Schlimmes ist, wenn man nachts noch eine Windel braucht, dass es für uns kein Problem ist und wir ihn trotzdem für voll nehmen. Wir würden doch jeden Tag sehen und erleben, wie er größer werde … Eigentlich kann man sagen, dass es ab diesem Zeitpunkt immer häufiger trockene Windeln gab. Um den sechsten Geburtstag herum hat er beschlossen, er schafft es nachts ohne. Das hat er einfach beim Frühstück angekündigt. Also haben wir gemeinsam drei wasserdichte Leintücher gekauft. Zu 90 Prozent klappt es inzwischen. Und wenn etwas daneben geht, gibt es keinen Ärger. Sondern wir beziehen das Bett einfach neu. Wenn er woanders übernachtet, nimmt er sich eine Sicherheitswindel mit, weil ihm ein Pipi-Unglück in fremder Umgebung peinlich wäre.

Sarah,
Pferdewirtin,
ein Sohn (6)

45

Die totale Windelverweigerung. Eigentlich bräuchte mein jüngster Sohn nachts eine Windel. Aber er verweigert sie total. Er hat ältere Geschwister und mit sieben Jahren will er „nicht mehr das Baby sein". Ich habe ihm sogar in meinem Groll noch mal ein großes Windelpaket gekauft, weil es so eigentlich nicht weitergehen kann. Aber außer einem Riesentheater, hat die Aktion gar nichts gebracht. Mittlerweile sehe ich keine andere Möglichkeit mehr, als seine totale Windelverweigerung zu respektieren. Es ist aber leider so, dass mein Sohn manchmal bis zu vier Mal die Woche ins Bett macht. Wenn er es verschläft, sage ich nichts, dann wechsle ich murrend das Bettzeug und gebe ihm zu verstehen: „Ist schon okay." Es kommt aber auch vor, dass er morgens schon wach ist und er nur nicht aufstehen will, weil es noch so kuschelig ist… In diesem Fall allerdings werde ich richtig zornig und sage ihm durchaus auch, wie viel Arbeit er mir damit macht. Dennoch muss ich sagen: Mit drei Kindern wird man irgendwie gechillter. Er wird es schon auch auf seine Methode irgendwie schaffen…

Christina,
Hausfrau,
zwei Söhne (7, 9),
eine Tochter (11)

MEIN KIND MUSS SCHNELL MAL AUF DIE TOILETTE. ABER AUF WELCHE?

Seit neuestem wird ja viel über öffentliche Unisex-Toiletten debattiert. Toiletten, die von Männern wie Frauen benutzt werden dürfen. Das könnte auch die Antwort sein für eine immerwährende Frage, die sich vor allem viele Väter stellen. Und die auch von Müttern diskutiert wird. Wohin soll der Vater mit der kleinen Tochter eigentlich gehen, wenn das Kind unterwegs mal muss? Auf die Männertoilette, vorbei an der Reihe von Urinalen, einige davon vielleicht gerade in Benutzung? Oder auf die Frauentoilette, vorbei an einer langen Reihe von missbilligenden oder zumindest erschrockenen Blicken? Was macht denn der hier… Und wie lange darf der kleine Sohn eigentlich mit Mama gehen? Auch so eine Frage.

Mein Mann geht mit aufs Damenklo. Meine Tochter ging bis vor kurzem auf die Männertoilette, wenn mein Mann sie begleitet hat. Direkt an den Pinkelbecken vorbei, was sonst? Wenn man kein Aufheben drum macht, ist das doch kein großes Thema. Es ist ja ein sehr zweckgebundener Besuch. Jetzt will sie das aber nicht mehr und geht allein auf die Damentoilette und mein Mann wartet davor. Aber manchmal braucht sie halt doch Unterstützung, und dann geht mein Mann natürlich auch aufs Damenklo. Das forciert er nicht, aber wenn es halt sein muss … Jedenfalls versichert er, dass er noch nie doof angeschaut wurde. Was das Ganze aber zeigt: Unsere Gesellschaft ist in solchen Dingen total veraltet. In anderen Ländern, vor allem in Skandinavien, gibt es längst Familientoiletten. Wenn es irgendwie geht, suchen sich mein Mann und meine Tochter geschlechtsneutrale Behindertentoiletten.

Ines,
Bankkauffrau,
ein Sohn (5),
eine Tochter
(9)

Treffpunkt Türe. Ich finde, daraus muss man kein großes Thema machen. Mit Mama oder Papa mit in die Toilette bis man (meist mit spätestens sechs) alleine gehen kann und sich vor den Türen wieder trifft.

Uli,
Geografin,
drei Töchter
(7, 14, 15)

Mit Papa auf die Herrentoilette, mit Mama zu den Damen. Ganz klar wären Unisex-Toiletten – und ebenso Umkleidekabinen beim Kinderturnen oder Schwimmkurs – die einfachste Lösung, aber wo es die nicht gibt, muss es praktikabel sein und oft auch nur schnell gehen. Daher halten wir uns an die Regel, dass das Kind mit Papa auf die Herrentoilette, mit Mama zu den Damen geht, wenn möglich der Sohn mit Papa, die Tochter mit Mama. Wenn dies nicht möglich ist, ist der Anblick eines Urinals auch kleinen Mädchen zumutbar und kann ein kleiner Junge, der noch nicht allein auf die Toilette gehen möchte, natürlich mit seiner Mama zu den Damen gehen.

Almut,
Hausfrau,
drei Töchter
(6, 6, 17),
ein Sohn (14)

MEIN KIND WILL NACKIG SEIN

Klamotten runter, nackig herumspringen. Am besten einen ganzen Sommertag. So war das früher. Mit acht, neun noch splitterfasernackt am See herumrennen. Warum nicht? Kindersommer! Doch die Zeiten haben sich verändert, oder?

Schon die Kleinsten sausen in Bikini und Badehose durchs Schwimmbad. Warum eigentlich? Haben sich die Sitten verändert? Und welche Rolle spielt dabei das Internet? Jeder hat ein Smartphone. Nur ein paar Klicks und schon könnten Bilder der Nackedeis im Netz sein. Kann man Kinder heute überhaupt noch nackig umhersausen lassen?

Selbstschutz ist notwendig. Mit Nacktsein habe ich selbst null Probleme. Mein Mann und ich sind begeisterte Sauna-Gänger. Außerdem hatte ich das Glück, in keinem verklemmten Elternhaus aufzuwachsen. Verschlossene Badezimmertüren, wenn Mama oder Papa duschten, gab es bei uns nicht. Diesen offenen und unverkrampften Umgang möchte ich natürlich auch meinen Kindern weitergeben. Sie sollen ihren Körper mögen und ihn nicht schamhaft verstecken müssen! Für ein gesundes, positives Körpergefühl finde ich das sehr wichtig. Es ist vollkommen in Ordnung, nackt zu sein. Die Frage ist nur: Wo? Und da unterscheide ich sehr stark. Zuhause, im eigenen Garten, bei Oma und Opa oder bei guten Freunden dürfen meine Kinder ganz

Marion,
Mediengestalterin,
eine Tochter,
ein Sohn
(beide 9)

ungezwungen den Sommer genießen. Mit oder ohne Badehose. Anders sieht es natürlich im Freibad oder am Badesee aus. Kurz: überall dort, wo viele unbekannte Menschen sind. Da ist ein gewisses Maß an Selbstschutz notwendig. Das müssen sich Kinder – heutzutage leider schon früher als in meiner Kindheit – bewusst machen. Das klappt auch, ohne sich unnötig zu verkrampfen. Es ist in Ordnung, wenn meine Kinder mitten auf der Liegewiese die nassen Badesachen wechseln. Da halte ich kein Handtuch als Sichtschutz vor. Aber nackt stundenlang im Sand buddeln geht dann doch nicht.

Ich habe kein gutes Gefühl dabei. Zu Hause sind wir ganz offen miteinander, da werden keine Türen geschlossen, wenn einer sich umzieht oder gerade aus der Dusche kommt. Aber im Schwimmbad oder am See würde ich meine Kinder niemals nackig herumlaufen lassen. Schon als sie ganz klein waren, habe ich ihnen Badesachen angezogen. Ich kann es nicht genau erklären, ich hätte einfach kein gutes Gefühl dabei. Das liegt bestimmt auch an einer unguten Erfahrung, die ich selbst in meiner Jugend gemacht habe.

Christina,
Hausfrau,
zwei Söhne (7, 9),
eine Tochter
(11)

Schade, dass man sich darüber Gedanken machen muss. Als meine beiden Töchter klein waren, durften sie im Sommer zu Hause oder bei Freunden und Verwandten im Garten nackig herumspringen, solange sie sich selbst dabei wohl fühlten. Sie haben jedoch beide recht früh, mit etwa drei Jahren beschlossen, eine Badehose zu tragen. Später, mit fünf, sechs Jahren, hatten sie hauptsächlich Badeanzüge an, oder auch T-Shirts als Sonnenschutz. Im Freibad gab es eine Badehosenpflicht für die Windelträger. Als sie trocken waren, ließ ich sie in öffentlichen Parks und Freibädern aber auch nicht nackig herumlaufen: Ich hätte kein gutes Gefühl gehabt. Meine Töchter haben das akzeptiert. Natürlich finde ich es schade, dass man sich darüber Gedanken machen muss. Andererseits habe ich es nicht als große Einschränkung für meine Kinder empfunden. Sie hatten genügend Möglichkeiten, in geschützten Umgebungen nackig zu sein. Die kindgerechte Erklärung, warum es in manchen Situationen oder an manchen Orten unangebracht ist, nackig zu sein, war für meine Töchter nachvollziehbar. Ich habe sie nicht auf die Gefahren aufmerksam gemacht, die von Menschen mit pädophilen Neigungen ausgehen, sondern habe ihnen erklärt, dass es Orte und Situationen gibt, wo man sich nicht völlig nackig zeigt, weil es unpassend ist. Näher bin ich, als sie noch klein waren, nicht drauf eingegangen. Ich wollte ihnen nicht unnötig Angst machen.

Sabine,
Pädagogin,
zwei Töchter
(16, 18)

MEIN KIND IST EINE NERVENSÄGE, ABER DAS KANN ICH IHM DOCH NICHT SO SAGEN

„Maaamaaaa, ich muss Dir was ganz Wichtiges sagen…" „Mamaaaa, weißt du eigentlich…", dass in China ein Reissack umgefallen ist? „Mama, Mama, Mamaaaaaa!" Es wäre so schön, wenn Ihr Kind einfach seine zuckersüße Klappe halten könnte. Aber es quasselt und quasselt ohne Punkt und Komma. Einen Artikel in der Zeitung lesen… Wo denken Sie hin? Sich mal wenigstens auf den Einkaufszettel konzentrieren… „Mamaaa!" Ihr Kind meint es nicht böse, das ist Ihnen klar. Es ist eine Nervensäge, aber das kann ich ihm doch nicht sagen, oder?

Kinder müssen so sein. Ich weiß es ja … 7.15 Uhr. „Mama, wieso müssen Menschen schlafen? Wieso ist es nachts dunkel? Und warum müssen Kinder in den Kindergarten und Erwachsene ins Büro?" Mein Sohn ist aufgewacht. Gott sei Dank bin ich kein Morgenmuffel. Der Kleine hat rote Punkte auf dem Bauch, ich vermute Windpocken. Drei Stunden später, gefühlte hundert Fragen später, löchert er den Arzt „Wer ist hier der Chef? Wer der Ober-Chef? Wer war der erste Arzt der Welt? Wer ist der jüngste? Und wer der älteste?" Um 22 Uhr ist er immer noch wach, Windpocken hat er keine: „Mama, warum bist Du denn müde? Du arbeitest doch nicht wie Papa im Büro …!" Ja, mein Sohn ist eine Nervensäge. Eine riesengroße. Und das sage ich auch jedem, der es nicht hören will. Ich liebe mein Kind heiß und innig. Aber manchmal ist es einfach genug. Ich bin auch nur ein Mensch. Und nicht nur eine Mutter. Aber ich weiß: Kinder müssen so sein. Sie sind nicht diese Engel, von denen diese verstrahlten Mütter einem vorschwärmen. Wie gut kann ich heute meinen Vater verstehen, der zu mir früher sagte: „Du warst so süß – als Du noch nicht sprechen konntest!"

Veronika, Journalistin, ein Sohn (5), eine Tochter (7)

Der Satz „du nervst" hat etwas total Abwertendes. Meinem Sohn fällt es oft schwer, sich allein zu beschäftigen, beziehungsweise den Anfang ins Spiel zu finden … Wenn er mal drin ist, ist alles super. Dann kann ich Wäsche aufhängen oder die Spülmaschine ausräumen. Er dreht aber dann voll auf, wenn ich etwas tue und er nicht die volle Aufmerksamkeit bekommt. Sofort geht es los: „Mama, liest du mit mir ein Buch? Spielst du was mit mir? Holst du mir ein Buch aus dem Regal runter? Hörst du die CD bitte mit mir an? Mami, hilfst du mir ganz kurz, ich finde die Hui Buh-CD nicht?" Die liegt zwar vor ihm, aber er will sie im Moment nicht finden. Ich mache ihm dann schon klar, dass ich gerne die Zeit mit ihm verbringe, aber dass ich nicht immer als Spielkamerad für ihn da sein kann. Wir machen dann Zeiten aus: Ich bekomme noch eine halbe Stunde für den Haushalt und dann lesen wir ein Buch. Dann gibt meine kleine Nervensäge meistens Ruhe. Auch wenn es mich nervt, würde ich meinem Sohn niemals sagen, dass er nervt, wenn dann ist es sein Verhalten. Der Satz „du nervst", hat für mich etwas total Abwertendes.

Sarah, Pferdewirtin, ein Sohn (6)

ABER BITTE MIT SEIFE

Sauber und gesund

MEIN KIND VERWEIGERT ZAHNPASTA

Immer diese Zahnpasta. Bislang hat sie Ihr Kind als verordnete Lästigkeit leidlich hingenommen, nun hat es sich von einem Tag auf den anderen zur totalen Verweigerung entschieden. Sie können sich sicher sein, dass Sie die Zahnpasta kein einziges Mal mit der Peelingcreme verwechselt haben, das gibt Ihnen ein gutes Gefühl. Dennoch sind Sie ratlos. Sie haben es mit gut zureden versucht, von Karius und Baktus erzählt, überredet, gelockt und doch jedes Mal aufs Neue: Drama im Badezimmer. Wie komme ich mit meinem Kind aus der Zahnpasta-Krise?

Zähneputzen ist bei uns ein Drama. Wir haben bestimmt sieben Zahnpasten ausprobiert und die Tuben nun zu Hause, aber keine schmeckt. Die Zahnreinigung mussten wir beim Zahnarzt abbrechen, weil mein Sohn den Geschmack im Mund nicht aushalten konnte. Mittlerweile ist er acht Jahre alt und

Daniela, Industriekauffrau, ein Sohn (8)

benützt noch immer die für Kinder von null bis sechs Jahren. Ich habe sogar im Internet recherchiert, welche Zahnpasta am wenigsten intensiv schmeckt. Aber nichts hat geholfen. Ich denke, dass wir das Ganze mal in den großen Ferien angehen werden. Aber ganz ehrlich, man kann doch nicht immer in allen Bereichen Erfolg haben. Immerhin putzt er sich ja die Zähne … mit Zahnpasta!

Selber putzen ist nicht. Ich wollte Angst und Schrecken durch frühen Einsatz des Karius & Baktus-Hörbuchs erzeugen, doch lässt sich unser furchtloser Sohn durch nichts ins Bockshorn jagen und erkennt die Notwendigkeit des regelmäßigen Zähneputzens nicht an. Selber putzen ist nicht. Papa lässt sich durch gurgelnde Erstickungsgeräusche auf zehn Sekunden Schnellputzen ein. Mama quetscht die Backen auf und putzt wild um den Wackelzahn herum (… hoffentlich kriegt der neue, bleibende Zahn genug Zahnpasta ab!). Dauerschlechtes Gewissen inklusive. Aber: Wir sind stolz darauf, dass unser Sohn vor nichts im Leben Angst hat. P.S.: Der Schneidezahn oben rechts ist raus! Aber wie sieht er aus?

Inke, Kamerafrau, ein Sohn (8)

Braun mit einem großen Loch. Mein Sohn ist entsetzt. Jetzt will er plötzlich kräftig putzen. Fazit: Aus Schaden wird man klug.

Das Schrubben ist wichtig. Das Wichtigste ist die Bürste. Das habe ich von einem Zahnarzt gehört. Wenn ordentlich geschrubbt wird, ist mangelnde Zahnpasta zumindest am Anfang kaum ein Verlust. Für Totalverweigerer: Da gibt es übrigens noch den Miswak-Zweig. Menschen benutzen die Zweige des Zahnbürstenbaums (Salvadora persica) schon seit über 4000 Jahren, um ihre Zähne zu reinigen.

Uli,
Geografin,
drei Töchter
(7, 14, 15)

MEIN KIND WILL NICHT HAARE WASCHEN

Das brennt nicht. Kneif die Augen zu. Halte dir einen Waschlappen vor das Gesicht. Es ist doch gleich vorbei. Kopf nach hinten … Baden ist ja schön. Aber Haarewaschen zählt zu jenen Sauberkeitsriten, die nach Ansicht vieler Kinder auch nur einmal monatlich oder jährlich durchgeführt werden sollten. Denn Wasser ist gefährlich, kann ins Auge gelangen, kann heiß sein, kann kalt sein, läuft einfach so über einen drüber. Ein Kampf mit dem nassen, sich windenden Kind in der Badewanne, das geht aber nun wirklich nicht. Was aber dann?

Der Trick mit dem Waschlappen. Meine Nachbarn haben bestimmt gedacht, dass ich mein Kind übel misshandle und das jeden zweiten Tag. Aber meine Mutter hatte die perfekte Lösung dafür: Sie kaufte kleine Waschlappen mit Entchen darauf und meinte dann „Schau, die Ente beschützt Deine Augen" und das war die Lösung des Problems. Nie wieder Tränen beim Haarewaschen. Bei meiner Großen war es so, dass ich ihr die Brause in die Hand gab und sie sich die Haare selber nass machen durfte. Danach stand zwar das Bad unter Wasser, aber Tränen gab es nicht mehr.

Karin,
Hausfrau,
zwei Töchter
(16, 18)

Durchbruch mit der Eigenständigkeit. Erwachsene wären doch auch nicht begeistert, wenn sie in der Badewanne sitzen und ihnen jemand Wasser über den Kopf gießen würde.

Umso mehr muss es doch kleinen Kindern missfallen, die noch nicht gelernt haben, wie sie den Kopf halten müssen, damit das Wasser nicht über das Gesicht läuft. Bei unseren Kindern kam der entscheidende Durchbruch mit dem eigenständigen Einschäumen und Hantieren mit der Duschbrause. Bis dahin funktionierte es am besten zu zweit – einer wäscht und duscht ab, der andere hält den Kopf und passt auf, dass kein Wasser und kein Shampoo in Augen und Ohren kommen. Leider hat man nicht immer Unterstützung durch eine zweite Person. Für diesen Fall muss man dem Kind eine Barriere aus Waschlappen bauen oder eine Schwimmbrille vor die Augen halten lassen.

Ein Schutzschild hilft. Mein Tipp: Kinder immer zu zweit in die Badewanne setzen, dann versuchen sie sich gegenseitig die Haare zu waschen! Danach kann man zwar das Bad putzen, aber alle und alles sind dann sauber. Wenn man ein bisschen Quatsch macht, dann passiert es eigentlich von selbst. In der absoluten Not, einfach Wasser über

Almut,
Hausfrau,
drei Töchter
(6, 6, 17),
ein Sohn (14)

Katrin,
Diplom-
Betriebswirtin,
eine Tochter (5),
ein Sohn (7)

den Kopf schütten – das Geschrei ist dann auch irgendwann vorbei. Eine Freundin hat für ihr Kind ein Haarewasch–Schutzschild gekauft, weil sie das Gezeter leid war. Das Schild lässt die Haare frei, schützt aber das Gesicht, sodass weder Schaum noch Wasser in die Augen hinkommt. Das Kind findet es toll.

MIT MEINEM KIND IN DIE BADEWANNE – WIE LANGE?

Schon, dass man überhaupt darüber nachdenkt, fühlt sich merkwürdig an: Was soll bitteschön schon komisch daran sein, wenn die kleine Tochter einen Heidenspaß daran hat, nackt mit dem Papa in der Badewanne zu sitzen. Ist doch das Natürlichste der Welt. Aber wie lange ist es das? Gibt es eine Altersgrenze fürs gemeinsame nackige Planschvergnügen? Und wenn es so ist, wer entscheidet darüber: Vater, Mutter, Kind?

Es gibt keine Altersgrenze. Vater, Mutter, Kind – alle entscheiden, wenn einer nicht mehr will, dann ist fertig, ist doch klar, oder? Solange das alle lustig finden, gibt es keine Altersgrenze … Das erledigt sich normalerweise von selbst. Meine Jüngste badet mittlerweile am liebsten mit ihren größeren Schwestern.

Uli,
Geografin,
drei Töchter
(7, 14, 15)

Schöne Kuschelzeit mit Wasserspaß. Mein Mann und meine Tochter hatten richtige Badewannenrituale mit Quietsch-Enten, Playmobil-Ungeheuern, die Schaum spuckten, und allem möglichen schönen Quatsch. Einfach eine nette Kuschelzeit mit Wasserspaß, die beide liebten. Sogar heute schwärmen sie noch davon, wie lustig das war. Die Planscherei ging quasi mit der Geburt los und so lange weiter, bis meine Tochter ungefähr acht und in der Badewanne eigentlich kein Platz mehr für zwei plus Ungeheuer und ähnlichem war. Unsere beiden Kinder sind auch immer mit in die Sauna und fanden das gut. Mit zehn wollten sie nicht mehr und wir haben das natürlich respektiert. Ich finde, Familien-Badewannen-Zeit ist wunderbar, solange es für alle in Ordnung ist und bis zum Beginn der Pubertät.

Helga,
selbstständig,
ein Sohn (15),
eine Tochter
(17)

MEIN KIND LÄUFT VÖLLIG VERSCHLAMPT DURCH DIE GEGEND

Ist das nicht eigentlich großartig, wenn Kinder nicht viel auf Äußerlichkeiten geben? Schließlich kommt es doch auf die inneren Werte an. Sie hätten aber persönlich auch nichts dagegen, wenn das Äußere sich in einem Okay-Zustand befinden würde. Muss es wirklich das Lieblingstüllkleid sein, das nur noch aus duftigen Löchern besteht? Ob es wohl möglich wäre, den wunderschönen Katzenpulli gegen den wunderschönen Hundepulli auszutauschen, weil der nämlich nicht die komplette Speisenfolge des Mittagessens zeigt? Ihr Kind aber will so bleiben, wie es ist. Es fühlt sich wohl, und dass die Fingernägel vielleicht nicht piekfein sauber sind, „Mensch Mama, ist doch egal"! Sie dagegen fühlen sich weniger wohl, wenn es so den 1A-Müttern mit exakt bezopften Schleifenmädchen und sportlich-schicken Polo-Jungs begegnet. Wie viel Wert also soll man auf die „Äußerlichkeiten" legen oder anders gefragt: Wie viel Schmuddelkind darf eigentlich sein?

Soßenfleck stört nicht. Ich würde mich durchaus freuen, wenn meine Kinder sich etwas mehr richten würden. Tatsächlich ist es aber so, was sich meine Tochter zum Anziehen aussucht, passt nicht zusammen – außer man liebt gestreifte Hosen zum gepunkteten T-Shirt. Und bei meinem Sohn kannst du am Abend die Speisekarte am Pulli ablesen. Ich sage ihnen schon, sie sollen sich nach dem Essen den Mund abwischen, aber wenn sie es nicht machen, sehen sie halt so aus, wie sie aussehen – und gehen so auch zu Freunden. Hey, es sind Kinder, da stört kein Soßenfleck. Am Abend waschen sie sich, die dreckigen Klamotten wandern in die Wäsche – und der nächste Tag kann kommen. Für Einladungen, Arztbesuche oder einen Stadtbummel machen wir uns natürlich noch mal extra schick, aber sonst …

Ines, Bankkauffrau, ein Sohn (5), eine Tochter (9)

Kinder in ihren Besonderheiten unterstützen. Mein Sohn hat einige Jahre am liebsten Jogginghosen angezogen. Und sein Haar trug er lang, gerne dann auch mit bunten Strähnen. Er habe Angst vor Veränderungen gehabt, so hat er es mir später erklärt. Wir haben damals nicht eingegriffen, schließlich war er derjenige, der in diesen Klamotten und mit dieser Frisur herumlief. Es gab nur ab und an Kompromisse: Polohemd zur Jogginghose zum Beispiel am ersten Schultag. Ich habe ihm klar gesagt, dass ich es nicht gut finde und er musste mindestens einmal in der Woche den Schmäh ertragen, er sehe aus wie ein verwahrlostes Bergbauernkind. Aber nach außen haben wir ihn verteidigt. Besonders natürlich gegenüber den Großeltern. Ich denke, Kinder muss man in ihren Besonderheiten unterstützen. Oder andere Frage: Welche angepassten Menschen aus dem letzten Jahrhundert sind einem heute noch bekannt?

Trixi, Baustoffverkäuferin, zwei Söhne (12, 16)

Ich mag es gern sauber. Offensichtlich verdreckt geht bei mir gar nicht. Dabei bin ich mittlerweile lockerer geworden. Wenn man Soße noch wegwischen kann, dann na gut. Vor einiger Zeit noch hätte ich mein Kind sofort umgezogen. Aber Müsli ist so ein typischer Fall. So helle milchige Flecken auf dunklem Sweatshirt … echt nicht! Da wird umgezogen. Auch wenn es zeitlich schon eng ist. Dann kommt mein Sohn halt etwas zu spät. Ich mag es gern sauber. Es geht doch auch darum, wie gehe ich die Sache später mal an … Wo liegt die Toleranzgrenze zum Nachlässigsein? Mir ist ein sauberes, ordentliches Erscheinungsbild wichtig. Meine Kinder sollen sich im Spiegel überprüfen und sagen: Jawohl, jetzt passt's. Socken nicht über der Hose, Kragen nicht nach innen geknickt. Jungs sagen doch sowieso eher mal: Langt schon …

Jutta,
Hausfrau,
zwei Söhne
(9, 18)

LÄUSE — DARF ICH MAL KURZ DEINEN KOPF ANSCHAUEN?

Sie haben Stofftiere schockgefrostet, die feine Wäsche gekocht, die Sofabezüge zur Reinigung gebracht, Kinderkopfhaut mit hochwirksamen Gift malträtiert, nun sind Familie und Haus endlich läusefrei. Das soll sich bitte nicht wiederholen. Und dann kommt ein Kind zum Übernachten und kratzt sich ständig am Kopf. Dürfen Sie in Ihrer Panik diesen Kinderkopf nach Läusen absuchen?

Höhere Gewalt. Wie lautet doch die alte Contenance-Formel? „Tun wir so, als hätten wir es nicht gesehen." Man muss sich nur vorstellen, man wäre selbst das Kind und die fremde Mutter würde vor aller Augen (wie oberpeinlich!) den Kopf inspizieren. Jahrelange Gesprächstherapie im Erwachsenenalter wird die Folge sein. Nein! So ist es halt – ruhig bleiben, Läuse sind höhere Gewalt!

Andrea,
Winzerin,
drei Töchter
(19, 20, 22)

Purer Egoismus ist angesagt. Mal ganz im Ernst: Wer will mich in meinem Haus davon abhalten, bei Läuseverdacht den Kopf anderer Kinder zu untersuchen? Wenn das Kind Masern hätte, würde ich es doch auch prüfen und gegebenenfalls von der Mutter abholen lassen. Wer hat hier das Hausrecht? Die Eltern, die lieber warten, bis sich die Läuse auf die ganze Familie verteilt haben, möchte ich sehen! Hier ist der pure Egoismus angesagt.

Ursula,
Hotelkauffrau,
eine Tochter
(14)

Es ist doch nur klug, sich Klarheit zu verschaffen. An der Schule unserer Kinder gab es dieses fantastische Läuseprojekt, dem ich mich als

„Läusemama" freiwillig angeschlossen hatte. Wir wohnen in einer Wohngegend, in der Läuse noch immer gerne tabuisiert werden, es ist einfach zu peinlich, welche zu haben. Also mussten die Läusemütter bei den Kontrollen, die immer eine Woche nach den Ferien stattfanden, besonders diskret vorgehen. Allerdings waren nicht alle Eltern an der Schule damit einverstanden, dass andere Mütter auf den Köpfen ihrer Lieben nach Läusen suchen … Jedenfalls konnten wir nie alle Haarschöpfe aus allen Klassen „screenen". Nachdem ich aber durch das Projekt weiß, wie schnell Läuse von einem Kopf zum anderen wandern und wie schnell man sie bekämpfen kann, würde ich jedes Kind, das bei uns übernachten möchte und sich verdächtig am Kopf kratzt, untersuchen. Es ist doch nur klug, sich sofort Klarheit zu verschaffen. Alternativ müsste ich sonst den Übernachtungsgast wieder heimschicken und damit stünde ich als hysterische Spaßbremse da. Also würde ich mich humorvoll und ganz im Vertrauen zwischen Kind und mir und ohne viel Tamtam ans Werk machen. Ach ja, beim Läu-

Olga,
Landschafts-
architektin,
eine Tochter (12),
ein Sohn (15)

seprojekt an unserer Schule wurden die mit Nissen befallenen Haare in kleinen Glasgefäßen sicher gestellt. Das fanden die Kinder sehr spannend und mit einer kleinen Lupe wurde daraus sogar ein richtiges Forscherabenteuer …

MEIN KIND HAT ANGST VOR DEM ARZT

Dagegen kennen auch Ärzte oft kein Heilmittel: Wenn Kinder eine panische Angst vor den fremden Menschen in Weiß entwickeln, weil die sie anfassen, in den Mund schauen und vielleicht sogar Blut abnehmen wollen. Am Ende weiß die gesamte Kinderarztpraxis vielleicht dann nur dies: Dass zumindest mit den Lungen doch alles in Ordnung sein muss, so laut wie das Kind gerade schreit. Der Rest der Untersuchung muss dann leider ausfallen. Weil weder gutes Zureden noch Gummibärchen noch schräge Ablenkungsmanöver helfen und ganz ehrlich, man will doch sein Kind auch nicht in den Klammergriff nehmen, nur damit es mit der Spritze klappt. Gibt es da vielleicht doch ein Rezept?

Genau beobachten. Hat das Kind vor allen Ärzten Angst oder nur vor einem bestimmten. Das ist auf jeden Fall eine wichtige Frage. Bei einer unserer Töchter haben wir irgendwann herausgefunden, dass sie nur nicht von Männern behandelt werden wollte. Gemerkt haben wir das, als wir von einem Zahnarzt zu einer Zahnärztin gewechselt sind und es da plötzlich gar keine Probleme mehr gab. Danach sind wir mit ihr nur noch zu Ärztinnen. Vor allem kleinere Kinder können ja nicht so kommunizieren, wissen vielleicht auch gar nicht genau, warum sie sich von diesem Arzt nicht behandeln lassen wollen. Da ist es eher ein diffuses Problem. Kein Kind sagt ja: „Ich will nur zu Frauen …" Man sollte als Eltern dann schon genau hinschauen und das Problem nicht einfach beiseiteschieben.

Susanne,
Agraringenieurin,
zwei Töchter
(7, 14)

Es wird schon Tage vorher diskutiert. Meine Kinder gehen alle nicht gerne zum Kinderarzt, obwohl sie ihn gut kennen und sie nie schlechte Erfahrungen gemacht haben. Wenn ein Zahnarzttermin ansteht, wird schon tagelang vorher diskutiert, ob wir wirklich dahin müssen. Mein Sohn muss regelmäßig zum Herzultraschall, weil er eine Verengung zwischen Herz und Lunge hat. Das ist nichts Schlimmes, muss aber regelmäßig kontrolliert werden. Der Ultraschall ist ja nicht schmerzhaft und er kennt es ja langsam auch, dennoch hat er noch immer schreckliche Angst. Einmal hat er so panisch geschrien, dass der Arzt ihn für die Untersuchung betäuben musste. In den meisten Fällen kommen wir aber mit den Gummibärchen klar, die es beim Doktor gibt. Aber ich sehe das so: Da muss man halt hin – und ich durch!

Monika,
Hausfrau,
zwei Söhne (5, 8),
eine Tochter
(10)

Positive Erfahrung wird hoffentlich helfen. Meine Tochter ist zehn und gerade vor kurzem lag sie wieder leichenblass auf der Liege bei unserem Hausarzt und hat mich mit flehenden Augen angesehen, sie endlich zu erlösen. Ich hatte sie nach endlosen Diskussionen regelrecht gezwungen, mit mir zum Arzt zu gehen. Es wurde nicht viel untersucht, wir waren schnell wieder raus, sie war erleichtert, ich etwas frustriert, weil nach fast einwöchigem Krankheitszustand nichts festgestellt wurde. Zwei Tage später bin ich

Astrid,
Gesundheits-
coach,
drei Töchter
(9, 10, 13)

mit meinem Mann eine Woche in den Urlaub gefahren. Am zweiten Tag kam der Anruf von Oma und Opa: Dem Kind gehe es so schlecht, sie glauben, es habe eine Mandelentzündung – eine Super-Nachricht auf 3000 Metern mitten in den Alpen. Aber letztendlich hat sich dieser Vorfall sogar als Glücksfall herausgestellt: Meine Tochter ist zusammen mit ihrem Opa (der ein sehr gutes und enges Verhältnis zu Ärzten hat, im Gegensatz zu mir) zur Ärztin seines Vertrauens gegangen, die ein Antibiotikum gegen die endlich diagnostizierte Mandelentzündung gegeben hat. Seitdem ist meine Tochter positiv gestimmt: Sie war so erleichtert, dass es ihr endlich besser ging und hat dieses Erlebnis auch als absolut positive Erfahrung mit ihrem Opa zusammen abgespeichert. Damit hoffe ich, dass zukünftige Arztbesuche deutlich entspannter ablaufen werden …

MEIN KIND NIMMT KEINE MEDIKAMENTE

Die Botschaft könnte eindeutiger nicht sein. Ihr Kind steht in der Ecke und hält sich mit beiden Händen den Mund zu, signalisiert mit jeder Faser seines Körpers: In diesen Rachen kommt keine Medizin. Husten- und Fiebersaft lassen sich ja noch untermogeln, aber was mache ich, wenn es um ein Antibiotikum oder eine Tablette geht, und alle Erklärungen nichts helfen, ja den Schrecken irgendwie vergrößern?

Wir haben einen Weg gefunden. Meine Tochter kriegt Medikamente nicht herunter. Als sie wegen einer schlimmen Ohrenentzündung einen Saft mit Antibiotikum nehmen sollte, hat sie ihn direkt wieder im hohen Bogen ausgespuckt. Das ging mehrere Male so. Also haben wir Tabletten besorgt. Allerdings hat sie nur so getan, als ob sie die nehmen würde. Als die Schmerzen nicht besser wurden, gestand sie ein, dass sie die Pillen in der Hand versteckt und dann im Müll entsorgt hatte. Tja … Weil nichts anderes half, habe ich mein Kind billigst erpresst – es dürfe nicht in den Urlaub mit und so – und mich dabei schändlich gefühlt. Aber das half erst mal. Meine Tochter hat die Tabletten irgendwie runter bekommen. Mittlerweile haben wir einen Weg gefunden. Sie hält sich

Jasmin,
Ärztin,
eine Tochter (8),
ein Sohn (10)

die Nase zu, nimmt die Tablette oder den Saft, und trinkt dann sofort ein riesiges Glas stilles Wasser hinterher, bis sie den Geschmack im Mund wieder los ist. Und ich feuere sie dabei an.

Mit der Stempelkarte funktioniert es.

Der ganz normale Fiebersaft ist bei uns ein Selbstläufer. Ein Löffel, ein Wasser hinterher, fertig. Wenn aber Antibiotikum notwendig war, hatten wir ein echtes Problem. Ich habe vieles vergeblich versucht: Kakao drüber streuen, ich habe verdünnt, mit Saft gemischt, in tolle kleine Bierkrügchen eingefüllt, mit Engelszungen auf meine Töchter eingeredet, Belohnungen in Aussicht gestellt… Dann habe ich eine Stempelkarte erfunden. Eine Kästchenreihe für jeden Tag der Einnahmezeit mit Früh-, Mittags- und Abends-Kästchen – und dann dürfen die Kinder abstempeln und am Schluss, wenn alles ausgefüllt ist, gibt es eine kleine Belohnung. Eine DVD von Biene Maja, eine Weste für die Puppe – alles so im Fünf-Euro-Bereich, was ich halt so in meinem Depot habe. Und als mal Augentropfen notwendig waren, hat die Stempelkarte auch geholfen.

Petra,
Bankkauffrau,
drei Töchter
(2, 4, 6)

Der älteste Trick der Tricks.

Nach einer Lebensmittelvergiftung, – also ständiges Blutabnehmen, der damals Vierjährige hing im Krankenhaus am Tropf, Kontrollen die ganze Zeit – verweigerte mein Sohn Medikamente total. Kein Zäpfchen, kein Saft, nichts war mehr möglich. Das geht natürlich mit Wadenwickel, Tee und viel Trinken gut bis zu einem gewissen Punkt. Aber als das Fieberthermometer mal wieder kurz vor der 40 stand, mussten wir handeln. Also den Fiebersaft in den Lieblingssaft… in den Lieblingspudding… an die Vernunft appelliert… nichts klappte… und dann kam Oma mit einer hanebüchenen Geschichte für den kranken Piratenfan. Ob er denn wisse, dass kranke Seeräuber auf den Schiffen ein festes Ritual hätten? Sie halten sich die Nase zu und schlucken die Medizin gemeinsam. Der älteste Trick der Tricks hat tatsächlich funktioniert. Wir haben mehrere Schnapsgläser geholt, eines mit Fiebersaft gefüllt, die anderen mit Saft, Nase zu und runter. Gemeinsam geht es halt doch besser. Und wir machen es seit dem immer so. Die Erkenntnis: Geschichten helfen öfter, als man denkt – kranken Kindern und Müttern!

Nefisa,
Bauzeichnerin,
ein Sohn (6)

61

Der Trick mit dem Nutellalöffel. Stundenlang haben wir mit Engelszungen auf das kranke Kind eingeredet und nichts half. Da kam meine Mutter ins Spiel und zwar mit folgender Inszenierung: Sie fütterte dem kranken Hundi, bestbeschmustes Stofftier, zuerst den Saft und danach bekam er gleich den vollen Nutellalöffel, den es nur zu bestimmten besonderen Anlässen gab... Das war also was Besonderes. Von da an musste bei meiner Tochter immer ein voller Nutellalöffel bereit sein, wenn antibiotischer Saft notwendig war.

Karin,
Hausfrau,
zwei Töchter
(16, 18)

Na, wie war's in der Schule

Der Ernst des Lebens auch für Eltern

MEIN KIND HAT KEINEN SPASS AN DER SCHULE

Kann Schule eigentlich wirklich Spaß machen? Lügen all diese anderen Eltern, wenn sie erzählen, wie gerne ihr Kind dahin geht, jeden Tag aufs Neue, oder ist es wirklich so? Und warum schleppt sich dann das eigene fast jeden Morgen mit missmutigem Gesicht an den Frühstückstisch, weil nun das verhasste Vormittagsprogramm folgt, weil 80 Prozent der Lehrer blöd sind, weil der Unterricht langweilig ist, weil nur die Pause Spaß macht. An manchen Tagen, wenn es ganz schlimm ist, kommt das Kind daher gar nicht erst zum Frühstückstisch, sondern ruft gleich vom Bett aus: Ich habe so Kopfschmerzen, mein Bauch tut weh … Schule als Stimmungskiller, gibt es da ein Gegenmittel?

Das Kind ernst nehmen. Die Frage ist natürlich, ist die Schule immer so schlimm, wie das Kind es behauptet. Oder ist es nur Nörgelei. In beiden Fällen aber muss man sein Kind ernst nehmen, genau beobachten und Fragen stellen. Zum Beispiel auch die: Was würdest du denn lieber machen? Würdest du denn gerne auf eine andere Schule gehen? Damit ist dann auch der Zwang und Druck weg und man nimmt dem Kind dieses Ohnmachtsgefühl, dass es nichts an der Sache ändern kann. Wenn das Kind dann tatsächlich ein Problem anspricht, kann man das direkt angehen und Vorschläge machen. Aber wirklich wichtig ist es, dass sich das Kind nicht in der Situation gefangen sieht!

Susanne, Agraringenieurin, zwei Töchter, (7, 14)

Den Druck nehmen. In der ersten Klasse ist meine Tochter zehn Tage zu Hause geblieben. Und das war die beste Entscheidung, die ich treffen konnte. Ich wusste anfangs nicht, was los war, sie ging nicht begeistert, aber ging, als sie dann aber morgens weinend an meinem Hals hing und sagte: „Ich kann in diese Schule nicht gehen", war mir auf einen Schlag klar, so geht das nicht weiter. Ich habe sie bei der Direktorin für eine Woche abgemeldet und mich bei meinem Arbeitsplatz ebenfalls. Als sich meine Tochter Sorgen machte, was denn jetzt passiert, habe ich einfach nur gesagt: „Es gibt andere Schulen und auch andere

Jobs." Und damit war der Druck raus! Das war in dem Moment unheimlich wichtig. Kinder brauchen ja diese absolute Sicherheit von zu Hause und das Vertrauen in ihre Eltern, dass die wissen, was zu tun ist. Weil sie ja auch zu hundert Prozent an Dich glauben. Was sich dann irgendwann im Gespräch mit der Lehrerin herausstellte, war, dass meine Tochter einfach Angst hatte, mittags alleine zum Bus zu gehen. Sie wollte von der Lehrerin gebracht werden. Warum? Sie konnte es nicht sagen: „Ich weiß nicht, ich habe einfach Angst." Angst kann man eben nicht immer erklären, das hat mir damals auch die Schulpsychologin gesagt. Ich beispielsweise würde niemals Fallschirmspringen. „Und sind sie schon mal abgestürzt?", hat die Schulpsychologin gefragt. „Natürlich nicht, aber …" Wir haben dann das Problem gelöst und meine Tochter hat die Grundschule dort beendet.

Regina,
Juristin,
eine Tochter
(15)

Er fand das Gesamtpaket Schule doof.
Mein Sohn ist in die Schule gegangen, weil er musste. Großen Spaß hatte er jedenfalls nicht dabei. Waren die beiden ersten Jahre mit einer durch und durch routinierten Lehrerin noch okay, entwickelte sich das dritte Schuljahr schrecklich. Plötzlich war die Schule blöd, das Lernen blöd, die Hausaufgaben blöd, alles blöd … Leider hatte er eine völlig spaßbefreite Lehrerin bekommen. Nur ein Beispiel: Die Kinder haben ihr für die Weihnachtszeit einen Adventskalender gebastelt. Sie hat noch nicht mal jeden Tag ein Säckchen geöffnet – da waren die Kinder natürlich total enttäuscht. Das sagt doch auch etwas über emotionale Qualitäten aus … Dazu riesige Mengen Hausaufgaben – bei 33 Grad im Schatten! Ich habe verstanden, dass er das Gesamtpaket Schule doof fand: Dennoch habe ich versucht, meinem Sohn die Schule positiv zu verkaufen. Du lernst doch für dich … Und du willst später doch einen spannenden Job – seine Antwort war nur: „Wenn es dort so toll ist, dann geh' doch du!" Völlig überraschend hat er nun in der vierten Klasse eine neue Lehrerin bekommen – und endlich macht Schule Spaß. Ich bin richtig dankbar, dass das Thema Schule nach drei Jahren Durststrecke endlich positiv besetzt ist. Das beeinflusst doch auch seine spätere Einstellung zum Lernen. Schule ist schön – aber nur wenn es mit dem Lehrer klappt. Damit muss man leben.

Lexa,
Sekretärin,
drei Söhne
(9, 29, 32),
zwei Töchter
(26, 34)

Meine Tochter würde sofort in den Kindergarten zurück. Meine Tochter war hoch motiviert in die Schule zu gehen: „Mami, ich schau mir das mal an und wenn es mir nicht gefällt, dann können die Dich anrufen und du holst mich ab." Okay… Da musste ich meiner Tochter erklären, dass dies jetzt nicht mehr so einfach ist, dass man in die Schule einfach gehen muss und nicht ohne weiteres daheim bleiben kann – außer man ist krank. Das war für meine Tochter ein Schock: Tränen, Angst und auf Bemerkungen wie „Gell, freust Dich auf die Schule" kam nur ein „Ich will im Kindergarten bleiben". Was habe ich ihr lang gut zugeredet und erklärt… aber jegliche Motivation war weg. Grundsätzlich wollte sie schon Lesen und Schreiben lernen, ja, aber viel lieber im Kindergarten bleiben. „SIE" war die „Kindereingewöhnerin" dort. Und jetzt war alles so neu und so ernst… Mir war nicht bewusst, dass Einschulung so eine harte Umstellung bedeutet. Ich hoffe, dass sie bis Weihnachten richtig angekommen ist, denn wenn sie könnte, würde Sie sofort in den Kindergarten zurückwechseln. Ich kann nichts anderes tun, als ihr Zeit geben.

Michaela,
Bankerin,
ein Sohn (5),
eine Tochter (6)

MEIN KIND WILL KEINE HAUSAUFGABEN MACHEN

Die Planung sieht vor: Nach Hause kommen, essen, ein bisschen ausruhen, dann an den Schreibtisch setzen, zügig alles erledigen, spielen. Die Realität sieht aus: Nach Hause kommen, essen, ein bisschen ausruhen, sich an den Schreibtisch setzen, nachdenken, in die Luft schauen, sich etwas zu trinken holen, auf einem Papier herumkritzeln, auf die Toilette gehen, wieder Hunger bekommen, weiterträumen… bis der Nachmittag fast vorbei ist und die Nerven von Vater oder Mutter am Ende sind. Die schönen Stunden, soll man die nun wirklich sinnlos verstreichen lassen oder sich eben doch einmischen, antreiben, mithelfen, auch wenn es dann ständig dicke Luft gibt?

Jeder hat eben seine Aufgaben. Die Verantwortung an die Kinder übergeben. Bei vielen Erziehungsfragen kann ich diesen Satz nur unterstreichen. Aber ganz ehrlich: Beim Thema Schule fällt mir das wirklich schwer! Denn wer hat denn letztendlich den Ärger, wenn die Aufgaben nicht gemacht werden und es schlechte Noten hagelt? Soweit will es doch keine Mutter kommen lassen! Also muss eine andere Strategie her, denn ganz ohne Einmischen und Antreiben geht es bei uns zu Hause nicht. Besser läuft es, seit ich meinen Kindern erklärt habe, dass jedes Mitglied in unserer Familie Aufgaben hat, die erledigt werden müssen. Und das am besten zügig und ohne lange zu jammern. Bei uns Eltern sind das sehr viele: Wir sind berufstätig, kaufen ein, kochen, waschen, putzen, fahren Auto und kümmern uns um den Garten. Bei den Kindern sind das viel weniger: Sie helfen ein bisschen im Haushalt und machen ihre HAUSAUFGABEN! Werden diese Pflichten allerdings nicht erledigt, sinkt bei mir die Zustimmungsrate sofort rapide ab. Mein Sohn will heute noch einen Freund besuchen? Nein. Ich soll die Kugelbahn zum Spielen aus dem Keller holen? Nein. Bitte, bitte, Mama, eine Folge Löwenzahn? NEIN! Ich sehe das nicht als Strafe oder Verbote, sondern als logische Konsequenz. Wer seine Aufgaben ignoriert, darf nichts fordern. Ich komme meinen Kindern gerne entgegen – wenn sie es auch

Marion,
Mediengestalterin,
eine Tochter,
ein Sohn
(beide 9)

tun. Das verstehen auch schon Erstklässler. Klingt nach Erpressung? Ich finde nicht. Stattdessen lernen die Kinder sich als Teil der Familie einzubringen und letztendlich doch Verantwortung für ihr Handeln zu übernehmen.

Selbst als Vorbild fungieren.
Erledige ich Arbeiten sofort oder beobachten mich meine Kinder auch dabei, wie ich Dinge vor mir her schiebe? Wenn ich alles (oder fangen wir mal mit einem Teil an) erledigt habe, kann ich Dinge tun, die Spaß machen. Ruhe bewahren, auch wenn's sehr schwer fällt und sein Kind auch mal ohne Hausaufgaben in die Schule gehen lassen.

Sabine,
Pädagogin,
zwei Töchter
(16, 18)

Alternative Schulmodelle andenken.
Im Regelschulsystem hat man ja keine andere Wahl: Das Kind muss nun einmal die Hausaufgaben machen. Dadurch wird das Thema Schule ins Elternhaus gebracht und es spielen sich unsägliche Situationen ab. Was mich ärgert: Es heißt zwar immer, „das ist die Sache der Kinder, mischen Sie sich nicht ein." Aber das stimmt doch gar nicht. Denn wenn

Regina,
Referentin
Erwachsenenbildung,
zwei Söhne (16,22),
eine Tochter
(27)

das Kind keine Hausaufgaben macht, sitzt man ganz schnell in der Schule beim Lehrer oder bei der Lehrerin und kann sich nicht mit einem Achselzucken aus der Affäre retten. Und dann kommt hinzu: Nicht alle Kinder können die Aufgaben gleich schnell erledigen, da sitzt ein Kind vielleicht auch mal den ganzen Nachmittag. Das kann doch nicht sein! Wie wir als Eltern reagiert haben? Nachdem sich mein mittlerer Sohn sehr schwer getan hat und das Thema Hausaufgaben eine große Belastung war für unser Familienleben, haben wir für den jüngsten Sohn nach einer Alternative gesucht: Er geht auf eine Montessori-Schule und hat dort eine glückliche Zeit.

MEIN KIND HAT ANGEBLICH ALLE HAUSAUFGABEN SCHON TOLL GEMACHT

Sie kommen nach einem langen Arbeitstag nach Hause und sind entzückt: „Klar habe ich alle Hausaufgaben gemacht" beteuert Ihr Kind mit Super-Augenaufschlag, hoffend auf einen gemütlichem Fernsehabend. Blöd ist bloß, dass Sie ganz genau wissen, dass immer etwas Wichtiges fehlt. Immer. Ganz egal, ob Sie nachmittags da sind oder nicht. Und jetzt? Kinder sollen ihre Hausaufgaben selbstständig machen, sagt die Lehrerin. Sollen Sie Ihr Kind die Konsequenzen seiner laschen Arbeitsauffassung spüren lassen? Oder doch lieber mit völlig unzurechnungsfähigen Sechsjährigen nach 20 Uhr noch frohgemut über 10 hinaus addieren?

Warum sollten Mütter immer die Retter sein? Ich halte es wirklich nicht immer durch, aber ich finde, Kinder sollen ruhig das mulmige Gefühl im Bauch kennenlernen, wenn sie morgens zur Schule gehen und genau wissen: Heute sind die Hausaufgaben nicht vollständig. Oder sie haben dieses und jenes nicht gelernt. Dann dürfen sie ruhig auch mal erwischt werden. Ich bin überzeugt, nur wenn sie diese schlechten Gefühle spüren, lernen sie, dass sie es besser machen müssen. Warum sollten Mütter immer die Retter sein? Das Problem dabei ist nur: Wenn ich wirklich so hart bleibe, fühle ich mich richtig

Anja, Gastronomieberaterin, ein Sohn (6), eine Tochter (9)

schlecht dabei. Aber wir dürfen unseren Perfektionismus nicht auf unsere Kinder übertragen.

Nicht ins offene Messer laufen lassen.
Vergessene Hausaufgaben sind eine echte Mütterfalle, schließlich hat man den ganzen Tag keine Chance, gegenzusteuern. Meiner Tochter fällt es meistens ein, wenn sie schon im Bett liegt. Du Mama, da ist noch was…, dann weiß ich schon, jetzt Augen zu und durch. Egal, wie müde ich bin. Ich lass mein Kind nicht ins offene Messer laufen. Allerdings haben wir einen Grundsatz: Hausaufgaben werden noch gemacht, aber Dinge wie das Einmaleins nicht mehr groß gepaukt. Lernstoff geht abends in keinen Kinderkopf mehr rein. Und es endet meist in schlimmen Diskussionen, die kein Mensch mehr um diese Uhrzeit braucht.

Sybille, Hotelfachfachfrau, eine Tochter (14)

Ich kontrolliere keine Hausaufgaben.
Im Laufe der Jahre habe ich gelernt, die Kinder nicht mehr so wichtig zu nehmen. Vielleicht klingt das komisch, aber ich bin überzeugt, dass es uns allen in der Familie wesentlich besser damit geht. Das heißt, ich kontrolliere keine Hausaufgaben, frage nicht ab (außer es ist von den Kindern ausdrücklich erwünscht – was so gut wie nie vorkommt). Ich frage ab und zu, ob alles erledigt ist und gebe mich mit der Antwort zufrieden. Ich freue mich, wenn die Kinder sich mit Freunden treffen, auch wenn dann abends um 20 Uhr noch einem einfällt, dass er vielleicht doch noch etwas hätte lernen müssen. Ich gebe mich mit einem Zeugnis zufrieden, das aus Dreiern und Vierern besteht. Und vor allem: ich nehme mir Zeit für mich – und für mich und meinen Mann! Denn auch den Kindern geht es besser, wenn die Eltern entspannt und zufrieden sind.

Eva, Bürokauffrau, zwei Söhne (11, 14)

MEIN KIND WILL LIEBER OHNE MICH ZUR SCHULE LAUFEN

Der Schulweg beträgt 1,1 Kilometer, führt über zwei Kreuzungen und eine davon ist Ihnen nicht geheuer. Deswegen begleiten Sie morgens Ihren Erst-/Zweit-/Drittklässler zur Schule und holen ihn auch wieder ab und das möchten Sie so schnell eigentlich auch nicht ändern. Aber: Ihr Kind sieht die Sache ganz anders. Die Kreuzung ist doch okay und natürlich guckt es links und rechts. Außerdem möchte es mit dem Nachbarskind gehen. Überwinden und es losziehen lassen? Oder dem Bauchgefühl nachgeben, weiter mitlaufen?

Wir haben Begleitschutz organisiert. Als unsere Tochter in die Schule kam, kannte sie kein Kind, das um die Ecke wohnte und mit dem sie laufen konnte. Alles war neu und wir waren ziemlich besorgt. Natürlich sind wir die erste Zeit mitgelaufen, aber dann ... Jedenfalls hatten wir kein gutes Gefühl, sie alleine gehen zu lassen, obwohl wir natürlich den Schulweg geübt und geübt hatten. Also haben wir uns ein Herz gefasst und die Eltern eines Nachbarjungen angesprochen, der damals in der vierten Klasse war. Ein Herz gefasst, weil wir die Eltern nie besonders sympathisch fanden, den Jungen aber schon. Und siehe da, es war der Volltreffer. Der Bub hat sich rührend um unsere Tochter gekümmert, er war wie ein großer Bruder. Der perfekte Begleitschutz. Er hat sie so lange mit zur Schule genommen, bis sie

Helga, selbstständig, ein Sohn (15), eine Tochter (17)

selbst Freunde gefunden hatte. Wir waren ihm damals sehr dankbar und freuen uns heute immer noch, wenn wir ihn sehen.

Die sind doch mit dem Kopf ganz woanders. Am ersten Schultag hieß es so in sechs Wochen sollten die Kinder den Schulweg allein bewältigen. Puh, das sehe ich im Moment noch gar nicht. Wir haben den Schulweg wirklich sehr geübt. Und mein Sohn findet ihn auch gut. Aber das ist es doch nicht allein. Die Umstellung vom Kindergarten auf die Schule ist so groß, dass die Kleinen mit dem Kopf ganz woanders sind. Die bemerken nicht jedes Auto – und wir haben mehrere verkehrsreiche Kreuzungen und eine große Hauptstraße auf dem Weg zu Schule. Momentan üben wir intensiv Rollerfahren und das richtige Bremsen. Wir machen Verkehrsschule in unserer Straße. Aber da fehlt es auch noch ordentlich. Ich rechne damit, dass ich mindestens das erste halbe Jahr mitgehe.

Sarah, Pferdewirtin, ein Sohn (6)

Endlich frei. In meinen Augen ist der Schulweg so etwas wie ein Puffer zwischen der Schule und Zuhause. Eine Zeit, in der auch einiges schon verarbeitet werden kann. Da gibt es Kinder, die sind zackig zu Hause, und dann die Träumerle, die jeden Stein anschauen, die Freiheit genießen und genau die brauchen diese Zeit auf dem Nachhauseweg gewaltig.

Angelika, Lehrerin, eine Tochter (12), ein Sohn (19)

Insofern: Ein klares Ja, wenn es darum geht, ob Grundschulkinder alleine zur Schule gehen oder nicht. Wobei der Schulweg natürlich nicht durch irgendetwas belastet sein darf: Zum Beispiel, dass das Kind nicht weiß, mit wem es geht, weil der Vincent an einem Tag kommt, am anderen nicht. Das muss klar ausgemacht sein und wenn Erstklässler es nicht selbst regeln können, müssen das die Eltern übernehmen. Und dann muss ich ehrlicherweise sagen, gibt es natürlich auch Gegenden und Strecken, da hätte ich Magenschmerzen gehabt, meine Kinder alleine laufen zu lassen. Dann sollten sie zumindest zu zweit oder zu dritt sein. Ich weiß jedenfalls noch, wie sehr ich den Schulweg damals geliebt habe. Endlich war ich frei!

Jedes Kind muss schon auf sich selbst aufpassen. Mein Sohn läuft normalerweise mit ein paar Nachbarskindern von zu Hause zur Schule und danach wieder nach Hause. Das klappt mal mit der Truppe, dann klappt es wieder nicht… Mal verpassen sie sich, dann wollen sie andere Wege laufen… Wir Mütter haben uns aber darauf geeinigt, so lange alles im Rahmen ist, sollen die das unter sich ausmachen. Außerdem habe ich mit meinem Sohn verabredet, dass er nach der Schule andere Wege laufen darf – auch allein – aber, dass er spätestens eine Stunde nach Schulschluss zu Hause sein muss. Nun ist ein Erstklasskind dazugekommen und nun gibt es Diskussionen. Jeden Tag habe ich einen Anruf von der Mutter erhalten, die möchte, dass die Größeren der Laufgruppe auf ihr Kind aufpassen. Aber ein Zweitklässler kann doch keine Verantwortung für einen Erstklässler übernehmen… Wenn da etwas passiert, wird er ja seines Lebens nicht mehr froh! Und warum sollte er seine neue Schulweg-Freiheit für das andere Kind aufgeben? Jedes Kind muss schon auf sich selbst aufpassen. Wenn die andere Mutter kein gutes Gefühl hat, muss sie mitgehen. Die Anrufe habe ich mir verbeten. Wir sind da einfach anderer Meinung.

Susanne, Ärztin, eine Tochter (3), zwei Söhne (5, 7)

MEIN KIND IST NICHT DER LIEBLING DES LEHRERS

Sie sind nicht dabei und können nur den Worten Ihres Kindes glauben: Dass der/die Lehrer/in es seltener aufruft als andere, es strenger behandelt wird und beim Verteilen der Sitzplätze immer ganz hinten in Nachbarschaft von Abfalleimer und Tür landet. Kurzum, dass Ihr Kind alles andere als der Liebling ist. Vielleicht ist es ja aber auch gar nicht so dramatisch und die Lehrerin oder der Lehrer gar nicht „voll fies und gemein", wie Ihr Kind Ihnen berichtet hat, sondern nur ziemlich gestresst und etwas unsensibel? Strategievorschläge?

Letztlich konnte sie ihm nichts anhaben. Also bis Ende der dritten Klasse war alles gut, dann kam die vierte Klasse und damit eine neue Lehrerin. Ausgerechnet in dem Jahr, in dem es um den Übertritt geht! Da braucht man wirklich keine zusätzlichen Schwierigkeiten. Mein Sohn sammelte dennoch reihenweise „gelbe Karten". Ich weiß, er ist anstrengend. Er hat seine Meinung und diskutiert sie selbstbewusst bis zum Gehtnichtmehr aus. Und natürlich macht er gerne Quatsch. Auch ich habe damit zu tun, ihm klare Grenzen zu setzen. Aber ich war schon erstaunt, als ich im Elterngespräch auf eine ratlose Lehrerin stieß, die mir sagte, sie habe meinem Sohn alles schon so oft erklärt und mit ihm besprochen und es helfe einfach nicht. Ich hatte nicht damit gerechnet, einer Pädagogin Tipps geben zu müssen. Sie solle ihn von seinen Freunden wegsetzen… Das Fußballspielen in der Pause verbieten… Ich habe ihr sogar vorgeschlagen, ihn die Toiletten putzen zu lassen, dann gebe er garantiert eine Weile Ruhe. Natürlich war ich froh, dass sie vor allem Letzteres nicht in die Tat umgesetzt hat. Aber mir wurde klar, dass sowohl mein Sohn als auch ich zu dieser Frau gar keinen Draht haben. Ich bin überzeugt, ihn hat nur eine Tatsache gerettet: Er hatte immer gute Noten. Deswegen konnte sie ihm letztlich nichts anhaben. Aber ich weiß, sie trauert ihm gewiss nicht nach.

Jasmin,
Ärztin,
eine Tochter (8),
ein Sohn (10)

Mit dem Lehrer reden. Als mein Sohn in die fünfte Klasse des Gymnasiums kam, hatte er im Englischunterricht große Ängste. Am schlimmsten war für ihn, dass der Lehrer in seinen Augen total entsetzt reagierte, wenn er eine falsche Antwort gab. Ohne Wissen meines Sohns bin ich in die Lehrersprechstunde gegangen. Obwohl ich sehr ärgerlich auf den Lehrer war, habe ich ihm ohne Vorwurfshaltung geschildert, wie es meinem Sohn mit seinen Reaktionen geht. Es war ein sehr angenehmes Gespräch, der Lehrer wirkte überaus betroffen darüber, was er bei meinem Sohn auslöste. Schlagartig änderte er im Anschluss an diese Sprechstunde sein Verhalten. Insofern mein Rat: Nicht leiden und schweigen, sondern mit dem Lehrer reden, der ja vielleicht gar nicht bemerkt hat, wie sich das Kind fühlt… sagt die Mutter, sagt die Lehrerin.

Christine,
Lehrerin,
eine Tochter (16),
ein Sohn (18)

Es war klar, wir müssen die Schule wechseln. Mein Sohn hat sich vor seiner Lehrerin in der dritten Klasse richtig gefürchtet. Diese schrie so herum, dass man sie im ganzen Schulhaus hören konnte. Manchmal kam sie auch von hinten und hat meinem Sohn kurz eine gewischt. Er hat viel geweint in dieser Zeit und war immer traurig. Hinzu kam, dass er sich sehr schwer konzentrieren konnte und nicht der beste Schüler war. Schule war für uns in jeder Hinsicht ein belastendes Thema. Da habe ich mir professionelle Hilfe gesucht. Und dennoch war klar, dass ein weiteres Jahr an dieser Schule mit dieser Lehrerin nicht möglich war. Der Lehrer an der neuen Schule wusste ihn gut zu nehmen und zu beschäftigen, das hat so viel geholfen. Dann haben wir noch den richtigen Sport für ihn gefunden und die ganze Situation hat sich entspannt. Doch der Weg dahin war hart.

Mathilde,
Diplomkauffrau,
zwei Töchter,
(10, 15),
ein Sohn (13)

MEIN KIND SITZT NEBEN DEM FALSCHEN KIND

In dieser Klasse gibt es Millionen von Quatschmachern und ein paar brave Kinder, die als Lärmstopper dazwischen gesetzt werden. Ihr Kind zum Beispiel genau neben den schlimmsten Schwerenöter. Darüber beklagt es sich täglich, weint manchmal und verliert jegliche Lust auf Schule. Auch wenn Sie die Nöte der Lehrkraft rational verstehen, kommt Ihr Muttermotor auf Touren: Das kann nicht so weitergehen bis zur nächsten plangemäßen Sitzordnungsänderung. Sollen Sie gegen den Sitzplan Amok laufen? Zur Lehrerin konkret sagen, nicht neben diesem kleinen Chaoten, obwohl Sie doch dessen Mutter auch noch kennen?

Ich schreite aus Prinzip nicht ein. Kinder müssen in der Schulzeit noch so viele Lehrer und Mitschüler „ertragen", dass ich nicht sofort losspringe, um ihnen alle Steine aus dem Weg zu räumen. Meistens verändern die Lehrer die Sitzordnung ja wieder nach einiger Zeit und so lange müssen meine Kinder eben versuchen, sich dennoch auf den Unterricht zu konzentrieren. Nachdem meine Großen inzwischen schon einige Schuljahre hinter sich haben, wird man als Mutter entspannter. Meinen Kindern rate ich immer, wenn sie etwas wirklich stört, erst einmal selbst mit der Lehrerin oder dem Lehrer zu

Andrea,
freiberufliche
Texterin,
vier Söhne
(12, 12, 17, 19)

reden. Wir hatten allerdings noch nicht die Situation, dass einer meiner Söhne wegen ungeliebter Tischnachbarn nicht mehr zur Schule wollte. In diesem Fall würde ich sehr schnell einen Termin mit der Lehrerin ausmachen.

Sofort bei der Lehrerin einschleimen. Mütter! Da hilft nur eines. Mit der Lehrerin ein Gespräch führen und zwar in etwa so: „Ich weiß ja, das ist komplett das Problem meiner Tochter, die haben ja schon im Kindergarten gesagt, dass sie mehr Ellbogen ausbilden muss … und was haben wir da nicht probiert … aber wie können wir das denn beschleunigen, dass sie sich da richtig durchsetzt?" Noch kurz erwähnen, wie glücklich das Kind mit der Lehrerin ist und dass es ja nun wirklich nicht ihr Problem ist, „denen auch noch soziales Verhalten beizubringen …" Das wirkt eigentlich immer. Lehrerinnen schlagen sich gern auf Seiten von armen Kindern. Wenn man ein sehr hartes altbewährtes Lehrerteil erwischt hat, wird es vordergründig sagen, dass es aber gar kein Problem gibt und es trotzdem dann in der Klasse lösen.

Nicole,
Psychologin,
zwei Töchter
(12, 18)

Ich würde vielleicht nicht gerade **Amoklaufen...** aber schnellstmöglich mit der Lehrerin sprechen und ihr mitteilen, dass ich mit der aktuellen Sitzordnung nicht einverstanden bin, weil mein Kind sehr darunter leidet. Dann würde ich Lösungsvorschläge anbieten, zum Beispiel auf jeden Fall Einzelpulte für die paar Störenfriede in der Klasse, möglichst in Pultnähe. Oder eine Trennwand in der Klasse, hinter der die Störenfriede sitzen müssen, um nicht ständig abgelenkt zu sein bzw. die restliche Klasse zu stören. Und natürlich sollte die Lehrerin mit den betroffenen Müttern/Eltern mal ein ernstes Wort über Erziehung sprechen. Brave Kinder, die gerne und interessiert zur Schule gehen, dürfen von unfähigen Lehrern nicht als Prellbock zwischen unbequeme Kinder gesetzt werden!

Annette,
Architektin,
drei Söhne
(9, 12, 19)

MEIN KIND VERHÄLT SICH SO WIE ICH

Wie war das eigentlich früher? Da hat doch auch Ihnen schon die Lehrerin mit strengem Blick erklärt, dass im Schulranzen mehr Ordnung herrschen muss. Und nun ist Ihr Kind ausgerechnet genauso wie Sie, lässt das Rechenheft unter der Bank in der Schule liegen, obwohl doch darin die Hausaufgaben stehen, weiß auch nicht, wann die nächste Probe ansteht und vergisst leider, Ihnen das wichtige Blatt für das nächste Schulprojekt weiterzugeben. Außerdem ist es frech. So wie Sie früher eben auch. Eigentlich haben Sie also Verständnis, wissen aber, dass Sie Ihrem Kind damit nicht weiterhelfen können. Wie gehen Sie mit gemeinsamen Schwächen um?

Mama, du versaust mir mein Leben. Also ich hatte in der Schule selten einen Radiergummi, nie einen gespitzten Bleistift und meine Schulbank war immer das reinste Chaos. Da schaut es bei meinem Sohn ja noch gut aus! Aber auch für ihn bräuchten wir eigentlich eine Bleistiftfabrik im Familienbesitz. Früher wurde nicht so viel Gedöns gemacht. Meine Mutter hat sich nie um meine Ordnung gekümmert, das musste ich mir mühsam selbst beibringen, später als Mutter von vier Kindern kannst du sowieso nicht so verspult sein. Jetzt, da ich

Lexa,
Sekretärin,
drei Söhne
(9, 29, 32)
zwei Töchter
(26, 34)

es mühsam gelernt habe, nervt das Ganze mich bei meinem Nachzügler umso mehr und ich versuche es viel schneller in die richtigen Bahnen zu lenken. Er muss jeden Tag sein Schulzeug vernünftig ein- und seinen Arbeitsplatz aufräumen. Das nervt ihn tierisch. Als er wieder einmal aufräumen musste, brach es aus ihm heraus: „Mama, du versaust mir mein ganzes Leben, ständig muss ich ordentlich sein." Da habe ich ihm lächelnd geantwortet: „Das ist mein Job."

Wer ist das Problem? Meine kleine, mittlerweile auch recht große Tochter ist fast genauso wie ich in der Schule gewesen bin. Sie mag nicht lernen und wenn, dann alles auf den letzten Drücker – man hat ja immer bessere Dinge zu tun – was am Ende immer zur Frustration führte! Wir haben uns fast jeden Tag wegen schulischen Dingen heftig gestritten, was für uns beide echt schrecklich war. Ich habe ihr dann einmal meinen Standpunkt erklärt: Dass ich mich genauso verhalten habe, deswegen eine schlechte Schülerin war und dass Schule bis hin zum Abitur eine Qual für mich war. Und dass wenn man die Basis in den Schul-

Karin,
Hausfrau,
zwei Töchter
(16, 18)

fächern nicht mitbekommt, man immer schlechter wird und das Fehlende fast nicht mehr aufholen kann. Ich wollte sie einfach nur vor meinem schulischen „Schicksal" bewahren. Was sich dann herausstellte: Die meiste Frustration kam daher, dass ich mich in die schulischen Dinge zu sehr eingemischt habe. Das führte dann am Ende nur zu noch mehr Widerstand ihrerseits. Wir haben dann einen Pakt geschlossen: Dass ich mich ab sofort nicht mehr einmischen werde, was höllisch schwer war. Und dass sie mir beweisen muss, dass es ohne mein Einmischen gut funktioniert. Und siehe da, sie ist nun in allen Fächern um vieles besser als ich es war. Vielleicht muss man manchmal mit seinen Kinder offener reden und sich auch überlegen, ob man womöglich selber das Problem ist.

MEIN KIND SOLL DINGE LERNEN, DIE ICH SINNLOS FINDE

Schreiben, Lesen, Rechnen – solange es um die Grundbegriffe geht, gibt es wenig Diskussionsbedarf. Aber muss man eigentlich wirklich von oben nach unten rechnen, dann von links nach rechts, dann wieder von unten nach oben und dann zurück das Ganze. Nicht zu vergessen, das Blatt mit den Kühen, alle mit zwei Hörnern grün anmalen, alle ohne Hörner blau. Sind Kühe nicht braun? Das verstehen Sie nicht und Ihr Kind auch nicht. Wie soll ich mein Kind motivieren, wenn sich nicht einmal mir der Sinn des Ganzen erschließt?

Bei reinen Arbeitsbeschaffungsmaßnahmen greife ich ein. Also manchmal hat man schon den Eindruck, dass Lehrern nicht bewusst ist, wie wenig Zeit Familien am Nachmittag zur Verfügung steht. Als meine Tochter kürzlich alle Knochen des Skeletts anmalen, dann ausschneiden und schließlich mit Reißnägeln zusammenheften sollte, wir aber auch noch Plätzchen für den Schulbazar zugunsten einer Spendenaktion backen mussten, bin ich eingeschritten, sonst wären wir bis Mitternacht drangesessen. Also haben wir eine Arbeitsteilung abgesprochen und waren dann ruckzuck fertig. Und nur so viel dazu: Das angemalte Skelett war im Unterricht dann kein Thema mehr.

Sybille,
Hotelkauffrau, eine Tochter (14)

Ich habe der Lehrerin einen Brief geschrieben. Ich war aus Überzeugung eine Mutter, die sich nie groß eingemischt hat. Meine Kinder sollten das immer alleine schaffen. Aber dieser Füller-Führerschein, den die Grundschüler ja in der zweiten Klasse machen, war für unsere ganze Familie eine harte Nuss! Ich habe mit meinem Sohn damals Nachmittage lang geübt, vergeblich! Die geschwungenen Schleifen mit dem Füller wollten ihm einfach nicht gelingen. Mein Sohn war verzweifelt, ich war verzweifelt. Zwei Wochen lang ging das so. Schließlich habe ich einen Schlusspunkt gesetzt und der Lehrerin einen Brief geschrieben, dass wir auf den Füller-Führerschein sehr gut verzichten können, auf unseren Familienfrieden aber nicht. Damit war das Thema zumindest in der Schule erledigt. In der Familie dagegen ist der Füller-Führerschein noch immer einen Scherz wert, wenn bei diesem Sohn mal etwas schief läuft. „Ist ja klar, du hast damals ja nicht mal den Füller-Führerschein geschafft", heißt es dann. Da muss er dann sehr grinsen.

Conny,
Erzieherin, zwei Söhne (26), eine Tochter (33)

77

Für mich ist das keine Diskussion wert. In meiner eigenen Schulzeit erschienen mir viele Dinge auch schon sinnlos (und waren es im Nachhinein auch). Mittlerweile denke ich mir aber, es wird schon einen Grund haben, warum meine Kinder etwa Rechenaufgaben in Pyramidenform lösen müssen. Mathematische Rechenformen haben sich mir in der Regel nicht unbedingt schnell erschlossen. Von daher: Wenn es die meisten Kinder nur so begreifen, werden es meine Kinder auch schaffen und auch aushalten können. Sie werden noch öfter im Leben eine Aufgabe erledigen müssen, die ihnen weder sinnvoll, noch wichtig erscheint. Ganz ehrlich, das ist für mich keine Diskussion wert.

Steffi, Rechtsanwältin, eine Tochter (8), ein Sohn (9)

Ich trage nicht zur Verdummung meiner Kinder bei. Manchmal muss man sich schon fragen, was Kinder für sinnfreie Hausaufgaben aufbekommen. Meiner Tochter habe ich kürzlich verboten, die Hausaufgaben zu machen. Sie benötigt keine Beschäftigungstherapie. Die Hausaufgabe zu Beginn der zweiten Klasse bestand darin, in einem Ausmalbuch Blätter herbstlich anzumalen und weiter ein Gedicht auswendig zu lernen: „Abc, ich bin eine Fee …" Also echt nicht! Es gibt sehr viele schöne Gedichte, die man wirklich auswendig lernen kann, aber zur Verdummung meiner Kinder trage ich nicht bei. Das Alphabet können Zweitklässler, die mittlerweile ganze Bücher lesen, längst. Ich habe meine Tochter lieber in den Garten geschickt.

Margret, Ärztin, eine Tochter (8), zwei Söhne (9, 24)

NEHME ICH EIN FREMDES KIND IM AUTO MIT — OHNE ELTERN-OKAY?

Nehmen wir bitte den Extremfall: Es regnet, hagelt oder ist drückend heiß, Sie sind mit Ihrem Kind auf dem Nachhauseweg, da sehen Sie ein Nachbarskind durch die unfreundliche Natur laufen. Zwei Möglichkeiten: Anhalten und fragen, ob es mitgenommen werden möchte, auf die Gefahr hin, dass das Kind mit angstgeweiteten Augen entgegnet: „Ich darf nicht in fremde Autos einsteigen?"

Also genau den Satz, den Sie ja Ihren eigenen Kindern eingetrichtert haben! Weiterfahren, aus dem Fenster zuwinken (was gemein wäre) und sich denken, tut mir leid, liebes Kind! Selbst wenn ein Orkan toben würde, weder habe ich mit Deinen Eltern gesprochen, noch habe ich einen weiteren Kindersitz dabei. Das Risiko, Dich einfach mitzunehmen, gehe ich lieber nicht ein?

Bei aller Sorge, ich war total stolz auf meine Tochter. Kinder einfach mitnehmen, das geht überhaupt nicht! Nicht bei Freunden, nicht bei fremden Eltern, einfach gar nicht! Das lernen die ja auch im Sag-Nein-Kurs – und das ist richtig so. Meine Tochter ist einmal in einem heftigen Sturm tapfer heimgelaufen. Als der Vater ihrer Freundin sie sah und sie mitnehmen wollte, ist sie nicht eingestiegen. Das war tatsächlich eine zwiespältige Situation. Schließlich war es gefährlich, der Sturm war so schnell gekommen, die Dachplatten flogen von den Dächern. Aber bei aller Sorge, war ich total stolz auf meine Tochter. Ich wusste, was das angeht, muss ich mir keine Sorgen machen. Als mein Sohn

Susanne,
Floristin,
ein Sohn (9),
eine Tochter
(15)

sich Jahre später von einem Vater ganz bequem heimbringen ließ, hat sie ihn wahnsinnig ausgeschimpft. Ich musste gar nichts mehr sagen.

Ich mache es nicht. Meinen Söhnen habe ich genau gesagt, mit wem sie fahren dürfen. Die wussten immer, der oder keiner. Ich wollte ja nicht, dass meine Kinder in den Zwiespalt kommen: Kann ich da jetzt einsteigen oder nicht. Nach Absprache habe ich natürlich schon viele Kinder gefahren, aber nie spontan, weil ich auch anderen Kindern diesen Zwiespalt ersparen wollte. Damit weicht man ja eine wirklich wichtige Regel auf: Einmal nämlich mit jemanden mitgefahren, warum dann beim nächsten Mal nicht? Insofern: Ob es regnete oder schneite, ich bin am fremden Kind vorbeigefahren.

Andrea,
Fachwirtin
Gesundheitswesen,
zwei Söhne
(15, 18)

Wie fremd, wie alt? Die Entscheidung, ob ich ein fremdes Kind mitnehme, hängt für mich von drei Dingen ab: Erstens, ob ich die Eltern kenne und wie gut ich sie kenne. Weiß ich, ob ich ihnen einen Gefallen tue, wenn ich das Kind beispielsweise vor einem Regenguss rette, oder wären sie entsetzt bei der Vorstellung, dass ihr Kind sich einfach so ins fremde Auto setzt. Dann ist natürlich auch das Alter des Kindes entscheidend. Wenn Kinder älter sind, beispielsweise auch schon ein Handy dabeihaben, kann man auch einfach sagen: Rufe doch schnell mal deine Mutter oder deinen Vater an, ob das okay für sie ist. Und drittens: Niemals würde ich tatsächlich ein Kind fragen, ob es mitgenommen werden möchte, wenn ich alleine im Auto sitzen würde, sondern nur, wenn meine Kinder dabei sind und der neue Fahrgast sich mit ihnen auch sicher fühlt.

Almut,
Hausfrau,
3 Töchter
(6, 6, 17),
ein Sohn (14)

WENN ICH DAS NOCH EINMAL SEHE

Hauen, mobben, böse Worte

Mein Kind flunkert

Mama, der Baum war zwölf Meter hoch. Und ich bin runtergesprungen. Ein bisschen angeben ist ja normal. Und manchmal auch richtig lustig. Die Geschichte über Anton hat Sie aber irgendwie misstrauisch gemacht. Der sei immer ganz wild, haue andere Kinder. Bei einem Gespräch mit der Erzieherin stellt sich heraus, dass gar kein Wort davon wahr ist. Ihr Kind hatte alles rundweg erfunden. Ihre Freude über die blühende Fantasie Ihres Sprösslings fällt spärlich aus. Stattdessen ertappen Sie sich dabei, dass Sie ab sofort alles hinterfragen, was Ihr Kind so erzählt, abwägen, ob es sich um eine Lügen-Flunker-Geschichte handeln könnte. Da die Anschaffung eines Detektors schon bei Geheimdiensten eine zweifelhafte Methode ist: Wie mache ich meinem Kind klar, dass solche Geschichten überhaupt nicht gehen? Und wie lernt es, welche Flunkereien okay sind? Und ab welchem Punkt die Lüge beginnt?

Kind in (Erklärungs-)Not. Version 1 der Geschichte: Es war ein sonniger Tag, mein Bonussohn schwamm neben mir wieder und wieder den kleinen Stadtkanal herunter, ließ sich von

der Strömung treiben. Ich begleitete ihn wie eine Entenmama, da er aber sicher schwamm, brauchte er mich nicht als Rettungsboje. Er fühlte sich mit seinen damals sieben Jahren wie ein Großer. Selten habe ich ihn so strahlen sehen. Version 2 der Geschichte: Er schwamm im Kanal, ging unter, lag auf dem Grund und Rettungsschwimmer mussten ihn aus dem Wasser ziehen – so hat es mein Bonussohn zumindest seiner Mutter erzählt. Bei uns gejuchzt, bei ihr gelogen – das kam beim nächsten Besuch heraus. Ich war zunächst enttäuscht, wenngleich mir auch klar war, dass es sich um eine Notlüge handelte. Er hatte sich nicht getraut, seiner Mutter zu erzählen, dass er mit seiner Stiefmutter Spaß hatte. Er wollte sie einfach nicht traurig machen. Weil er wusste, dass er Mamas Aufmerksamkeit in Gesundheitsfragen hat, erfand er einen Notfall. Er entschuldigte das später als „Spaß", das Ganze war ihm sichtlich unangenehm. Ende der Geschichte: Sein Vater und ich erklärten ihm, warum er mit Lügen Menschen traurig macht und warum ihm keiner mehr ernst nehmen wird, wenn er dauernd Quatsch erzählt. Am Sprichwort „Wer

Lena, Journalistin, zwei Söhne (2, 9)

einmal lügt …" ist eben was dran – dass ich es gerne zitiert hätte, wäre aber eine Lüge.

Mütter finden alles heraus. Ich habe beide meiner Kinder beim Lügen erwischt … nicht nur einmal. Beide Kinder habe ich direkt darauf angesprochen und ihnen erzählt, wie die Wahrheit zu mir gelangte. Dass sie sich im Klaren sein müssen, dass Mütter immer reden und sich austauschen werden, im Übrigen auch mit Lehrern. Sprich, die Wahrheit kommt immer heraus. Deswegen sollten sie sich besser die Peinlichkeit in Zukunft ersparen und immer gleich sagen, was Sache ist. Und was ich ihnen noch erklärt habe: Dass sie Glück hatten, dass sie mich angelogen haben und nicht Fremde. Wenn die sie dann zur Rede gestellt hätten – wie peinlich! Weil man der Mutter lieber erst beim zweiten Mal glaubt, haben sie es noch einmal ausprobiert … was natürlich zum gleichen Ergebnis führte. Danach hatte sich das Lügen erübrigt.

Karin,
Hausfrau,
zwei Töchter
(16, 18)

Das gehört doch irgendwie dazu. Alle Kinder lügen und flunkern. Meine Tochter erzählte mir gerade, dass ein Junge aus ihrer Kiga-Gruppe so frech war, dass er heute zur Strafe in eine andere Gruppe musste, hier war er ebenfalls frech und er musste in die nächste Gruppe, dort war er natürlich auch frech und musste dann zu den Krippenkindern … Nachdem Kindergarten und Krippe räumlich zirka 400 Meter entfernt sind, fragte ich sie: „Musste denn der Junge (vier Jahre) alleine zur Krippe hinüber laufen?" Sie sah mich verdutzt an, überlegte und stellte dann fest, irgendwo ist doch ein Haken an der Geschichte. Ich mag solche wilden Storys. Meiner Süßen muss man aber schon klar machen, dass gewisse Flunkergeschichten lustig sind und sie diese auch so erzählen soll. Aber ab einem gewissen Punkt bzw. bei gewissen Themen, zum Beispiel Streit mit dem Bruder, muss sie ganz klar die Wahrheit sagen. Ich denke, alleine schon an Stimmlage und Gesichtsausdruck erkennt sie relativ schnell, wie wichtig es mir ist, dass sie jetzt wahrheitsgetreu antwortet. Mein Sohn wiederum ist so ein ehrlicher Kerl, dem fällt Lügen richtig schwer und es würde mich freuen, wenn er mehr Flunkergeschichten erzählen würde. Gehört zur Kindheit doch auch dazu.

Katrin,
Diplom-
Betriebswirtin,
eine Tochter (5),
ein Sohn (7)

Nicht bloßstellen. Auch wenn mich Lügen meiner Kinder innerlich sehr enttäuschen, für ein klärendes Gespräch versuche ich immer eine ruhige Minute abzuwarten. Auf keinen Fall finde ich es gut, wenn man die eigenen Kinder vor ihren Freunden oder überhaupt außerhalb der Familie bloßstellt. Meine Kinder habe ich immer wieder mal dabei erwischt, dass sie mich angelogen haben, weil sie sich wegen einer Sache geschämt haben. Ich versuche ihnen zu vermitteln, dass es nicht schlimm ist, Fehler zu machen. Und ich lobe sie, wenn sie mir etwas frei heraus sagen, was ihnen offensichtlich unangenehm ist.

Christine,
Lehrerin,
eine Tochter (16),
ein Sohn (18)

MEIN KIND IST GEMEIN ZU ANDEREN

Wer ein Kind hat, das von anderen gemobbt wird, kann seinen Kummer zumindest mit anderen Eltern teilen. Umgekehrt geht das nicht. Kinder, die andere ausgrenzen oder mobben, können auf wenig Sympathie hoffen und die Eltern auf eher wenig Verständnis. Der eigene Sohn oder die eigene Tochter ist also fies zu anderen? So, so, so! Schnell wird da die Charakterfrage gestellt. Was aber kann man als „Täterreltern" tun, außer reden, reden, reden und an die Moral des eigenen Kindes zu appellieren?

Mir war das total peinlich. Mein Sohn hat als Erstklässler andere Schüler angestiftet, einen Drittklässler zu verhauen. Einen netten Kerl, den er sogar gut leiden konnte. Ich vermute, das war so eine Jungs-Macht-Banden-Sache. Jedenfalls hat er einen Verweis dafür bekommen, in der ersten Klasse! Mir war das total peinlich. Mein Sohn hat sich bei dem Drittklässler entschuldigt, ich habe mich bei der Mutter entschuldigt. Aber ich wollte, dass sich das auf keinen Fall noch einmal wiederholt. Also habe ich mit ihm sehr ernst geredet: „Das kommt nie wieder vor und so weiter." Aber das hat mir nicht genügt. Ich habe ihm – zumindest in meiner Erinnerung – zwei Wochen Stubenarrest gegeben. Nach dem Mittagsessen ging es für ihn direkt nach oben in sein Zimmer. Das habe ich tatsächlich durchgehalten und etwas Erstaunliches ist passiert: Er hat gespielt und

Mathilde,
Diplomkauffrau,
zwei Töchter
(10, 15),
ein Sohn (13)

gespielt und die Ruhe sogar genossen – und ist dabei wohl auch ein wenig in sich gegangen.

Das Sozialleben erst lernen. Mobben, das machen doch alle mal. Auch mein Sohn hat sich in der Gruppe mal zu Hänseleien eines Klassenkameraden hinreißen lassen.

Susanne, Ärztin, eine Tochter (3), zwei Söhne (5, 7)

Das habe ich so zufällig im Gespräch mit ihm erfahren, weil er plötzlich ein hässliches Wort verwendete, das sozusagen nicht zu unserem Familienslang gehört. Ich habe nachgefragt, woher er das denn kenne und dann kam die Geschichte raus. Ich finde, da muss man dann alles stehen und liegen lassen und sofort reden: Wie würdest du dich denn fühlen, wenn man so mit dir umgehen würde … So etwas über dich sagen würde … Ich habe gemerkt, dass die Botschaft angekommen war und dass es ihn sehr beschäftigt hat, schließlich wurde mein Sohn ebenfalls schon gehänselt und er war damals deswegen sehr betroffen. Ich bin überzeugt, für den Moment hat er verstanden, dass sein Verhalten gar nicht okay war. Aber Kinder vergessen schnell. Ich würde nicht ausschließen, dass er beim nächsten Mal wieder mit dabei

ist. Dann reden wir wieder: über Freundschaft, Stärke und Schwäche. Kinder müssen das Sozialleben schließlich erst lernen.

MEIN KIND HAUT ANDERE KINDER

Ein Streit in der Schule, wer angefangen hat, keiner weiß es so genau. Aber das Ende sieht so aus: Ihr Kind hat einem anderen Kind eine blutige Beule verpasst. Natürlich muss es sich entschuldigen, natürlich sprechen Sie mit den Eltern. Sie streifen sich also das Büßergewand über, denken sich jedoch im Stillen: Zu einem Streit gehören immer zwei. Darf ich in so einer Situation mein Kind überhaupt verteidigen, wenn doch das andere mit der Beule nach Hause kam?

Alle verteidigen ihre Götterkinder. Unser Wildfang hat als Zweieinhalbjähriger gebissen. Die Miteltern in der Krippe waren erbost. Eine Mutter hat mich zu sich nach Hause zitiert und ich musste den Kuchen mitbringen. Latente Missbilligung weitete sich zu massiven Vorwürfen aus. „Du erziehst Dein Kind zu lasch, Du lässt zu viel durchgehen, immer macht Dein Sohn Ärger." Ich ging nach vielen Mea-culpas mit leichtem Groll nach Hause. Die Spielplatz-Aufenthalte und gemeinsamen Spiele-Nachmittage wurden weniger. Der leichte Groll wuchs sich bis zur Einschulung zum großen Wutmonster aus. Warum nur verteidigen alle Löweneltern stets ihre perfekten Götterkinder und ich rufe meinen Sohn dauernd zur Ordnung? Vorsichtig! Langsam! Warum weint der andere jetzt? Entschuldige Dich bitte! Mein Sohn ist fröhlich impulsiv und überrennt andere Kinder immer wieder, doch fügt er ganz sicher keinem absichtlich Schaden zu. Dagegen kann die Welt der Kinder so grausam sein. Mobbing ist schon an vielen Grundschulen ein Thema. Ich greife ein, bevor sich ein Kind wirklich wehtut, ich bitte meinen Draufgänger immer noch, sich zu entschuldigen und das andere Kind zu trösten, aber Mea-culpa habe ich mir mittlerweile abgewöhnt, denn andere Kinder hauen oder ärgern genauso viel oder wenig. Kleine Unfälle passieren einfach. Und mein Kind braucht Eltern, die hinter ihm stehen und ihm den Rücken stärken.

Inke,
Kamerafrau,
ein Sohn (8)

Irgendwann werden sich Jungs klopfen, früher oder später. Also jede Mutter, vor allem aber Jungs-Mütter wollen ja immer sagen können: „Meiner tut nix, der will bloß spielen." Aber irgendwann klopfen sie sich dann halt doch. Bei uns gibt es deshalb zwei Regeln: 1. Nicht damit anfangen. 2. Wenn es denn dann sein muss – zweimal vorwarnen. Die Ausnahme davon hat mein damals fünfjähriger Sohn dann „geregelt": Da vermöbelt er kurz vor dem Abholen seinen Kiga-Kollegen, wischt sich dann die Hände an der Hose ab, kommt zufrieden grinsend auf mich und die ebenfalls fassungslose Kindergärtnerin zu und sagt: „So Mami, ich bin fertig, wir können gehen … Wenn einer mit Steinen auf Eichhörnchen wirft, dann warne ich nicht vor und muss halt auch anfangen – können wir das noch als Regel aufnehmen?" In der Grundschule traf mein „Prügelknabe" dann auf Jonas. Jonas war größer – sehr viel größer und Jonas hat meinen Sohn immer auf den Kopf gehauen – einfach so wohl. Er hat meinen Sohn aber trotzdem immer zu seinem Geburtstag eingeladen. Da habe ich gelernt, sich klopfen heißt also in dem Alter nicht automatisch, sich nicht mögen. Dann kam der Eintrag ins Hausaufgabenheft von der wundervollen Lehrerin: „Liebe Frau P., Ihr Sohn ist heute mit Jonas im Gang kollidiert. Es gab Sachschaden in Form von Jonas T-Shirt. Ich weiß nicht, wer angefangen hat – habe mich deswegen auch nicht eingemischt, bitte klären Sie das ggf. mit den Eltern. Liebe Grüße." Der unvermeidbare Anruf bei der Mama von Jonas, die sagt „Meine Güte, wir haben so viele T-Shirts – alles ist gut – Jungs halt – meiner ist ja auch kein Lamm." Ein Gespräch mit meinem Sohn „ Ja, sorry Mum, natürlich war es das T-Shirt, weil zum Kopf bin ich ja nicht raufgekommen." Wieder was gelernt – wichtig ist immer auch, wer sich prügelt, in welchem Umfeld und vor allem wie die Eltern des „Gegners" ticken. Da kann bei Glück die Mücke eine Mücke bleiben oder halt auch leider zum Elefanten werden, während die Jungs schon gar nicht mehr wissen, warum sie sich geklopft haben. Ich habe zwei jüngere Brüder, die haben sich noch geprügelt, da waren sie mit Verlaub erwachsen. Ich spreche natürlich vom „normalen Schlägern" – das Schlägern, bei dem es keine wirklichen Gewinner und Verlierer gibt. Das Schlägern, das es schon immer gab, gibt und weiterhin geben wird. Also

Silke,
Steuerfachfrau, ein Sohn (12)

wenn ich wählen müsste, dann wäre mir eine rechte Gerade tausendmal lieber als heimtückisches Cybermobbing, gegen das man sich nicht wehren kann.

MEIN KIND WIRD GEHAUEN UND GEHÄNSELT

Der Schulhof ist kein Ponyhof. Da wird gehauen, gehänselt, gezickt und gezogen, geprügelt und gepoltert. Sie haben Ihrem Kind den Frust sofort angemerkt: Wieder gab es Ärger. Letzte Woche diese fiesen Beleidigungen, diesmal ein beherzter Knuff in die Magengegend. Also reden Sie wieder mit Ihrem Kind. Lass Dir nichts gefallen … Wehr' Dich … Und leise denken Sie für sich, hau doch vielleicht auch einfach mal zurück. Gleichzeitig blutet Ihr Herz und Sie sind ratlos. Was tun? Das Kind beim Kampfsportverein anmelden, um das Selbstbewusstsein zu stärken? Darauf vertrauen, dass es die Opferrolle irgendwann mal satt hat? Wann die Sache in die Hand nehmen und das Gespräch mit den Pädagogen suchen?

Dann halt doch zurückhauen. Ich habe meinen Kindern immer beigebracht: Wir hauen niemanden, hauen tun nur die Doofen. Geht weg, haltet euch fern – das war mein eindringlicher Ratschlag. In den ersten Schultagen kam mein älterer Sohn nach Hause, weinend, mit einem blauen Fleck an der Stirn, und hat mir erzählt, dass ihn ein Zweitklässler mehrmals mit dem Kopf gegen ein Eisengitter geschlagen habe. Das hat mich extrem wütend gemacht. Natürlich, was sonst? Ich habe dann versucht, alle Wege zu gehen: Mit der Lehrerin gesprochen, mit dem Elternbeirat, mit der Schulleitung. Das ging ja auch wirklich über eine normale Schulhofrangelei hinaus. Aber es haben mich eigentlich alle relativ unbeeindruckt im Regen stehen lassen. Auch zu einem möglicherweise hilfreichen Treffen mit den Eltern und dem anderen Kind kam es leider nicht. Nach ein paar Tagen habe ich meinen Sohn zum Gespräch gebeten: Ab jetzt alles anders. Du weißt, du bist kräftiger und stärker, also wehr' dich gefälligst. Und zwar mit Körpereinsatz. Und zwar in aller Deutlichkeit. Lass dich nicht zum Opfer machen. Das hat

Regina,
Referentin
Erwachsenenbildung,
zwei Söhne (16, 22),
eine Tochter (27)

wunderbar funktioniert. Ein oder zwei Tage später in ähnlicher Situation hat mein Sohn dem anderen Kind einen gezielten kräftigen Schubs gegeben und damit war seine Rolle an der Schule geklärt. Ich bin natürlich immer noch der Meinung, dass Gewalt keine Lösung ist, aber die Kinder müssen auch lernen, ganz klar Grenzen zu setzen. Und zur Not auch körperlich.

Nur eine Zeit lang durchstehen lassen, dann eingreifen. Als mein Sohn in den Kindergarten kam, da war er ein bisschen tapsiger als die anderen und er war der Neue, die anderen Kinder kannten sich schon. Da grenzt man gerne mal aus. Wenn er morgens kam, wurde er schon mit leichten Hänseleien begrüßt von wegen, da kommt ja der Langschläfer. Keine der Erzieherinnen hat reagiert, da ist es mir irgendwann zu blöd geworden und ich habe mir das Kind, das ihn da geärgert hat, selbst gegriffen und geschimpft. Ich musste mich dann mit der Mutter auseinandersetzen, das war nicht schön! In der Schule in der vierten Klasse gab es dann wieder so eine Situation. Eine kleine Gruppe hat sich meinen Sohn ausgesucht, einmal musste er sich auch körperlich zur Wehr setzen, wobei, er hat Bärenkräfte … ich habe daher auch nichts unternommen. Dann aber kam es zu ständigen Hänseleien auf dem Heimweg und daraufhin habe ich bei der Direktorin angerufen. Damit war Ruhe. Das Gute war, mein Sohn hat mir das alles erzählt, aber dann verdrängt, er ist gut darin, Sachen auch abzulegen. Aber mich hat die Situation sehr bewegt. Ich habe mich dann von einer Schulpsychologin beraten lassen. Sie hat mich unterstützt und darin bestärkt, dass so, wie ich es empfinde, es auch richtig ist. Mein Rat daher: Erst sollte man versuchen, das Kind das Problem selbst lösen zu lassen und die Sache vielleicht eine Zeit lang durchstehen. Aber wenn man selber immer mehr Bauchweh bekommt und sich ertappt, dass man immer um dieses Thema kreist, dann sollte man eingreifen und sein Kind schützen. Und vielleicht auch professionelle Hilfe suchen, das geht auch anonym. Mein Sohn ist aus dieser Zeit sogar gestärkt herausgekommen. Er hat seine eigenen Lösungsstrategien entwickelt und er weiß, dass wir uns für ihn einsetzen, wenn es nötig ist.

Julia,
Lehrerin,
eine Tochter (10),
ein Sohn (14)

Mittlerweile ist mein Sohn cooler geworden. Mein Sohn hat einen Klassenkameraden, der die Brotzeitdosen der anderen kaputt tritt. So viel dazu. Dieser stiftet auch andere Kinder an: Komm, wir gehen den so und so ärgern. Dieses Kind kann nicht spielen, sondern nur ärgern. Natürlich war auch mein Sohn immer wieder das Ziel. Einmal wollte dieser Junge ihm die Hose vor allen anderen herunterziehen. Das war meinem Sohn schrecklich peinlich. Er kam ganz aufgelöst nach Hause. Und in die Schule wollte er auch nicht mehr gehen. Aber auch nicht petzen. Und auch nicht, dass ich mit der Lehrerin rede. Ich habe es aber doch getan. Es hat sich für mich angenehm ergeben, dass ich mit ihr zufällig ins Gespräch kam, ohne einen speziellen Termin auszumachen. Das hatte dann keinen so offiziellen Charakter. Es war interessant zu hören, dass auch die anderen Kinder mit diesem Schüler Probleme haben – und für meinen Sohn war diese Tatsache eine riesige Erleichterung. Er dachte nämlich, dass alle in der Klasse gegen ihn sind. Wichtig war für ihn auch zu sehen, dass die Mama für ihn eintritt, obwohl er es ja eigentlich gar nicht gewollt hatte. Mittlerweile ist er cooler geworden und kann besser mit der Situation umgehen.

Melanie,
Rechtspflegerin,
ein Sohn (7)

Ich habe mit dem anderen Kind geredet. Konflikte gab es von der ersten Klasse an. Und zwar immer mit dem gleichen Kind. Mein Sohn war eigentlich der größte in der Klasse, aber eben nicht der selbstsicherste. Ich denke, dass der andere Junge eigentlich nur Anschluss finden wollte – aber Schubsen auf der Treppe war halt echt die falsche Methode dafür. Mit anderen Kindern hatte es dieser Bub ja genauso gemacht. Dennoch ist mein Sohn monatelang traurig und ratlos nach Hause gekommen. Aber er wollte es weder der Lehrerin sagen und wehren konnte er sich auch nicht. Das musste er als Einzelkind ja auch nie lernen. Irgendwann wollte ich doch nicht länger zusehen: Ich habe mit dem Schubser geredet, nur so zwischen uns. Das hatte sich mehr oder weniger zufällig ergeben. Ich habe ihm gesagt, wenn das alles nicht aufhöre, würde ich mit seinen Eltern sprechen. Und ich habe ihm gesagt, er dürfe gerne zum Spielen kommen, wenn er einen Freund suche. Das hat tatsächlich die Lösung gebracht. Der Junge hörte auf, meinen Sohn zu hauen. Freunde sind die beiden dennoch nicht geworden.

Daniela,
Industriekauffrau,
ein Sohn (8)

MEIN KIND WIRD GEHAUEN, UND ZWAR AB UND ZU VON MIR

Eigentlich unverzeihlich und doch passiert. Und Ihre Gründe kann wirklich jeder verstehen: Das Kind hatte sich in der Nase eines anderen verbissen, hatte zu ihnen das A-Wort gesagt, die kostbare Porzellanschale vor Wut vom Tisch gefegt, seine Schwester die Treppe runterkullern lassen … Und dann? Ist die Hand ausgerutscht! Was macht man nun mit seinem schlechten Gewissen und seinem weinenden Kind?

Nobody is perfect – und das gilt auch für Mütter. Ein schlechtes Gewissen ist okay. Wer seine Kinder ernst nimmt, entschuldigt sich, wenn tatsächlich einmal die Hand ausgerutscht ist. Und damit ist es dann auch gut. Kinder müssen nicht lernen, dass wir nicht perfekt sind. Das wussten sie schon immer! WIR müssen es lernen. Wenn wir das akzeptieren und in der Lage sind, Fehler zuzugeben, ist das doch das beste Vorbild überhaupt.

Simone,
selbstständig,
drei Töchter
(19, 20, 21)

Wenn ich gut drauf bin, halte ich mein Kind ganz lange fest. Bei uns eskaliert die Situation immer wieder mal – und zwar wegen einer Lappalie. Das geht etwa so: Mein Sohn wirft mit einem Radiergummi nach seiner Schwester, die ihn ärgert. Aber er trifft sie nicht. Die lacht sich weiter hämisch kaputt. Dann findet mein Sohn den Radiergummi nicht mehr und rastet aus. Rastet wirklich aus!!! Haut mit Händen und Füßen gegen die Wände, fegt alles vom Tisch … Kennt kein Halten mehr. Wenn ich gut drauf bin, halte ich ihn ganz lange umarmt, bis er sich beruhigt. Ich weiß ja, dass er aus dieser Situation gerade nicht herauskommt. Aber ich bin nicht immer gut drauf und auch nicht immer so wahnsinnig geduldig, dann rutscht mir echt schon mal die Hand aus. Es läuft besser, wenn ich einen Stuhl auf eine Bank stelle und meinen Sohn darauf platziere – wenn ich das schaffe. Da kommt er nicht runter und kann sich auskollern ohne Schaden anzurichten. Und wenn alles vorbei ist, entschuldigen wir uns gegenseitig und die Welt ist wieder besser. Den Tipp habe ich von einer Erzieherin bekommen.

Susanne,
Floristin,
ein Sohn (9),
eine Tochter
(15)

Dieses schreckliche Gefühl des Versagens. Es hat mich lange beschäftigt, warum mir bei meinem jüngeren Sohn die Hand noch nie ausgerutscht ist, mein Älterer mich aber regelmäßig zur Weißglut gebracht hat. Knackpunkt waren bei uns oft die Hausaufgaben. Mein Kleiner ist nicht der schnellste, aber immer motiviert und er strengt sich an, auch wenn es ihm manchmal schwerfällt. Mein Großer dagegen hat mich gegen eine Wand des Widerwillens laufen lassen. Wenn er eine Hausaufgabe sinnlos empfand, hat er sie nicht gemacht. Konsequenzen? Ganz egal. Natürlich habe ich mir Gedanken gemacht, wie er mit einer solchen Einstellung mal sein Leben angehen will. Was für ihn kein Thema war, war für mich eine einzige Provokation und kollidierte aufs Extremste mit meinem Pflichtbewusstsein. Einmal habe ich vor Wut einen Bleistift so fest durch ein Heft gestoßen, dass er in der Tischplatte steckenblieb, das muss man sich mal vorstellen. Ich musste auch regelmäßig den Raum verlassen, um nicht total die Kontrolle zu verlieren. Und manchmal ist mir auch wirklich die Hand ausgerutscht. Ich erinnere mich noch zu gut an dieses

Jutta,
Hausfrau,
zwei Söhne
(9, 18)

schreckliche Gefühl des Versagens verbunden mit der bohrenden Frage: Wieso gelingt es mir nicht anders? Das Verhalten meines Kleinen hat mir dann die Augen geöffnet. Und mittlerweile stehe ich dazu.

Eine Grenzüberschreitung. Nein, das wird mein Kind nicht! Definitiv! Als ich noch nicht Mutter war, habe ich das lockerer gesehen. War der Meinung, dass eine Ohrfeige einem Kind nicht schadet und den Eltern vielleicht ein dringend nötiges Abreagieren ermöglicht. Als meine Tochter dann eine ihrer Trotzphasen hatte, sie muss so zwischen zwei und drei Jahre alt gewesen sein, ist es passiert. Als sie aufhören sollte mit Spielen, hat sie mich „du Gans" genannt. Daraufhin gab ich ihr ganz bewusst und als Erziehungsmaßnahme einen Klaps auf den Mund. Nur leicht – es konnte nicht stark geschmerzt haben. Und dennoch hat sie bitterlich geweint. Es war das erste und letzte Mal, dass ich mein Kind „geschlagen" habe. Denn ich habe verstanden, dass dies eine Grenzüberschreitung war, dass ich sie auf nicht körperliche Weise sehr verletzt habe. Seitdem bin ich definitiv gegen „schlagende" Argumente, verurteile aber niemals jemanden, dem einmal die Hand ausrutscht. Zu sehr wissen die Kleinen, wie sie uns so richtig zur Weißglut bringen können. Insgesamt aber bin ich der festen Überzeugung, dass Erziehung auf Überzeugung und Argumentation aufgebaut sein muss und man ohne körperliche Übergriffe auskommen sollte.

Iris, Journalistin, eine Tochter (13)

Ein blaues Auge war heilsam. Mein älterer Sohn war krank. Und er hat ein unheimliches Theater gemacht, als es darum ging, irgendwelche fiebersenkenden Mittel einzunehmen. Saft wollte er keinen – „da wird mir immer schlecht". Den ersten Löffel hat er über das Bett verteilt, den zweiten ausgespuckt. Fieberzäpfchen gingen dann aber auch nicht, da ist mir das erste förmlich in den Händen zerschmolzen. Irgendwann hatte er 39,8 und irgendwie musste die Medizin in seinen Körper und ja, ich habe ihn festgehalten und ja, am nächsten Tag hatte er ein blaues Auge. Ich habe mich mehrfach entschuldigt! Mit diesem blauen Auge habe ich ihn dann auch in die Schule geschickt und ihm erklärt, er darf jedem sagen, der ihn fragt: „Das war meine Mutter."

Trixi, Baustoffverkäuferin, zwei Söhne (12, 16)

Eigentlich war ich mir immer sicher, dass ich meine Kinder nie schlagen werde. Weil ich als Kind selbst erlebt habe, dass du etwas drei Mal macht und es passiert nichts, aber beim vierten Mal gibt es dafür eine Ohrfeige – weil die Eltern einfach schlechter Stimmung sind. Bei meinen Kindern gab es vielleicht ein- oder zweimal einen Klaps. Aber es brauchte offenbar dieses blaue Auge, damit mir nie wieder die Hand ausrutscht. Ich habe meinem Sohn damals versprochen, ihn nie mehr zu schlagen und das habe ich auch nicht.

MEIN KIND TREIBT MICH ZU BÖSEN WORTEN

Ihr Kind hat die Nacht offensichtlich auf einem Tarzan-Heft geschlafen und will seine Stärke nun an seiner Mutter messen. Frühstück, Anziehen und Waschen schon eine Machtprobe, ein einziges Ausreizen der Möglichkeiten, wenn Sie etwas verbieten, legt Ihr Kind erst recht los. Und dann, am Nachmittag, rutscht es Ihnen raus: „Ich stell dich vor die Tür, dann kannst du dir eine andere Familie suchen." Jetzt sind Sie wirklich entsetzt: über sich! Wie konnte Ihnen das nur passieren, wo Sie doch wissen, das ist alles nur eine Phase, ein schlechter Tag einfach, der ganz sicher irgendwie vorbeigehen wird. Aber dennoch: die schrecklichen Worte sind gesagt. Wie kann ich es wieder gut machen?

Kinder holen das Schlechteste aus dir heraus. Meine Mutter hat einmal zu mir gesagt: „Ich wünsch' dir nichts Schlimmes, nur eine Tochter wie du es bist." Das hat sie nicht als Kompliment gemeint … Aber auch nicht so hart, wie ich es damals aufgefasst habe. Dieser Satz hat mich echt getroffen und meine ganze Kindheit über belastet. Also habe ich mir vorgenommen, mir passiert so etwas, wenn ich selbst mal Kinder habe, nie. Was soll ich sagen, ich habe einen noch viel übleren Satz zu meiner Tochter gesagt. Er ist mir einfach rausgerutscht. Als sie einmal Mist gebaut hatte, haute ich ihr in meinem Zorn folgendes um die Ohren: „Dich haben wir in einer Telefonzelle gefunden." Sprich: Du gehörst gar nicht zu uns. Da war ich ja nicht weit von meiner Mutter weg.

Lexa, Sekretärin, drei Söhne (9, 29, 32), zwei Töchter (26, 34)

Natürlich habe ich mich tausendfach entschuldigt. Natürlich haben wir immer wieder darüber geredet – und meine Tochter hat mir versichert, dass sie hat keinen Schaden davon getragen hat. Mittlerweile lachen wir darüber. Und bei jeder sich bietenden Gelegenheit witzelt meine Tochter, ich bin doch die aus der Telefonzelle. Sprich: Mit euch hab ich nichts zu tun. Was ich aber auch sagen will: Es gibt Phasen, da holen Kinder das Schlechteste aus dir heraus, aber sie halten mehr aus und verzeihen ihren Eltern auch mehr, als wir denken, wenn wir nach so einem Missgeschick richtig reagieren. Dennoch bin ich schon sehr froh, dass mir so eine Entgleisung bei meinem allerjüngsten Kind bislang nicht passiert ist.

Das passiert einfach. Manchmal sind die lieben Kleinen wie Monster und man selbst einfach auch nur ein Mensch. Eine kluge, ältere Freundin, die selbst drei Kinder großgezogen hat, schrieb mir einmal das schöne Zitat: „Ich verliere nie die Beherrschung, nur manchmal kann ich sie nicht gleich finden." Tatsächlich entschuldige ich mich nach einer solchen Situation bei meinen Kindern.

Christine,
Hausfrau,
zwei Töchter
(5, 8),
ein Sohn (10)

Jetzt kannst du mal mit mir schimpfen. Klarstellen, dass man sich komplett unentschuldbar und völlig inkorrekt verhalten hat und das Jugendamt ihnen jederzeit Recht geben würde. Im Gespräch gestehen die Kinder meist ein, dass ihr eigenes Verhalten auch nicht okay war. Dann kann man ja erklären: „Klar, dein Verhalten war heftig, deshalb war ich irgendwann nicht mehr geduldig, aber sooooooo darf man sich trotzdem niiiieeee verhalten und jetzt kannst du mal in Ruhe mit mir schimpfen und mir erzählen, was ich alles falsch gemacht habe und warum ich das niiiieeee niiieeee wieder tun sollte." Und dann dürfen die Kleinen mal richtig vom Leder ziehen, macht denen eigentlich immer Spaß.

Nicole,
Psychologin,
zwei Töchter
(11, 18)

Eltern sind auch nur Menschen. Irgendwann ist es genug. Kinder können sehr wohl auch solche Dinge verzeihen, wenn sie merken, dass Eltern so ein Satz leid tut. Auf Augenhöhe gehen, sein Kind umarmen und sagen: „Manchmal gibt es Situationen, da könnte ich dich tatsächlich auf den Mond schießen – kennst Du das auch?"

Sabine,
Pädagogin,
zwei Töchter
(16, 18)

Ganz lieb in den Arm nehmen und sich entschuldigen. Es ist zwar erschreckend, dass man fähig ist, seinem kleinen Liebling schlimme Sachen an den Kopf zu werfen. Aber es muss einem klar sein, dass man nicht unfehlbar ist. Und, dass solche Sachen einfach auch mal rausrutschen. Ich glaube, selbst kleine Kinder merken auch schon, dass sie ein wenig zu viel provoziert haben und werden einer wirklich Reue zeigenden Mutter schnell verzeihen.

Sabine,
Arzthelferin,
eine Tochter
(15)

MEIN KIND NIMMT ES MIT FREMDEM EIGENTUM NICHT SO GENAU

Der fremde Radiergummi ist nur aus Versehen hineingerutscht in den Schulranzen. Morgen wird er zurückgegeben, schwört das Kind. Und den coolen Kreisel hat es auf der Straße gefunden, echt! Also abhaken und nicht weiter darüber nachdenken. Aber was ist, wenn da immer wieder mal fremde Radiergummis auftauchen, sich vielleicht auch etwas Wertvolleres findet, am Ende sogar Geld? Wie soll man damit umgehen, wenn das Kind gestohlen hat?

Grundproblem der Menschheit. Ich möchte etwas und ich hole mir halt das, was ich gerne hätte. Das ist doch ein Grundproblem der Menschheit und das zeigt sich auch schon bei Kindern. Sie müssen erst einmal lernen, zu akzeptieren, dass andere mehr oder etwas Besonderes besitzen. Manche akzeptieren Grenzen, andere nicht, zu denen hat mein Sohn gehört. Ich glaube, er war zwei Jahre alt, vielleicht etwas älter, da hat er die Säckchen im Adventskalender geleert. Jahrelang hat er Süßigkeiten gemopst und die leeren Papiere hinter dem Schrank versteckt, bis ich die irgendwann dort entdeckt habe. Der Gipfel war, als er seiner Großmutter Geld aus dem Portemonnaie genommen hat. Was mich dann fast ohnmächtig vor Wut hat werden lassen, dass mein Sohn, obwohl er ertappt wurde, die Tat auch erst einmal noch geleugnet hat. Ich glaube letztendlich, dass es für Kinder, die eine solche Charakter-

Theresa,
Erzieherin,
eine Tochter (15),
ein Sohn (18)

einstellung haben, ein ganz langer Prozess ist, zu der Balance zu gelangen, dass wir einerseits die Dinge wertschätzen, die wir haben und andererseits Respekt gegenüber dem Eigentum anderer zeigen. Da muss man auch immer wieder reden. Kein Thema übrigens, über das Eltern untereinander gerne sprechen.

Dann das Richtige tun. Mein Kind liebt alles, was glitzert und blinkt. Bei Freunden hat er das Kommunion-Kreuz der Tochter aus deren Zimmer gestohlen. Es war golden und hatte einen Edelstein in der Mitte. Zu Hause hat er mir erzählt, er habe das kostbare Kreuz zufällig in der Hecke gefunden und dürfe es nun behalten. Das habe ich natürlich nicht geglaubt. Also habe ich meine Freunde angerufen, ob das Kreuz auf dem Schreibtisch fehlt, wo es immer lag … Und dann war es ja klar! Wir haben nicht sehr geschimpft, ihm aber schon sehr deutlich zu verstehen gegeben: Du musst jetzt das Richtige tun. Wir haben darauf bestanden, dass unser Sohn zu den Freunden geht und das Kreuz selbst zurückgibt. Er hat sich so schrecklich geschämt. Das war nicht

Christina,
Hausfrau,
zwei Söhne (7, 9),
eine Tochter
(11)

nur für einen Sechsjährigen ein harter Gang. Und ich kann mich auch nicht mehr daran erinnern, wer mehr geweint hat: Ich, weil ich genau wusste, wie mein Kleiner sich fühlt? Oder er, weil er da hin musste? Mein Sohn hat richtig gezittert im Auto und seinen Vater inständig gebeten, es doch für ihn zurückzugeben. Vergeblich. Als er sich entschuldigt hatte, war das Thema für uns auch abgehakt. Wir haben nicht mehr darüber geredet. Und wir glauben nach diesem Erlebnis auch, dass es nicht mehr vorkommen wird.

MEIN KIND KENNT UNSCHÖNE WORTE UND GESTEN

In der lustigen Hollywood-Komödie lacht man darüber: Wie der süße, siebenjährige Fratz dem missmutigen Nachbarn den Mittelfinger entgegenstreckt. In der Realität versinkt man genau in diesem Moment in tiefste Scham und überlegt sich, ob sich so ein Umzug in ein anderes Viertel vielleicht noch am gleichen Tag bewerkstelligen lässt. Natürlich hat Ihr Kind das nicht zu Hause gelernt, sondern draußen aufgeschnappt. Ebenso wie all die neuen Ausdrücke. Nun aber kann er verschiedene unschöne Gesten und Kraftworte jederzeit effektvoll einsetzen, auch wenn ihm nicht ganz klar ist, was er da gerade seiner Umwelt mitteilt. Und Sie sollen ihm das nun erklären? Bitte nicht! Oder etwa bitte doch?

Die Sache nicht größer machen als sie ist. Mein großer Sohn hat im Kindergarten von einem Freund die angebliche Bedeutung des ausgestreckten Mittelfingers erklärt bekommen. Das stehe für: Du bist nicht mehr mein Freund. Er hat dann das neu erworbene Wissen gleich angewendet und der Kindergartenleiterin den Mittelfinger präsentiert. Wir mussten zum Elterngespräch anrücken. Die arme Frau war entsetzt. Es gab eine Standpauke und nachmittags hat mein Sohn ihr gelbe Primeln als Entschuldigung gebracht. Damals dachte ich mir: Das darf nicht wahr sein, mit vier schon solche Gesten. Habe ich denn in meiner Erziehung versagt? Heute denke ich mir: Ich habe das ganze viel zu ernst genommen. Na-

Andrea,
Fachwirtin
Gesundheitswesen,
zwei Söhne
(15, 18)

türlich muss man mit seinem Kind über solche Worte und Gesten sprechen und ihm die Bedeutung erklären. Aber selber gelassen bleiben. Und die Sache bloß nicht größer machen, als sie ist. Kinder testen ihre Grenzen aus. Dazu zählt auch, die durchschlagende Wirkung von solchen Wörtern und unschönen Gesten auszuprobieren.

Erst großes Gelächter, dann ist es erledigt. Meine Kinder sind gut informiert. Alter, geil, Sch … da können sie gut mitreden. Ich thematisiere es nicht groß. Ich versuche den tollen Wörtern die Attraktion zu nehmen, in dem ich es die Kinder ganz oft sagen lasse. Zu Hause wohl gemerkt. Nach zehn Mal „Scheiße" sagen, gibt es großes Gelächter und die Sache ist (mehr oder weniger) vorbei. Meine Tochter hat mir einmal erzählt, dass sie sich im Ärger „Arschloch" denke, es aber niemals zu demjenigen sagen würde. Das finde ich verständlicherweise beruhigend. Momentan ist grad „Assi" bei uns angesagt. Das schnappen die Kinder auf und wissen gar nicht, was es bedeutet. Ich erkläre es ihnen dann. In diesem Fall eben den Unterschied

Ines,
Bankkauffrau,
ein Sohn (5),
eine Tochter (9)

zwischen sozial und asozial, damit sie wenigsten die eigentliche Bedeutung des Wortes kennen, das sie so locker benützen. Ich habe den Eindruck, wenn wir auf diese Weise darüber reden, verlieren diese Wörter ein wenig ihre magische Anziehungskraft. Eine Freundin schickt ihre Tochter zum Mundauswaschen, wenn diese das Wort „Scheiße" sagt. Ganz ehrlich, was soll das denn bringen?

Wir haben eine Schimpfwort-Vermeidungsstrategie. Mein Sohn, das weiß ich, kennt alle V…-, F…- und Sch…-Wörter. Schon im Kindergarten hat er mich gefragt, was ein Mixer ist und hat allerdings das nah verwandte W-Wort gemeint. In der zweiten Klasse ist es dann richtig massiv geworden. Ich habe ihm erklärt, dass das keine schönen Worte sind und ich es nicht gut finde, diese Worte zu benützen. Und ich habe ihn gefragt, ob er möchte, dass man mit diesen Ausdrücken über ihn so redet. Das hat er verstanden. Und zumindest bei uns zu Hause klappt die Schimpfwort-Vermeidungsstrategie ganz gut, was nicht so leicht ist, denn seine älteren Geschwister nehmen bei ihren Treffen nicht immer

Rücksicht darauf, dass der Pimpf mit am Tisch sitzt. Und ich bin auch überzeugt, dass er auf dem Schulhof nicht auf diese Ausdrücke verzichtet. Aber dann weiß er immerhin, dass man nicht überall alles sagen darf.

Lexa,
Sekretärin,
drei Söhne
(9, 29, 32)
zwei Töchter
(34, 26)

98

PIEP, PIEP, PIEP, WIR HABEN UNS ALLE LIEB

Familienangelegenheiten

ENDLICH URLAUB! PLÖTZLICH LÄUFT ALLES ANDERS — ABER NICHT WIE GEDACHT

Endlich Urlaub. Beste Gelegenheit alles nachzuholen, was in den Wochen zuvor viel zu kurz gekommen war. Familie tanken! Mal so richtig! Aber da sind auch die eigenen Bedürfnisse. Mal ein Buch lesen, Yoga am Strand wäre auch schön … Aber das Kind/die Kinder, sollen doch auch eine tolle, erlebnisreiche Zeit haben. Muss auch die Freizeit durchgeplant werden, damit alle zu ihrem Recht kommen? Oder eben gerade nicht? Dem Freiraum bewusst Platz lassen? Was ist die Formel fürs entspannte Miteinander und Urlaubsglück?

Meine Interessen stecke ich zurück. Sowie Ferien sind, komme ich nicht mehr zum Laufen – eigentlich mache ich das zweimal die Woche – und vieles im Haushalt bleibt ehrlicherweise auch liegen. Dafür mache ich aber

Monika,
Hausfrau,
zwei Söhne (5, 8),
eine Tochter (10)

mehr mit den Kindern, was ich sehr genieße. Das nämlich bleibt in der Schulzeit viel zu sehr auf der Strecke. Wie sieht der Alltag denn sonst aus? Mittagessen, Hausaufgaben, Nachmittagsprogramm. Ich plane die Ferien nicht durch. Aber wir nehmen uns andere Dinge vor. Mal eine Tasche nähen und ähnliches. Da muss man dann auch ein bisschen dranbleiben. Dass ich meine Interessen in den Ferien zurückstecke, macht mir überhaupt nichts aus. Dafür erleben wir viele andere schöne Dinge.

Es braucht nicht immer das ganz große Unterhaltungsprogramm. Im Urlaub dreht sich die Zeit erst mal nicht anders als daheim. Das heißt die Kinder, die man ja wollte, sind genauso anspruchsvoll wie immer. Man muss ihnen Zeit geben, sich ins Dolce far niente hinein zu begeben. Das geht nicht von heute auf morgen. Also ein paar Tage Kinderprogramm, dann gemeinsam auch Elternwünsche erfüllen und plötzlich geht jeder seiner Wege und findet seine liebste Beschäftigung und auch Zeit dafür. Als wir erst kürzlich in der Bretagne waren, habe ich bewusst mal das Kinderprogramm

Margret,
Ärztin,
eine Tochter (7),
zwei Söhne
(9, 22)

ausgesetzt – mich unter einen Baum gesetzt und für mich gestrickt und in die Landschaft geschaut. Plötzlich hatte ich die Kinder um mich, die genau das gleiche machen wollten. Es braucht nicht immer das ganz, ganz große Unterhaltungsprogramm.

Unser Urlaubsglück funktioniert gut. Vor oder zu Beginn des Urlaubes sagt bei uns jeder, wie er sich diesen Urlaub vorstellt, welche Erwartungen er hat und was man gerne unternehmen würde (An dieser Stelle könnte man dann noch spontan entscheiden, wer mitfährt und wer nicht). Oft gehen die Vorstellungen weit auseinander! Im letzten Urlaub wollten wir Eltern viel wandern und lesen, mein Mann wollte zusätzlich mal eine extreme Mountainbike-Tour fahren, beide Kinder wollten hauptsächlich baden, shoppen und chillen. Schließlich gab es Wanderungen und Radtouren bei schönem Wetter immer in Verbindung mit einem See. Einen reinen Badetag in einem Erlebnisbad und Shoppingtouren bei schlechtem Wetter. Mein Mann war einen Tag mit Freunden auf einer Extremtour – jeder kam auf seine Kosten.

Diana,
Unternehmerin,
zwei Söhne
(12, 15)

PAPA UND MAMA STREITEN. ABER NIE VOR DEN KINDERN?

Es ist einfach ätzend. Er hat es wieder gemacht/vergessen/versucht/versprochen/vergeigt. Das geht nicht. Und wenn Sie das jetzt nicht deutlich sagen können, bekommen Sie Magengeschwüre wegen mangelhafter Seelenhygiene. Aber vor den Kindern? Wenn die dann bange fragen: „Trennt Ihr euch jetzt?" Richtet das nicht irreparable Angstschäden an Kinderseelen an? Oder ist es völlig normal und Bestandteil des menschlichen Lernprogramms, dass auch Papa und Mama mal streiten?

Streit ist richtig wichtig. Das ist doch total weltfremd, nicht vor den Kindern zu streiten. Eigentlich ist es doch sogar wichtig Meinungsverschiedenheiten auszutragen – eben genau dann, wenn einem der Kragen platzt. Kinder müssen auch lernen, dass es mal krachen kann, dass man seinem Ärger Luft macht und dann ist alles wieder gut. Ich habe mal erlebt,

Susanne,
Floristin,
ein Sohn (9),
eine Tochter
(15)

dass sich ein Paar grundsätzlich nie vor den Kindern gestritten hat. Jahrelang haben die zwei heile Welt vorgespielt. Dann ging die Beziehung auseinander und die Kinder wussten nicht, wie ihnen auf einmal geschah. Nein, da sind mir klare und bereinigende Worte lieber – die können meine Kinder auch hören. Manchmal ist es wichtig, für die eigenen Ansichten einen Konflikt in Kauf zu nehmen – auch das kann eine wichtige Lektion sein.

Das ist doch das Leben. Aber natürlich. Streiten gehört dazu. Und auch da sind Eltern ja im Grunde Vorbild. Zum einen, um zu zeigen, dass bloß, weil ein Paar sich mal in die Haare bekommt, nicht gleich die ganze Beziehung infrage gestellt wird. Auch Eltern dürfen ja wohl mal unterschiedlicher Meinung sein. Zum anderen lernen Kinder dadurch auch, wie wichtig es ist, dass man nach so einem Streit wieder zueinander findet. Wobei Streit nicht gleich Streit ist: Meinungsverschiedenheiten, also einen Alltagszoff, kann man vor den Kindern austragen, aber wenn es bei der Auseinandersetzung um essentielle Fragen geht, dann natürlich nicht. Das würde die Kinder auch

Ulrike,
Friseurmeisterin,
zwei Söhne
(16, 18)

nur belasten und ihnen vielleicht Angst machen. Was auch gar nicht geht: Wegen der Kinder vor den Kindern streiten.

Ich halte nichts davon Meinungsverschiedenheiten zurückzuhalten. Große Beziehungthemen dürfen natürlich nicht vor den Kindern ausgetragen werden. Aber einmal war es bei uns so, dass wir uns nicht wieder eingekriegt hatten, bis unser Sohn aus der Schule kam. Er hat sofort gespürt, dass etwas anders war, obwohl wir bewusst kein Thema daraus gemacht haben. „Ihr streitet doch?" Tja, was sagen? Also habe ich zugegeben, dass ich grätzig auf den Papa bin. Sofort ging es weiter: „Ihr habt euch noch nicht versöhnt?" Dann hat er unsere Hände genommen und gesagt: „Jetzt vertragt euch wieder." Das hat mir vor Augen geführt, wie harmoniebedürftig Kinder sind – und was sie für feine Antennen haben. Harmonie in der Familie gibt ihnen einfach Sicherheit. Dennoch halte ich nichts davon, Meinungsverschiedenheiten zurückzuhalten. Ein Kind muss einfach sehen, es gibt Ärger und danach ist alles wieder gut.

Lexa,
Sekretärin,
drei Söhne
(9, 29, 32),
zwei Töchter
(26, 34)

PAPA ERZIEHT ANDERS ALS MAMA. MUSS ES EINEN ELTERN-KATALOG GEBEN?

„Papa erlaubt das aber." „Mama ist da aber nicht so streng." Niemand checkt den Erziehungsstil der Eltern so unbarmherzig und genau wie die eigenen Kinder. Was das Fernsehen oder die Playstation betrifft, zeigt sich vielleicht der Vater gechillter. Oder aber die Mutter. Da sind immer noch ein paar wertvolle Minuten herauszuschlagen … Was die Noten betrifft, eher die Mutter. Oder der Vater. Was soll schon die vier … Ist es aber ein Problem, wenn Eltern bei der Erziehung auch mal uneins sind? Der eine lascher ist, was er als entspannt bezeichnet, der andere autoritärer, was er als konsequent ansieht? Oder braucht es so etwas wie ein gemeinsam erarbeitetes Erziehungshandbuch, damit die Kinder immer genau wissen, woran sie bei ihren Eltern sind? Und damit Eltern nicht darüber streiten, was erlaubt ist und was nicht?

Eltern haben natürlich unterschiedliche Ansichten von Erziehung. Meiner Ansicht nach wird jeder Mensch in einem anderen Wertesystem erzogen – also ist es völlig klar, dass Papa und Mama unterschiedliche Ansichten von Erziehung haben. Väter und Mütter können nur aus ihrem eigenen Erfahrungsschatz die Grundlage für ihre jetzigen Erziehungsmethoden ziehen. Hinzu kommen die „neuen" Erziehungsmethoden, die sich von ihren eigenen Erfahrungen als Kind unterscheiden. Und auch hier gibt es ein weites Feld – je nachdem, in welchem Umfeld man sich bewegt. Meine Erfahrung als Mutter von zwei Söhnen hat mir gezeigt, dass die Kinder mit unterschiedlichen Ansichten gut umgehen können. Sie wissen ganz genau, wie weit sie bei wem gehen können. Wenn mein Mann strenger mit einer Entscheidung ist, kommen sie zu mir – und meist verweise ich dann auf meinen Mann. Manchmal erscheinen mir die Maßnahmen meines Mannes zu hart und dann halte ich mich raus. Das empfindet er teilweise als unsolidarisch, aber ich verhalte mich dann neutral. Machtkämpfe, die meine „Männer" unter sich austragen, gehören zum Erwachsenwerden dazu,

Annette,
Projektmanagerin,
zwei Söhne
(15, 19)

da müssen meine Söhne durch. Das bereitet sie auf ihr Leben vor – auch da werden sie manchmal ungerechte Chefs haben. Nur wenn ich es gar nicht mit meinem Wertesystem vereinbaren kann, richte ich auch Kritik gegen die Entscheidung meines Mannes. Dann herrscht zwar zwischen uns beiden keine Harmonie, aber manchmal sagt mein Mutterherz NEIN, und das muss er dann akzeptieren.

Ich war immer die Spaßbremse. Wir sind uns zum Glück relativ einig, was Erziehungsfragen angeht. Auf die freundliche Art enge Grenzen setzen. Dennoch war ich immer die Spaßbremse, wenn es um Regeln und Rhythmus ging. Ich habe beispielsweise stets darauf gedrängt, meinen Sohn rechtzeitig ins Bett zu schicken, mein Mann war immer der coole Dad: „Ach, lass ihn doch noch, er hat doch grad so viel Spass." Aber morgens aus dem Bett kratzen, musste ich den müden Kerl. Das hat sich geändert, als ich mal für einige Tage nicht da war und mein Mann das kaputte Kind für die Schule fertig machen musste. Da hatte sich die Sache erledigt.

Lexa,
Sekretärin,
drei Söhne
(9, 29, 32),
zwei Töchter
(26, 34)

Papa ist auch anders als Mama! Wenn man als (Eltern-)Paar zusammenlebt, setzt das meiner Meinung nach voraus, dass es eine grundsätzliche Übereinstimmung gibt, was die wesentlichsten Werte im Leben betrifft. Die spiegeln sich dann auch in der Erziehung wieder. Uns ist beispielsweise beiden wichtig, dass man sich für Dinge, die man haben will, auch wirklich einsetzt. Mein Mann bezieht das aber eher auf das Training für sportliche Erfolge, ich auf das Vokabellernen für Lateinnoten, die eine Versetzung ermöglichen. Unsere Kinder haben, denke ich, beide davon profitiert, dass sie sich nicht immer einer geschlossenen „Elternfront" gegenübersehen. Das ruft ja meistens gerade Widerstand hervor.

Elisa,
PR-Agentin,
eine Tochter (13),
ein Sohn (20)

In der Erziehung ergänzen. Jeder erzieht auf seine Weise. Und Kinder wissen ja auch genau, bei Papa ist das wichtig, bei Mama das, danach muss ich mich richten. Wichtig ist aber doch vor allem, dass sich Vater und Mutter in der Erziehung ergänzen. In bestimmten Altersstufen kann die Mutter vielleicht nicht so gut mit dem Sohn, da versteht der Vater das Kind vielleicht besser. Und auch umgekehrt. Und du bist ja auch nicht jeden Tag gleich stark. Natürlich kann es auch mal zu Konflikten zwischen den Eltern kommen, wenn der eine strenger ist als der andere. Kinder checken ja so etwas genau und nutzen das auch aus. Ein leidiges Thema, aber das müssen Eltern untereinander dann klären. Dass man immer die eine Linie fährt, ist meiner Ansicht nach ein Traumbild. Man kann versuchen, es zu erreichen, aber stellt meist doch fest, dass die eigene Linie eben doch manchmal ein bisschen eine andere als die des Partners ist.

Julia,
Lehrerin,
eine Tochter (10),
ein Sohn (14)

MEIN KIND HAT MAMA LIEBER ALS PAPA, ODER UMGEKEHRT

„Ich war schon immer ein Mamakind." Im Nachhinein klingt es so, als sei es das Natürlichste der Welt. Dass man sich als Kind zu einem Elternteil mehr hingezogen fühlt als zum anderen. Oft teilt es sich ja bei Geschwistern auch auf, der/die eine ist ein Papakind, der/die andere das Mamakind, manch-

mal wechselt es auch wieder. So weit, so gut. Als Eltern fühlt sich das aber plötzlich ganz anders an. Nämlich komisch, wenn sich der Junior vielleicht nur noch an den Papa oder die Mama hängt. Soll man korrigierend eingreifen, vielleicht auch der Gefühle des anderen Elternteils wegen oder der Kinderliebe einfach ihren Lauf lassen?

Später wieder Pluspunkte einheimsen. Mamakind versus Papakind. So ein Quatsch… Es gibt immer Phasen im Leben eines Kindes, in denen es sich mehr am männlichen oder weiblichen Vorbild orientiert, als auch Schutz und Trost sucht. Das muss man/frau mit Ruhe hinnehmen. Viel wichtiger finde ich aber, dass nicht die Mama immerzu als Hausaufgabenhexe und Ordnungsfanatikerin fungiert und der Papa als Freizeitpapa abends das heulende Kind „rettet", sondern dass beide Eltern in Erziehungsfragen an einem Strang ziehen und das heimkommende Elternteil erst einmal die Situation abfragt. Und wenn die Hausaufgaben dann eben noch nicht gemacht sind, muss man sich eben auch hinsetzen, helfen und genauso den Schwarzen Peter übernehmen.

Inke,
Kamerafrau,
ein Sohn (8)

Die eben noch angefeindete Mama kann dann Luft schöpfen und später beim entspannten Vorlesen wieder hundert Pluspunkte beim Kind einheimsen.

Mein Sohn ist das totale Papakind. Mein Mann und mein jüngster Sohn haben eine sehr enge Verbindung zueinander. Doch mittlerweile, ich habe damit fast nicht mehr gerechnet, scheint meinem Mann nicht mehr aus jeder Körperöffnung die Sonne… und auch ich kann zuweilen ein wenig zum Glück des Sohnes beitragen. Mein Mann ist der Held, ich bin die Trösterin in Notsituationen – so ist bei uns eben die Rollenverteilung. Dass Jungs sich stärker am Vater orientieren, finde ich nur normal. Wäre er mein einziges Kind, hätte es mir vielleicht wehgetan, dass ich nur auf Platz zwei stehe. So aber weiß ich, dass man diese Bewunderung nicht mit Liebe verwechseln darf. Und davon bin ich überzeugt: die gehört uns beiden.

Lexa, Sekretärin, drei Söhne (9, 29, 32), zwei Töchter (26, 34)

Kein Grund für Eifersüchteleien unter Eltern. Papa- oder Mamakind, da ist ja auch die Frage, von wem geht es aus. Meine Tochter ist ein Papakind, aber mein Mann hat auch ein besonderes emotionales Verhältnis zu unserer Tochter. Sie kann ihn total um den Finger wickeln. Es ist jedoch auch nicht so, dass ich das Gefühl hätte, dass unser Sohn deswegen zu kurz kommt. Der holt sich ebenfalls seine Papazeit. Zu einem anderen Zeitpunkt eben. Deswegen, alles kein Problem. Ich war auch ein Papakind. Und diese Spielereien, die Kinder betreiben, von wegen, ich will nur zu Papa oder ich will nur zu Mama, das kann doch eigentlich kein Anlass für Eifersüchteleien unter Eltern sein. Papa- oder Mamakind, das ist ja manchmal auch eine Frage der Tageszeit. Und um ehrlich zu sein, wenn es hart auf hart kommt am Ende des Tages, dann landen beide Kinder doch bei mir…

Sandra, Betriebswirtin, eine Tochter (6), ein Sohn (9)

Gibt es Gründe für die Distanz? Es gab immer wieder Phasen, in denen sich meine Tochter mir gegenüber abweisend verhalten hat und mit Papa viel inniger war. Es war für mich gar nicht so einfach, das auszuhalten. Ich fühlte mich irgendwie ausgegrenzt. Einfach so hinnehmen, konnte ich das nicht. Ich

Christine, Lehrerin, eine Tochter (16), ein Sohn (18)

finde schon, dass man sich in solchen Situationen selbst fragen muss, ob es vielleicht ja auch Gründe für die Distanz gibt. War ich in letzter Zeit vielleicht nicht genügend geduldig oder habe ich meiner Tochter in letzter Zeit nicht genügend Aufmerksamkeit geschenkt? Da bin ich dann schon auf manches gestoßen, was ich bei mir ändern konnte.

DIE GROSSELTERN ERLAUBEN ALLES

Schön, dass es Oma gibt. Ihr Kind geht auch sehr gern zu seiner Großmutter, denn dort darf es alles. Sie finden Schokolade okay, aber ein Rippchen reicht dann auch. Bei Oma ist die Tafel schnell verschlungen. Sie finden ein halbes Stündchen Fernsehen am Abend reicht, Ihr Kind und Oma verbringen regelmäßig gemütliche Fernsehnachmittage. Die könnten doch wirklich mal rausgehen, Malefiz spielen oder was basteln, denken Sie, fressen den Groll aber in sich hinein, denn ohne Oma kommen Sie nicht über die Runden. Und Familienfrieden ist schließlich auch etwas wert. Ansprechen oder einfach hinnehmen?

Nicht meine Sache. Als die Kinder klein waren, meinte ich, alles mit den Großmüttern diskutieren zu müssen und habe Kleinigkeiten völlig überbewertet. Mein größter Feind war dudelndes Plastikspielzeug! Heute denke ich, dass mich das Verhältnis der Kinder zu ihren Großmüttern nichts angeht, und halte es sogar für wünschenswert, wenn meine Kinder mehrere enge Bezugspersonen haben, die alle unterschiedlich sind. Fernsehen mit Schokolade finde ich übrigens ohnehin eine tolle Idee.

Bettina,
Rechtsanwältin,
zwei Töchter
(16, 18)

Die dürfen das. Die Großeltern verwöhnen meine Söhne viel mehr als ich. Sie dürfen dort auch mehr. Und das ist gut so. Ich bestehe auf ein, zwei Wellness-Wochenenden im Jahr – und in dieser Zeit sind meine Kinder bei den Großeltern bestens aufgehoben. Wenn sie dabei nach Strich und Faden verwöhnt werden, dann brauche ich wenigstens kein schlechtes Gewissen zu haben. Den Kindern fehlt es sicher an nichts. Als ich einmal wegen eines Bandscheibenvorfalls mehrere Wochen lang ausfiel, standen Oma und Opa auf der

Eva,
Bürokauffrau,
zwei Söhne
(11, 14)

Matte und haben sich um die Kinder gekümmert. Ohne sie hätte ich die Zeit nicht überstanden. Nie im Leben käme ich auf die Idee, die Großeltern dafür zu kritisieren, dass sie meine Söhne zu sehr verhätscheln.

DIE GROSSELTERN MISCHEN SICH EIN

Mal nur ein Beispiel: Sie haben gerade Ihr Kind angezogen, damit es nach draußen gehen, kann, schon ist Oma empört: Ohne Schal? Das geht so nicht. Und was sind das überhaupt für windige Handschuhe … Oder so: Sie haben Ihrem Kind gerade erklärt, wie es seine Kässpätzle mit Messer und Gabel essen soll. Schon sieht es Opa locker und sagt: Das ist doch übertrieben, wir sind hier doch unter uns … Warum mischen die sich ständig ein? Was nun? Contenance wahren oder mal ein Machtwort sprechen?

Meine Schwiegermutter erzieht mit. Es kommt ja immer darauf an, wie nah man wohnt. Wir wohnen direkt nebeneinander. Meine Schwiegermutter erzieht sozusagen meine Kinder mit. Und das stört mich auch nicht. Zum Glück haben wir ähnliche Ansichten. Dennoch gibt es manchmal Situationen, die wir einfach klären müssen. Ein Beispiel: Als es bei uns abends einmal Nudeln gab, kam meine Schwiegermutter plötzlich mit einer bei ihr übrig gebliebenen Portion Pommes zu uns. War ja klar, welches Essen bei den Kindern besser ankam. Die Aktion war natürlich nicht böse gemeint, aber ich möchte einfach nicht, dass sich meine Kinder aussuchen, bei wem es für sie das bessere Essen gibt, wenn ich mir die Mühe mache und koche. Wir haben das geklärt und es kam auch nie wieder vor. Richtig schlucken musste ich allerdings, als meine Schwiegermutter auf dem Flohmarkt einen Roller für zwei Euro ergatterte und den Kindern einfach hinstellte. Sie war so glücklich über das Schnäppchen und ich haute ihr zum Dank quasi mit der Bratpfanne eins über den Kopf. Denn ich bin der Meinung, so etwas geht gar nicht. Roller sind etwas für Geburtstage und nichts für eben mal so. Da sind wir beide dann mal richtig aneinandergeraten. Aber es hat sich auch wieder eingerenkt.

Petra,
Bankkauffrau,
drei Töchter
(2, 4, 6)

Wir haben es doch auch überlebt. Soll mal einer versuchen, Großeltern in ihrem Erziehungseifer zu bremsen. Und man muss doch auch sagen: Wie falsch können die eigenen Eltern bei der Erziehung ihrer Enkel denn liegen? Sie haben uns doch auch erzogen und wir haben es überlebt. Großeltern sollte man daher doch bitte ihr Ding machen lassen.

Trixi, Baustoffverkäuferin, zwei Söhne (12, 16)

Zur rechten Zeit taube Ohren. Kein Mensch ist eine Insel, kein Kind ist eine Insel und eine Familie ist von einer Insel so weit entfernt wie unser Zuhause vom Mond. Wer ein Kind hat, geht einen Deal ein. Mit Großeltern, mit den Freunden der Kinder und den Eltern der Freunde der Kinder. Mit den Großeltern ist es oftmals speziell. Für mich sind und waren die Großeltern enorm wichtig und für meine Söhne auch. Da meine Söhne jeweils bis zum dritten Lebensjahr tagsüber bei meinen Eltern waren, haben sie natürlich auch einen Erziehungsauftrag erfüllt. Aber eben einen OMA- und OPA-Erziehungsauftrag. Aufgrund dieses Konzepts ist natürlich verwöhnen und einmischen an der Tagesord-

Micha, Steuerberaterin, zwei Söhne (5, 8)

nung. Es hat mich sehr oft verrückt gemacht und ich habe häufig den Satz zitiert: „Ratschläge – speziell ungefragte – sind auch Schläge." Aber es geht ja um die Kinder. Und aus Kindersicht machen sie es einfach großartig. Und wenn das so ist, kann ich jedem nur empfehlen, sich taub zu stellen, denn für Kinder sind Oma und Opa unersetzlich in ihrer Liebe, Hingabe, mit ihrer Zeit, ihren Geschichten, Lieblingsessen… Also ein Hoch auf die Großeltern, auf ein hoffentlich dickes Fell, starke Nerven und zur rechten Zeit taube Ohren.

MUSS MEIN KIND SEINE GROSSELTERN LIEB HABEN?

„Enkelkinder sind das Dessert des Lebens." Sagte einmal Silvia von Schweden, aber nicht jedes Dessert weiß diese Zuneigung auch zu schätzen. Der Opa macht vielleicht ab und an doofe Witze, die Oma nervt, weil sie ständig an einem herumpusselt und der Ansicht ist, vom Grün auf dem Teller müsse es zumindest ein Bissen sein. Auf dem Sofa darf man nicht krümeln, nach dem Mittagessen muss Ruhe herrschen und ständig wird man von oben bis unten gescannt: Sitzen die Haare, ist das Kind auch nicht zu dünn, liest es genug, spielt es nicht zu viel mit dem iPad? Großeltern können es gut meinen und dennoch viel falsch machen. So wie Eltern auch. Was macht man aber, wenn das Kind sagt: „Da will ich nicht hin." Oder: „Muss ich der Oma ein Bussi geben?" Die Liebe befehlen, das geht doch nicht?

Mein Sohn kann gut wahre Zuneigung spüren. Ein klares Nein! Mein Sohn muss seine Verwandten nicht lieb haben. Nur weil ein Verwandtschaftsverhältnis besteht, heißt das nicht, dass Liebe und Interesse vorhanden sind. Von beiden Seiten übrigens. Mein Sohn kann sehr gut wahre Zuneigung spüren. Die eine Oma lebt zwar in Spanien, aber zu der fliegt er ganz allein und ein Telefonat kann schon mal eine Stunde dauern. Die andere Oma wird höflich begrüßt, aber das war es dann auch. Wenn die beiden telefonieren, flüstert er mir nach drei Minuten ins Ohr: „Ich weiß nicht, was ich sagen soll?" Wenn ein Kind keinen guten Draht zu einem

Sarah,
Pferdewirtin,
ein Sohn (6)

Verwandten hat, muss man das akzeptieren. Und man merkt auch, dass wahres Interesse durch Süßigkeiten und Geschenke nicht ersetzt werden kann. Liebe kann man nicht erzwingen, Kinder spüren, wer sich einfühlen kann. Nie würde ich mein Kind zu einem Küsschen oder ähnlichen Goodwill-Aktionen auffordern. Es muss sich nicht verbiegen.

Freundlichkeit kannst du einfordern, Liebe nicht. Die Situation eskalierte, als die Großmutter zu uns zog. Und meine Kinder lernen mussten, zu akzeptieren, dass die sehr betagte Großmutter am Tisch sitzt und nicht so isst, wie es sich eigentlich gehört. Schwierig! Was du dann einfordern kannst: Akzeptanz, Höflichkeit, Freundlichkeit. Aber Liebe ganz sicher nicht. Zu sagen, das ist deine Großmutter, die hat dich gern, hilft da nicht. Wenn zwischen den Großeltern oder den Verwandten und dem Kind nichts entsteht an innerer Bindung, dann kannst du das auch als Mutter nicht herstellen. Du kannst dich nur bemühen, diese Verbindung anzubahnen, zum Beispiel durch gemeinsame Aktionen. Aber das sind Versuche.

Theresa,
Erzieherin,
eine Tochter (15),
ein Sohn (18)

Wenn es darum geht, dass die Oma oder der Opa oder der Onkel gerne umarmt werden würden, habe ich eine klare Meinung: Ich würde mein Kind nie dazu bringen, Körperkontakt zu haben, wenn es das für sich nicht will. Dafür ist eine Umarmung eine zu intime Sache.

Ein Bussi gehört sich eben nicht. Nein, lieb haben muss es die Großeltern sicher nicht, ich denke, das kann man ja nicht steuern. Die Kinder sollten die Einstellungen und Vorstellungen der Großeltern allerdings irgendwie respektieren. Aber selbst das ist sehr schwierig, nicht nur für die Kinder, sondern auch für mich. Oft liegen ja Welten zwischen den Ansichten. Ich versuche die Kinder möglichst wenig – vor allem negativ – zu beeinflussen. Die Erfahrung zeigt aber, dass die Kinder die eigene Einstellung irgendwie doch „übernehmen". Bei uns kommt noch hinzu, dass der Kontakt mit einem „Großelternpaar" sehr intensiv ist und die Kinder dieses auch gern mögen. Das andere „Großelternpaar" ist nicht nur räumlich, sondern auch emotional weiter entfernt, da habe ich auch den Eindruck, dass die Distanz immer weiter wird. Allerdings mache ich dagegen auch nicht aktiv irgendet-was. Ob ich das tun sollte, weiß ich selber nicht so recht. Das Thema verdränge ich lieber … Das Thema mit dem Bussi hatten wir natürlich auch. Dazu habe ich aber eine ganz klare Einstellung und die kennen mittlerweile auch alle. Wer kein Bussi geben mag und auch keines bekommen mag, der hat auch das Recht dazu. Das führte mit meinem Mann einmal zur Diskussion, weil er auch meinte, das gehört sich halt so. Nein, tut es nicht. Da gehen die Kinder in den „Sag-Nein-Kurs", schauen „Mein Körper ist mein Freund an" und gerade zu Hause sollen sie dann genau gegen die Empfindungen handeln, denen sie eigentlich folgen sollten. Das geht überhaupt nicht!

Steffi,
Rechtsanwältin,
eine Tochter (8),
ein Sohn (10)

UNFAIR! UNTER-SCHIEDLICHE RECHTE FÜR GESCHWISTER

Warum darf Julian länger aufbleiben? Als ich so klein war wie Lisa, durfte ich nicht so spät ins Bett. Mir hilfst du nie beim Schuhe zubinden, Sebastian aber schon. Warum bekomme ich ein Euro weniger Taschengeld? Um nichts wird von Geschwistern so erbittert gekämpft, wie um Rechte und Privilegien. Muss ich, um der Gerechtigkeit willen, tatsächlich immer das gleiche Maß ansetzen: Die Sechsjährige also die Stunde früher ins Bett schicken, den Fernseher exakt nach einer halben Stunde ausschalten, bloß, weil ein Bruder oder eine Schwester über die Einhaltung der Regeln wacht?

Kinder sind nicht gleich. Es ist zwar lästig, aber ich erkläre halt immer wieder, warum ich es beim einen Kind so und beim anderen Kind anders mache oder gemacht habe. Zum Beispiel das Thema Schlaf: Meine ältere Tochter hat einfach als sie kleiner war, mehr Schlaf gebraucht als meine jüngere. Deswegen habe ich sie damals eine Stunde früher ins Bett geschickt. Die kleinere wiederum hat Bedürfnisse, die die größere nicht hatte. Immer die gleichen Rechte, das wäre nur fair, wenn auch die Kinder genau gleich wären. Das sind sie ja aber nicht. Und deswegen kann man das auch nicht so strikt handhaben. Meine größere Tochter will das

Susanne, Agraringenieurin, zwei Töchter (7, 14)

oft nicht einsehen und beschwert sich. Beispielsweise, wenn die jüngere noch ein bisschen Fernsehschauen darf. Dann muss ich mich regelrecht rechtfertigen. Deswegen erzähle ich ihr manchmal Geschichten, in denen ich ihr gegenüber genauso nachsichtig war, zum Beispiel die von der Eisdiele, an der wir nie vorbeilaufen konnten, ohne dass sie nicht eine Kugel bekam … So bekommt sie vielleicht ein Gespür dafür, dass ich auf ihre Bedürfnisse genauso eingegangen bin und eingehe wie auf die ihrer Schwester.

Nachvollziehbare gute Argumente. „Wieso muss eigentlich mein Bruder noch nicht ins Bett? Wieso darf mein Bruder schon wieder am Handy spielen? Boah, ey, ich hatte in dem Alter noch keinen Computer …" Ja, so klangen sie, die Bemerkungen unserer älteren Tochter, wenn es um die anscheinend so unfassbar viel größeren Freiheiten und Rechte ihres kleineren Bruders ging. Ja, sie hat ihn zum Fressen gern, aber muss er deshalb gleich alles bekommen, was sie nicht hatte? „Mir habt ihr das immer verboten … Ich hab das nicht bekommen … Mit mir wart ihr nicht so nachsichtig!", heißt es dann immer. Und? Ja, was soll ich sagen – manches stimmt natürlich irgendwie, manches aber auch nicht. Verständliche Argumente, nur ein wenig Zeit, sich mit dem Kind und dem Thema auseinanderzusetzen und vor allem diese Fragen ernst zu nehmen, helfen definitiv weiter. Das längere Aufbleiben zum Beispiel: Ja, es stimmt, sie musste in seinem Alter früher ins Bett. Wenn sie mal später ins Bett ging, war sie in der Früh die ersten zwei Stunden fürchterlich grantig und unausstehlich. Ihr kleiner Bruder steht – auch wenn er etwas später ins Bett geht – in der Früh schnell auf, ist gut gelaunt und fit. Das Schlafbedürfnis ist nun mal individuell verschieden. Auch das Thema Handy und Computer ist immer wieder für eine Diskussion gut. Als mein Sohn in der fünften Klasse sein eigenes Handy bekam, war es ein Smartphone. Dies hat bei meiner Tochter für etwas Aufruhr gesorgt, da sie damals ein normales Tastenhandy bekommen hat. Ich musste ihr erstmal klarmachen, dass zu ihrer Zeit (eigentlich nur fünf Jahre früher) ein Smartphone noch nicht so normal war wie jetzt. Auch ich hatte damals noch keines. Das hat sie dann doch etwas beruhigt. Auch der neue Computer zu Weihnachten für ihren Bruder, der

Iris,
Betriebswirtin,
ein Sohn (12),
eine Tochter
(17)

nun der gleiche ist, den sie auch erst kürzlich bekommen hat, war für sie schwer zu verdauen. Auf dem alten Computer lief so gut wie keines der neueren Programme mehr und Jungs spielen halt gerne und auch zusammen Videospiele. Sie müssen da auch irgendwie in der Klasse und ihren Freunden mitreden können, sonst sind sie schnell out. Oft hilft es uns jetzt, wenn wir ihr einen Ausblick geben, was sie als Ältere bald alles noch mehr darf, z. B. den Führerschein machen, deutlich länger aufbleiben oder abends weggehen. Am Ende soll eigentlich primär stehen, dass die vermeintliche Ungerechtigkeit nicht mehr als solche gesehen wird und der alte Spruch „die Zeiten ändern sich" eigentlich in jedem Alter gilt. Für nachvollziehbare gute Argumente war sie dann auch meistens zu haben. So hielten sich die Diskussionen bei uns zum Glück auch in Grenzen!

Alles aufgezählt. Oh ja, das bekomme ich heute noch auf das Butterbrot geschmiert! Das lustige daran ist aber, dass beide meiner Kinder sich bei fast den gleichen Dingen benachteiligt fühlten. Bei solchen Problemen habe

Karin,
Hausfrau,
zwei Töchter
(16, 18)

ich derjenigen Tochter, die sich gerade beschwerte, aufgezählt, was sie alles darf bzw. durfte oder hat und die Schwester nicht, was man für sie macht und für die Schwester nicht. Mal ehrlich, da fällt einem immer etwas ein. Da wurde das sich beschwerende Kind meistens ganz schnell ruhig, dachte nach und stellte fest, dass Mutter (mal wieder) recht hatte. Zum Schluss meinte ich dann meistens, dass sich im Leben oft alles ausgleichen wird und man nicht alles ganz genau auflisten kann. Der Eine bekommt eben von dem einen etwas mehr und der Andere von dem anderen etwas mehr.

STREIT UND KEIN ENDE UNTER DEN GESCHWISTERN

Wer ohne Geschwister aufgewachsen ist, kann sich das nicht vorstellen: Dass es einen Menschen oder zwei oder drei gibt, mit denen man sich von morgens bis abends streiten kann. Der Anlass darf so nichtig wie möglich sein, es reicht ein komischer Blick, ein falsches Wort, die bloße Anwesenheit. Und schon geht es rund, fliegen Worte, Fetzen, Fäuste. Eltern aber wissen immer nur: Schuld ist stets der andere, weil der doch angefangen hat. Ist das wirklich normal? Und was macht man nun mit den ewigen Streithähnen?

Ich spielte den Schiedsrichter. Als die Kinder noch jünger waren, gab es Tage, da herrschte permanenter Unfrieden. Ich kann Disharmonien prinzipiell sehr schwer ertragen und fühlte mich dann dazu verleitet, mich einzumischen, moderierte, spielte den Detektiv und den Schiedsrichter, schon der Gerechtigkeit wegen. Aber das war offenbar falsch. Meine Kinder sagten immer, halte dich besser raus. Darauf hätte ich vielleicht auch öfter hören sollen. Die Zeit der intensiven Streitigkeiten ist sowieso eine Durchgangsstation, damit kann man sich trösten, wenn die Kinder kleiner sind. Mittlerweile gibt es bei uns zu Hause kaum noch größere Auseinandersetzungen.

Christine, Lehrerin, eine Tochter (16), ein Sohn (18)

Ignorieren. Weder kenne ich die Lösung, noch kenne ich jemanden, der sie weiß. Meine Strategie: Ignorieren! Das tut einem auch selber gut. Man könnte sich ja sonst den ganzen

Tag aufregen. Was ich nicht geahnt habe, weil ich selbst in der Kindheit niemanden zum Streiten hatte, wegen welcher Lappalien sich Geschwister quasi dauerzoffen: Zum Beispiel, wer morgens zuerst das Müsliglas anfassen darf! Fast schon wieder lustig, aber eben nur fast. Da sage ich mittlerweile gar nichts mehr. Sollen sie doch, vielleicht brauchen die beiden ja diesen ewigen Machtkampf. Am Anfang habe ich noch gelegentlich Partei für den Jüngeren ergriffen, weil der dann doch meist unterlegen war. Aber ich stelle voller Stolz fest: Er hat aufgeholt und ist seinem großen Bruder nun nahezu ebenbürtig! Seitdem denke ich mir: Jungs, das ist eure Sache, da gehöre ich nicht dazu.

Andrea,
Fachwirtin
Gesundheitswesen,
zwei Söhne
(15, 18)

Je nach Geräuschpegel … Streit gehört dazu, so lernen Kinder ja auch sich zu behaupten. Je nach Geräuschpegel gehe ich aber dazwischen, also eigentlich recht bald, weil es mir oft einfach zu laut wird. Da hat wohl jeder seine eigene Schmerzgrenze. Meine Kleinen werden immer noch gerne handgreiflich, so ein Streit artet dann auch wegen einer Nichtigkeit gerne mal aus: „Der hat mir den roten Stift weggenommen" und schon gibt es einen Legostein auf den Kopf oder es wird gebissen, bis einer blutet. Natürlich greife ich dann ein. Und bei den Großen ebenfalls, wenn die anfangen verbal um sich zu schlagen und ausfallend zu werden. Bestimmte Wörter will ich nicht hören. Es gibt Grenzen beim Streiten, werden die überschritten, muss man meiner Ansicht nach lenkend eingreifen. Wobei ich mich aber bemühe, nicht Partei zu ergreifen, sondern alle wieder zusammenzubringen, vor allem bei den Jüngeren. Da sage ich: „So, und jetzt gebt ihr euch die Hand und es ist wieder gut" – erzwungenes Vertragen sozusagen.

Jeannine,
Sachbearbeiterin,
vier Töchter
(4, 6, 11, 13),
ein Sohn (4)

Selber lösen lassen. Völlig normal! Zu Hause kann man Dinge ausprobieren, die Freunde nicht dulden würden. Geschwister bleiben einem, egal, was man zu ihnen sagt. Also: Nicht schlichten, sondern aushalten! Konflikte lösen lernt man nur, indem man sie auch selbst lösen darf. Immerwährende Harmonie hält ja auch keiner aus!

Sabine,
Pädagogin,
zwei Töchter
(16, 18)

WENN EIN KIND IM SCHATTEN DES ANDEREN STEHT

Hätte Einstein einen Bruder gehabt, was wohl aus ihm geworden wäre? Auch ein bedeutender Physiker? Sicher ist: Dieser Bruder hätte es nicht leicht gehabt mit seinem Albert. Denn der war nicht nur ein herausragender Schüler, er spielte auch noch fantastisch Geige. Was aber tun, wenn man nun selber so eine Art kleinen Einstein hat? Nicht unbedingt hochbegabt, aber doch erfolgreich in nahezu allem. Einem Kind, dem alles zufliegt, während das andere für seine bescheidenen Erfolge mühsam ackern muss. Muss oder darf ich denn das eine Kind bremsen, um dem anderen eine Nische zum Wachsen zu schaffen? Klavierspielen also nur für Lisa und nicht für das Allroundgenie Marie? Tennisspielen nur für Max, damit ihn Julian da nicht auch noch überflügelt? Wie kann ich das eine Kind nun stärken, ohne das andere zu schwächen?

Den eigenen Weg finden. Mein Sohn hat das Pech, dass seine große Schwes-ter sportlich und schulisch ein Überflieger und seine kleine Schwester die süße Kleine ist. Und wo steht er? Das ist schon ein Problem für ihn. Ich versuche ihn zu stärken, wo es nur geht. Er soll seinen Weg finden und nicht seinen Schwestern hinterherhecheln. Wir haben bewusst für ihn eine andere Sportart gesucht, die seine Schwestern nicht ausüben, beziehungsweise haben ihn ein gutes Jahr früher anfangen lassen, denn mittlerweile ist daraus unser Familiensport geworden. Aber mein Sohn hat dort in der Mannschaft seinen Platz gefunden und die Mädels stehen ausnahmsweise mal nicht im Vordergrund.

Irgendwann findet ein Ausgleich statt. Wir kamen aus einer ganz anderen Situation in diese Lage. Unser großer Sohn kam gesund zur Welt, aber durch eine Venenerkrankung und sechs Operationen sitzt er seit seinem zehnten Lebensjahr im Rollstuhl. Von da an wurde unser Familienleben neu aufgestellt. Die Aufmerksamkeit galt nur noch dem erkrankten Kind. Und der jüngere Sohn musste funktionieren und mitlaufen – was er auch sehr

> Mathilde,
> Diplomkauffrau,
> zwei Töchter
> (10, 15),
> ein Sohn (13)

gut tat. Der ältere Sohn entwickelte Stärken wie Delegieren, klare Ansagen, Bitten, Leadership. Der jüngere, gesunde Sohn entwickelte Stärken wie Unterstützen, Freundlichsein, Mitgefühl, gutes Teamplaying. Aber er beobachtete auch den Älteren und mit der Zeit wurden die Eigenschaften, die der Ältere hatte, immer mehr zu seinen – nicht im Familienleben, denn da waren die Rollen belegt, aber in seinem Jungenfreundeskreis. Und das Tolle ist, dass er nun alle Stärken entwickelt hat: die des Anführers und die des Unterstützers – und er kann genau die Eigenschaft abrufen, die er in der jeweiligen Situation braucht. Aber natürlich war es nicht immer so harmonisch, wie oben dargestellt. Der jüngere, gesunde Sohn hatte seine Wutanfälle (bei denen er die Tür eingeschlagen hat), er hatte auch seine Phasen, in denen er die volle Aufmerksamkeit von uns eingefordert hat. Um dem Rechnung zu tragen, haben wir bewusst „Qualitytime" mit ihm verbracht: Wir sind – nur mit ihm – zu einem Event ans andere Ende der Republik gefahren, haben das tollste und teuerste Hotel vor Ort gebucht (nur für eine Nacht!) und sind

Annette, Projektmanagerin, zwei Söhne (15, 19)

sehr bewusst auf seine Wünsche und Bedürfnisse eingegangen. Das haben wir ihm am Anfang aus schlechtem Gewissen zugebilligt, aber als wir merkten, wie gut es ihm tut, und welche Anerkennung er von seinen Freunden erhielt, besuchten wir das Event vier Jahre hintereinander. Es wird – wie überall im Leben – irgendwann immer ein Ausgleich stattfinden, für alle Entbehrungen wird man auch wieder beschenkt. So wurde aus dem Kind, welches im Schatten des erkrankten Kindes stand, ein großartiger, mitfühlender, sensibler, aber auch starker, selbstbewusster, junger Mann mit 15 Jahren.

Inzwischen kann mein Sohn besser damit umgehen. Meine Tochter tut sich generell in vielem leichter. Ihr fliegt manches einfach zu, was mein Sohn sich hart erarbeiten muss. Zum Beispiel, wenn sie bei den Hausaufgaben ihres Bruders mit am Tisch sitzt und malt oder spielt, hat sie immer die Ohren gespitzt. Jetzt weiß sie schon vor ihrer Einschulung ein paar Buchstaben und kann sie malen. Für meinen Sohn, der Legastheniker ist, keine leichte Situation. Er hat sich immer schwer damit getan, musste lange sitzen und üben, um die Buchstaben überhaupt zu lernen und zu lesen. Nun kann das seine Schwester, bevor es für sie überhaupt losgeht. Er hat mich oft gefragt: „Warum kann die das schon?" Ich versuche dann immer seine Stärken hervorzuheben, dass er eben ein Tüftler und Techniker ist und dass seine Schwester beim Zuhören viel von ihm gelernt hat. Seit er mit der Legasthenie etwas selbstbewusster umgeht und gute Erfolge hat, kommt er damit besser klar.

Stephi,
Betriebswirtin,
eine Tochter (6),
ein Sohn (9)

ICH ZÄHLE JETZT BIS DREI

Regeln müssen sein

MEIN KIND UND DIE EWIGEN VERBOTE

Natürlich haben Sie Ihren Erziehungsberater gelesen und wissen: Mit Verboten werden Sie auf Dauer nicht weiter kommen. Aber sie sind so verführerisch, weil auf die Schnelle schön wirkungsvoll: „Noch einmal und dann ist die Fernbedienung für eine Woche weg." Aber morgen ist doch das Fußball-Länderspiel. Und nun? Immer konsequent bleiben? Was gibt es für Alternativen zu den schnell ausgesprochenen, schnell wirksamen und schnell vergessenen Verboten?

Mit dem Familienbus über den iPod. Ich habe mal eine Vater-Tochter-Diskussion belauscht, da blieb mir der Mund offen stehen. Der Vater forderte die Tochter auf, leiser mit ihren Freunden zu spielen. Die Kleine fing zu debattieren an, das Gespräch endete mit dem für mich unglaublichen Satz des Vaters: „Mir egal, dann macht doch, was ihr wollt." So etwas gibt es bei mir nicht: Wenn ich etwas sage oder ein

Mathilde, Diplomkauffrau, zwei Töchter (10, 15), ein Sohn (13)

Verhalten wünsche, wird es auch gemacht. Wenn/dann-Sätze funktionieren, aber dann muss man auch konsequent sein. Ich diskutiere nicht mit meinen Kindern. Einmal gab es bei uns folgende Situation: Mein Sohn hatte zur Kommunion einen iPod Touch geschenkt bekommen. Er hörte gar nicht mehr auf, damit zu spielen, obwohl ich es ihm bestimmt zehn Mal gesagt hatte. Er war richtig in diese Spielewelt abgetaucht… Das hat mich so wütend gemacht, dass ich das Ding hinter die Reifen meines Familienbusses gelegt habe und einmal rückwärts und einmal vorwärts drüber gefahren bin. Die Kinder haben mit großen Augen zugeschaut, was ihre Mutter da macht, wenn sie richtig wütend wird. Aber total verrückt: Der iPod ging durch diese Aktion noch nicht mal kaputt. Jahre später habe ich ihm den iPod zurückgeben. Aber er hat ihn – weil er mittlerweile ein Handy hatte – generös an seine Schwester weitergegeben. Doch die Lektion war gelernt.

Verbote können tückisch sein. Es gibt Phasen, da geht es nicht ohne Verbote. Aber sie sind tückisch. Wehe, man ist nicht konsequent. Und wehe, man überlegt nicht, was man sagt, dann ist man selbst der Gelackmeierte. Ich

habe mal aus einem Zorn heraus beiden Kindern eine Woche lang Hausar-
rest gegeben. Hallo? Wie blöd muss
man sein? Ich kam selbst nicht mal
mehr bis auf den Spielplatz… Geschweige woanders hin. Gar nicht zu
empfehlen, wenn auch sehr wirkungsvoll, ist Fernsehverbot. Da kommt man
dann nicht mal mehr zum Kochen,
wenn die Kinder noch klein
sind. Allerdings muss ich zugeben, dass ich bei mei-
nem Sohn, was das Durch-
halten von Verboten
angeht, nicht mehr so konsequent bin, wie damals bei
meiner großen Tochter. Das wirft sie
mir auch bei jeder sich bietenden Gelegenheit an den Kopf.

Susanne,
Floristin,
ein Sohn (9),
eine Tochter
(15)

Besser an Baustellen dran bleiben.
Ich bin generell gegen Verbote. Auch
gegen die schnell ausgesprochenen.
Eigentlich ist das eine total veraltete
Erziehungsmethode. Denn was sollen
Verbote bringen? Ich habe einen total
unordentlichen Sohn, darüber kann
ich mich fürchterlich aufregen, aber
er wird doch nicht durch eine Woche
Fernsehverbot ordentlich. Vielmehr
versuche ich, Rituale und Gewohnhei-
ten zu verankern, etwa, dass die Klei-
dungsstücke zusammengefaltet wer-

den oder in den Wäschekorb
wandern. Der eine Sohn macht's pro-
blemlos, der andere ist da im Moment
hoffnungslos. Für mich
kommt aber noch etwas
anderes sehr wichtiges
dazu, warum ich gegen
Verbote bin. Ich finde, ein
Zuhause soll ein Nest sein.
Ein Rückzugsort, wo die ganze
Familie sich wohlfühlt und weiß, hier
habe ich absoluten Rückhalt – egal,
was ist. Wenn ständig gedroht, geschimpft, Druck aufgebaut wird, ist es
das sicherlich nicht. Besser ist es doch,
konsequent an solchen Baustellen
dranzubleiben. Ich bin überzeugt,
dass es mein unordentlicher Sohn
auch noch kapieren wird – irgendwann… Was nicht heißt, dass ich
immer cool bleibe.

Jutta,
Hausfrau,
zwei Söhne
(9, 18)

MEIN KIND FINDET, REGELN SIND VERHANDLUNGSSACHE

Sie hatten es sich so schön vorgestellt.
Ein paar klare Regeln aufstellen und
das Familienleben funktioniert praktisch von allein. Nun müssen Sie leicht

ernüchtert feststellen, dass Ihr Kind über Regeln geschickt verhandelt wie auf einem Bazar – beziehungsweise stoisch ignoriert. Natürlich gibt es einen großen Unterschied zwischen einem Ellbogen auf dem Tisch und dem zu spät nach Hause kommen, aber eine Frage bleibt doch: Wie konsequent muss ich im Alltag meine Vorstellungen durchsetzen? Oder ist Erziehung tatsächlich auch ein Bazar?

Gut zu argumentieren, ist eine große Stärke. Klar ist verhandeln erlaubt. Gerade, wenn man eine Sache auch mal schnell entscheidet, einfach, um sie vom Tisch zu haben. Kommt dann zum Beispiel mein Sohn zu mir und sagt, „du, Mami, das war jetzt nicht fair", dann reden wir auch darüber. Ich finde es doch super, wenn er lernt, für seine Belange einzustehen und zu argumentieren. Nicht umsonst bieten viele Schulen Debattier-kurse an, gibt es sogar Wettbewerbe für Schüler. Gut zu argu-mentieren, zu diskutieren, das ist eine ganz große Stärke. Das bedeutet aber natürlich nicht, dass ständig alles neu verhandelt wird. Es gibt auch Regeln, die stehen einfach fest.

Sandra,
Betriebswirtin,
eine Tochter (6),
ein Sohn (9)

Ich bin auch mal nachgiebig. Erzie-hung, das ist in meinen Augen eine Mischung aus Regeln, die nicht verhandelt werden und solchen, die verhandelt werden können. Handy-nutzung, Fernsehen, Schlafengehen in den Ferien, solche Sachen können bei uns schon mal diskutiert werden. Da gebe ich zwar die Linie vor, bin aber auch mal nachgiebig. Die kleine Schwester aber zum Beispiel beim Baden ordentlich untertauchen, weil sie einen geärgert hat, das geht nicht, da gibt es sofort eine Konse-quenz. Andere Eltern sehen so etwas vielleicht lockerer und sind dafür wiederum in anderer Hinsicht strenger. Das Wich-tigste ist in meinen Augen immer, dass ich versuche, mich in mein Kind hin-einzuversetzen. Wie würde ich jetzt empfinden, wie würde ich fühlen? Und dass mein Kind das Gefühl hat, das, was es einzuwenden hat, wird ge-hört und auch wirklich gehört. Ande-rerseits muss ich daran denken, was ist wichtig für die Entwicklung meines Kindes und ihm daher auch Grenzen setzen. Ich sage zu meinen Kindern immer: „Wenn ich dir alles erlauben würde, wärst du mir nicht wichtig."

Julia,
Lehrerin,
eine Tochter (10),
ein Sohn (14)

Es wird gefeilscht und debattiert bis heute. Als ehemaliges Waldorfkind, ziemlich antiautoritär erzogen, dachte ich, sein Kind zu lieben und die eigenen Werte vorzuleben, das reicht vollkommen aus! Wie naiv … Unser Sohn hat sich schon im Kindergarten mit zwei Jahren sehr beliebt gemacht, als er auf die Aufforderung, vor dem Rausgehen nochmal zur Toilette zu gehen, geantwortet hat: „War grad, muss nicht." Unsere Tochter, sehr pragmatisch veranlagt, ist dann eben mit 18 anderen Kindern zum Klo marschiert, egal, ob sie musste oder nicht. Das ist bis heute so geblieben! Regeln, egal welche, und von wem aufgestellt, werden nur befolgt und eingehalten, wenn sie unserem Sohn irgendwie einleuchten. Nur weil jemand älter, klüger, erfahrener oder einfach nur der „Chef" ist, so wie Mama und Papa zum Beispiel, kann er zwar Regeln aufstellen, wie er will, mit Konsequenzen drohen, diese knallhart durchsetzen, neue Sanktionen erfinden … prallt aber alles ab. Also wird gefeilscht und debattiert, bis heute. Das Gute daran ist, man stellt sich und seine Vorstellungen

Claudia,
Sachbearbeiterin,
eine Tochter (17),
ein Sohn (19)

so immer wieder auf den Prüfstand. Warum ist mir das gerade so wichtig? Nur, weil man das schon immer so macht?

Wir machen einen Tauschtag. Na, von wem haben die Kids dieses Verhandlungsgeschick denn? Wir wechseln öfters mal den Blickwinkel. Im Urlaub gibt es einen Tauschtag. Die Eltern sind für einen Tag die Kinder und die Kinder die Eltern – mit ALLEM was dazugehört. Die „Eltern" müssen also einkaufen, Essen besorgen und kochen, sie müssen die „Kinder" anhalten, sie mögen doch endlich abspülen … Wir als „Kinder" dürfen dafür einfach rufen: Ich hab Hunger – wann gibt's endlich was? Mir ist langweilig! Darf ich fernsehen? Und mit großer Freude: Ich mag aber nicht abspülen! Und wir stellen jede Menge Fragen: Wo ist dies? Wo ist das? In der gleichen Häufigkeit wie normalerweise unsere Kinder. Die „Eltern" sind meist mittags schon völlig verzweifelt … Aber an dem Tag wird immer super viel gelacht – und danach läuft's wieder besser, ohne dass wir lang verhandeln müssen.

Ilona,
Bankerin,
eine Tochter (7),
ein Sohn (12)

123

MEIN KIND STÖRT BEIM TELEFONIEREN

Sie müssen dringend telefonieren, aber Ihr Kind findet, dass Sie Ihre volle Aufmerksamkeit auch weiterhin ausschließlich ihm schenken sollen. Sie haben kaum die Nummer gewählt und die ersten Worte gesprochen, da gibt Ihr Kind alles. Es krakeelt aus vollem Hals, haut seine Schwester und danach den vollen Becher auf den Fußboden. Und überhaupt ist doch genau jetzt der richtige Zeitpunkt, das Bad unter Wasser zu setzen. Abgesehen davon, dass es Ihnen total peinlich ist, weil im besten Fall Ihre Freundin mithört, im schlechtesten Fall die Personalabteilung, sind Sie empört über das Verhalten Ihres Kindes. Wie sorge ich dafür, dass ich mal in Ruhe telefonieren kann?

Im Notfall weglaufen. Je nach Wichtigkeit: Wenn's der Chef ist: Einem kleinen Kind die Kinderbadewanne eine Hand hoch einlaufen lassen, zwei Becher dazu, paar Handtücher auf den Badboden werfen (gegen Rutsch-

gefahr), pritscheln lassen. Den (großen) Kindern hinterher die Situation mit ein paar Fragen erklären: Was ist ein wirklich wichtiges Telefonat? Warum muss es ungestört sein? Warum versteht der kinderlose Chef Hintergrundaktionen wie die oben Beschriebene nicht? Wie wirkt so etwas auf ihn und sein Meinungsbild von ihrer Mama? Dann die Socken ausziehen, die Sauerei der Kleinen im Bad aufwischen, dem Kind gleich noch Haare waschen, weil eh schon alles nass ist. Wenn's die Freundin ist: Telefonat auf später verschieben. Oder: Räumliche Trennung schaffen. Weglaufen! Mit tragbarem Telefon kommt man relativ weit (Terrasse, Vorgarten), hat manchmal etwas von Rundlauf ...

Ulrike,
Geografin,
drei Töchter
(7, 14, 15)

Selbst stören. Erst habe ich geschimpft: „Kann man denn nie ...? Musst Du immer ...?" Gedroht mit: „Dann gibt es eben kein Eis, spielen wir dein Lieblingsspiel nicht, gibt es Fernsehverbot." Kein Erfolg! Der nächste Versuch sah so aus: Als meine

Sabine,
Arzthelferin,
eine Tochter
(15)

Tochter dann etwa fünf Jahre alt war, habe ich sie selbst bei Dingen gestört und ihr dann erklärt, dass es ein ganz doofes Gefühl ist, wenn man etwas nicht in Ruhe beenden kann. Das war ihr aber ziemlich egal, sprich: Auch kein Erfolg! Als ich es dann akzeptiert habe, dass es eben so ist wie es ist, hörten diese Störungen auch auf. Schlau ist man stets im Nachhinein, heute sage ich: Wirklich peinlich ist die Situation doch eigentlich auch nicht, denn das Problem kennen doch fast alle.

Ich liebe auch in der Erziehung Pragmatismus. Daher würde ich aus eigener Erfahrung raten: Wenn es sich um ein wichtiges Telefongespräch handelt, dann lasse das Kind am besten etwas tun, das es wirklich liebt, zum Beispiel „pädagogisch wertvoll" fernsehen. Ist das verwerflich? Ich finde nicht. Lieber in Ruhe telefonieren, während nebenan der Fernseher läuft, anstatt unkonzentriert und genervt am Telefon hängen und ständig mit dem Zeigefinger drohen. Das Gute ist ja: Nach dem Gespräch macht man den Fernseher einfach wieder aus …

Bettina,
Juristin,
zwei Töchter
(16, 18)

MEIN KIND MÖCHTE FÜR ALLES BELOHNT WERDEN

Bestechung von Politikern ist tabu, beim eigenen Kind sieht das anders aus. Für Rasenmähen gibt es fünfzig Cent, für zehnmal Kehren einen Schokoriegel und wer mit dem Hund hinausgeht, darf bei der Eisdiele vorbeigehen. Irgendwann haben Sie damit angefangen und es funktioniert. Eigentlich möchte ich, dass mein Kind hilfsbereit ist und die Aufgaben freiwillig übernimmt. Wie komme ich aus dem Belohnungssystem wieder heraus? Und wie gar nicht erst hinein?

Ich belohne für alles. Mein Sohn liebt Belohnungen und ich nütze das ehrlicherweise aus. Er würde sich liebend gern einen Liter Blut abnehmen lassen, weil man sich beim Arzt ja danach immer was aussuchen darf. Natürlich sind es immer nur Kleinigkeiten, die er bekommt. Beim Schwimmunterricht etwa hat er sich schrecklich angestellt. Also gab es für

Melanie,
Rechtspflegerin,
ein Sohn (7)

jede absolvierte Stunde bis zum Seepferdchen ein kleines Figürchen oder so. Wenn er nicht in den Kindergarten wollte, aber dennoch mit Murren geblieben ist, habe ich ihn auch belohnt. Also so gut wie täglich. Es gibt pädagogisch wertvollere Methoden, ich weiß. Und ich hatte deswegen auch Diskussionen mit meinem Mann: „Bekommt er jetzt für jeden Sch… etwas?" Aber mein Mann war auch nicht in der Situation, dass er in die Arbeit musste und das Kind nicht bleiben wollte. Das hatte immer ich auszukämpfen.

Belohnung funktioniert doch. Kinder müssen lernen, dass es Sinn macht, etwas zu tun. Das ganze Große, das dahinter steckt, können sie ja noch nicht begreifen. Also holt man sie dort ab, wo sie sind – beim Schokoriegel. Es gibt einem außerdem die Möglichkeit, Süßigkeiten dosiert zuzulassen, denn das System funktioniert ja nur, wenn wir nicht den Boden mit Schokoriegeln gepflastert haben. Wenn sie dann größer werden, heißt es schon manchmal „Lass mal stecken" – und man merkt, sie haben es doch kapiert. Also, ich würde das entspannt sehen und mir auch ab und zu einen neuen Schal gönnen – als Belohnung!

Simone,
selbstständig,
drei Töchter
(19, 20, 22)

Auch auf negative Belohnungen verzichten? Bei unserem Sohn bestand die Gefahr erst gar nicht: Er ist quasi belohnungsresistent – wenn er etwas nicht tun will, ist er auch mit Geld beispielsweise nicht zu locken. Sehr gelacht haben wir, als er uns mit zirka 14 erklärte, er glaube, wir hätten ihn gar nicht erzogen. Auf die Frage, wie er das meine, antwortete er: „Na, es gab bei uns nie Fernseh- oder Handyverbot oder Zimmerarrest wie bei den anderen." Geholfen hat er uns trotzdem – meistens …

Elisa,
PR-Agentin,
eine Tochter (13),
ein Sohn (20)

Vielleicht braucht man die positive Belohnung nicht, wenn es auch keine negative Belohnung in Form von Strafen gibt? Beides wirkt ja eigentlich nur, wenn es immer eine Steigerung gibt. Schon Grundschulkinder verstehen, wenn man sie um Hilfe bittet, weil man sie auch wirklich braucht. Und Belohnungen gibt es bei uns natürlich hin und wieder auch – aber nicht nach einem festen System!

Ein Lob ist doch auch etwas wert. Materiell wird bei uns wenig belohnt. Ich kenne Familien, da gibt es für jedes Mal Flöte üben zehn Cent. Und bei einem Schulkameraden meiner Kinder gibt es für jeden Einser zwei neue

Fische fürs Aquarium, und für jeden Zweier einen neuen Fisch. Das geht für mich gar nicht. Da wird man ja nicht mehr fertig mit Belohnen… Kinder müssen doch auch lernen, etwas für sich selbst zu tun. Ein klassisches „gut gemacht" ist doch auch etwas wert. Für die Zeugnisse gibt es eine Belohnung von den Großeltern und bewusst nicht von uns. Schule ist schließlich Kinderjob. Für tolle Leistungen, wie etwa das Seepferdchen, dürfen sie sich etwas wünschen. Manchmal gibt es bei uns Diskussionen, warum andere für jede Kleinigkeit belohnt werden, sie aber nicht. Ein Freund meiner Kinder hat allein dafür, dass er das Lernentwicklungsgespräch absolviert hat, zehn Euro bekommen. Da erkläre ich dann, dass es so etwas bei uns einfach nicht gibt! Das wird dann auch akzeptiert – ein wenig murrend.

Monika,
Hausfrau,
zwei Söhne (5, 8),
eine Tochter (10)

MEIN KIND SOLL MITHELFEN

Wie toll doch im Kindergarten oder in der Schule alle Kinder Aufgaben stolz übernehmen. Da wird leidenschaftlich gern das Klassenzimmer gekehrt und Brettchen wandern nach dem gemeinsamen Schnippeln des Obstsalats wie von allein ins Schulspülbecken. Und zu Hause? Full-Service by Mama. Schätzchen, kannst du mal…? Nö, gerade nicht. Wärst du so lieb und würdest…? Ach, Mama, ich spiele doch gerade! Das kann es ja auf Dauer nicht sein. Welche Aufgaben können Kinder zu Hause erledigen? Gemüseschnippeln trotz des scharfen Messers schon mit drei? Immer die Spülmaschine ausräumen, obwohl das Gemecker groß ist? Wann soll's losgehen mit der Haushaltshilfe und wie regelmäßig muss ich sie einfordern?

Hausarbeit ist eine kollektive Angelegenheit. Nach dem letzten Besuch ihrer Enkel war meine Schwiegermutter komplett geschockt: Meine Kinder haben ihr erzählt, dass sie alle zu Hause putzen mussten. Unsere Haushaltshilfe war im Urlaub, das heißt für mich: Alle packen mit an. Und natürlich bin ich die Rabenmutter – wie kann man nur? Für mich Rabenmutter ist Hausarbeit keine Lebenserfüllung, sondern absolut eine kollektive Angelegenheit, in die jedes Familienmitglied sich je

Astrid,
Gesundheitscoach,
drei Töchter
(9, 10, 13)

nach Können mit einbringt. Natürlich ist die Verantwortung rund um die Mahlzeiten ein beliebter Streitpunkt zwischen den Geschwistern, aber ich warte (mal mehr, mal weniger) geduldig ab, bis sie die Aufgaben untereinander aufgeteilt haben. Die Älteste ist sogar einmal in der Woche für Essenszubereitung zuständig. Natürlich funktioniert das meistens alles nur mit Aufforderung und Bedingungen. Und natürlich wäre ich viel schneller, wenn ich es selbst erledigen würde. Ich möchte, dass meine Kinder selbstständig werden und mit eingebunden sind. Nach meiner Erfahrung funktioniert es am besten, wenn sie sich Aufgaben aussuchen dürfen, die ihnen gefallen, solange sie eben eine aussuchen. Und es wirkt. Meine Kinder sagen oft von sich aus: Mama, wir können uns doch gut selbst versorgen, mach dir keine Gedanken …

Haushalt geht alle etwas an, auch Kinder. Ich habe meinem Sohn schon früh erste Aufgaben übertragen. Tischdecken zum Beispiel, da ging er noch in den Kindergarten. Und im Laufe der Zeit hat sich die Zahl der Aufgaben gesteigert: die Spülmaschine ein- und ausräumen, den Müll rausbringen, den Rasen mähen, ein-

mal in der Woche kochen, später kam auch noch Wäschewaschen dazu, aber ziemlich erfolglos. Der Zettel, wie die Waschmaschine zu bedienen ist, hängt immer noch da. Ich gebe einen Zeitrahmen vor, die Arbeit muss also nicht immer sofort erledigt werden. So ein Puffer, das habe ich gemerkt, entspannt dann vor allem mich. Dass er relativ viel mithelfen musste, hatte ehrlich gesagt auch egoistische Gründe. Ich arbeite viel, da erwarte ich einfach, dass mein Kind mithilft und zum Beispiel auch die Verantwortung für sein Zimmer übernimmt. Und andererseits empfinde ich es auch als wichtig, gerade für einen Jungen, ihm früh beizubringen, dass Haushalt die Angelegenheit von allen ist, die in einem Haus zusammenleben, dass man sich die Arbeit teilt. Nur so lernt man auch wertzuschätzen, wenn andere diese Arbeit übernehmen. Und dass die eigene Mutter nicht die Putzfrau ist, die das alles gerne und umsonst macht, sondern vielleicht auch lieber auf dem Sofa sitzen und ein Buch lesen würde. Natürlich hat er sich manchmal beklagt, ich muss so viel machen und meine Freunde gar nichts. Und zugleich: Wie war er stolz, als er seine ersten Pfann-

Antonie,
Lehrerin,
ein Sohn (18)

kuchen gemacht hat. Dieses Gefühl, aus eigener Verantwortung heraus etwas geschafft zu haben. Mithelfen hat nämlich auch diesen Effekt: Es macht Kinder selbstbewusster und selbstständiger!

Keine Aufgaben mit Showfunktion vergeben. Auch kleine Kinder kann man schon mit kleinen und ernstzunehmenden Diensten betrauen, zum Beispiel den Papierkorb rausbringen. Aber die Betonung liegt, finde ich, auf ernstzunehmend. Generell bin ich dagegen, Kindern Aufgaben zu geben, die nur eine Showfunktion haben. Also zum Beispiel Blumengießen, und dann gieße ich davor und danach. Ich möchte mein Kind ja auch ernst nehmen. Natürlich sollten die Aufgaben altersgerecht sein und vor allem auch regelmäßig eingefordert werden. Das Problem ist nur, dass dieses Einfordern dich am Ende mehr Nerven kostet, als selber schnell das Papier rauszutragen oder die Blumen zu gießen. Das ist eine Sache der Konsequenz. Aber wenn Du Deine Kinder zu mitverantwortlichen Menschen erziehen willst, lohnt es sich, dran zu bleiben!

Theresa,
Erzieherin,
eine Tochter (15),
ein Sohn (18)

MEIN KIND SOLL JEDEM DIE HAND GEBEN

So eine Party ist doch ein schönes Benimm-Training. So und jetzt immer schön die Hand geben … Ihr Kind mutiert auf der Stelle zum steifen Stock. Und immer in die Augen schauen … Sie sehen ihm an, wie es das hasst. So viele fremde Leute. Sie selbst können sich noch an das unsichere Gefühl im Bauch erinnern, das Sie selbst als Kind hatten, wenn Sie unbekannte Menschen begrüßen mussten. Muss ein Kind wirklich jedem die Hand schütteln, bevor es auf einer Feier zu den anderen Kindern abzischt? Ist es überhaupt noch zeitgemäß, die Hand zu geben?

Das gehört dazu. Wenn du jemanden willkommen heißt, musst du ihm in die Augen schauen und die Hand geben. Das gehört einfach dazu. Und das muss man auch als Kind schon lernen. So wie Bitte und Danke sagen. Das sind ganz einfache, aber

Alenka,
Ärztin,
eine Tochter (16),
ein Sohn (16)

fürs Leben so wichtige Dinge. Ein Kind signalisiert durch den Handschlag, dass es den anderen wahrgenommen hat, wird selbst wahrgenommen und baut damit auch eine Beziehung auf. Und es zeigt ein gewisses Selbstbewusstsein: „Hier bin ich." Wenn ich so begrüßt werde, bin ich schon einmal beeindruckt. Da hat das Kind schon gewonnen …

Das ist schon sehr deutsch. Da hat sich viel verändert. Ich habe den Eindruck, heute sind die Kinder die Prinzessinnen oder Prinzen und wir Erwachsene müssen sie erst einmal grüßen, nicht umgekehrt. Das war in meiner Kindheit auf jeden Fall ganz anders. Aber muss wirklich die Hand gegeben werden? In Italien zum Beispiel, da küsst man sich, da ist die Hand nicht wichtig. In Ungarn ebenfalls. Dieses Handgeben ist schon sehr deutsch. Das sollte man daher auch nicht überbewerten. Manche Kinder sind ja auch einfach schüchtern. Dass man Erwachsene freundlich begrüßt, ihnen in die Augen schaut, Hallo sagt, das muss aber auf jeden Fall sein. Ob mit oder ohne Handschlag. Auch wenn du das den Kindern vielleicht hundert Mal sagen musst ….

Melina,
Kosmetikerin,
zwei Töchter (8)

Ist das noch zeitgemäß? Meine Kinder sind unwahrscheinlich freundlich, sie grüßen alle von sich aus, die sie kennen – und sie geben auch die Hand, aber nur wenn sie ihnen ein Erwachsener hinstreckt. Das ist für mich okay. Ich würde niemals sagen, gib der Frau Soundso bitte die Hand … Tatsächlich frage ich mich, ob dieses Handgeben überhaupt noch zeitgemäß ist? In meiner Kindheit wurde die Nachbarin höflich gesiezt, jetzt duzt sich die ganze Straße. Die Gesellschaft hat sich verändert. Und im Winter kann ich sowieso sehr gut auf den Händedruck verzichten.

Ines,
Bankkauffrau,
ein Sohn (5),
eine Tochter (9)

IST DAS NOCH EINE PHASE?

Von Ticks und Eigenheiten

MEIN KIND HAT ZU VIEL EHRGEIZ

Natürlich freut das die Tigermum: Ihr Kind dribbelt zielstrebig durch die gegnerischen Reihen, schreibt den besten Aufsatz, tanzt im Ballett ganz elegant in die erste Reihe. Aber manchmal wünschen Sie sich auch, dass es das Memory-Spiel mit seinen Geschwistern nicht ganz so verbissen angehen würde, bei der Fahrradtour nicht unbedingt als Erster im Ziel sein müsste, nicht das ganze Leben also als ständigen Wettkampf sehen würde. Dann nämlich gäbe es ja auch weniger Katastrophen, beispielsweise, wenn von den 24 Punkten in der Matheprobe nur 22 erreicht wurden. Muss ich mein Kind in seinem Ehrgeiz irgendwann einbremsen?

Mein Sohn will der Erste und Beste sein. Bei jedem Wettbewerb muss mein Sohn der Sieger sein – egal, ob es ein Kinderspiel oder ein Wettbewerb ist. Er sagt selbst, dass er perfekt sein will. Er mag aber auch so perfekt schön schreiben, dass er in Schulproben zu langsam ist und dies nun von der Lehrerin

Margret,
Ärztin,
eine Tochter (7),
zwei Söhne
(9, 24)

abgewöhnt bekommen hat. Denn mit schlechten Noten kann er erst recht nicht umgehen. Er ist auch ein perfekter Aufräumer. In Wettrennen ist er der Schnellste mit den am besten sitzenden Haaren. Er hat ein Grundbedürfnis zu imponieren. Das ist aber weder von der Schule gewünscht, noch von uns Eltern, und von seinen Freunden wird es auch nicht erwartet. Er steht sich also absolut im Weg damit. Wenn beim Fußball der Schuss etwa nicht perfekt ist, dann ist bei ihm die Enttäuschung so groß und die Frustrationsschwelle so niedrig, dass er nur noch heulen kann. Auch sein Freundeskreis engt sich ein, weil die anderen nicht so perfekt mithalten können. Dieser ganze Perfektionismus ist mit einer Hemmung verbunden, etwas Neues anzufangen, das man eben noch nicht so perfekt kann. Wenn er allerdings in einem Team ist, dann kann er schneller vergessen. Aber das Verständnis ist noch nicht immer dafür da. Ich muss schon noch sehr oft trösten. Aber es wird mit zunehmendem Alter besser. Die Einsicht kommt ganz langsam und ist mit vielen Tränen äußerst hart erkämpft.

Diese Unerbittlichkeit bringt mich auf die Palme. Meine älteste Tochter ist eine Perfektionistin und hat ganz exakte Vorstellungen, wie etwas sein soll. Sie erwartet, wenn sie zweimal flötet, kann sie es auch schon. Es ist ihr aber nicht möglich zu üben, weil der Ehrgeiz Misstöne nicht zulässt. Beim Malen ist es genau das Gleiche. Wenn das Bild nicht ihren genauen Vorstellungen entspricht, zerreißt sie es. Ich versuche ihr zu spiegeln, dass Fehler machen dazu gehört. Dass ich sie genauso lieb habe, auch wenn sie auf der Flöte mal falsche Töne spielt. Das hilft aber nichts, wenn sie wieder total frustriert ist. Tatsächlich bringt mich diese Unerbittlichkeit aber ziemlich auf die Palme. Nicht wegen der falschen Töne, aber weil sie so streng zu sich ist. Einmal habe ich die Haustür aufgemacht, als der Nachbar Posaune geübt hat. Ziemlich schreckliche Töne klangen zu uns herüber. Da habe ich meine Tochter geholt und gesagt: „Hör mal, der übt… Nicht alle Erwachsenen können alles gut." Da hat sie gegrinst.

Petra, Bankkauffrau, drei Töchter (2, 4, 6)

Ich kehre vor der eigenen Haustüre. Ehrgeiz ist gut. Wenn er aber überhandnimmt, frage ich mich, ob ich mein Kind zu wenig lobe, ihm zu wenig Anerkennung gebe und es unbewusst unter Druck setze? Ein zufrie-

dener, selbstbewusster Mensch hat es ja nicht nötig, immer der Erste und Beste und Schönste zu sein. Ich habe einen sehr ehrgeizigen Sohn, der ist null gechillt, und da kehre ich schon vor meiner Haustüre: Vielleicht mache ich manchmal eine unbewusste Bemerkung, vielleicht lobe ich wirklich zu wenig, wie es meine Söhne auch immer wieder beklagen. „So sprichst du nie von uns", höre ich manchmal, wenn andere Eltern von ihren Kindern geschwärmt haben.

Diana, Unternehmerin, zwei Söhne (12, 15)

MEIN KIND HAT KEINEN EHRGEIZ

Und hier verzweifelt jede Tigermum und nicht nur die: Ihr Kind albert ein wenig in der hinteren Reihe herum, während sich vorne auf der Bühne die kleinen Primaballerinas im Erfolg sonnen. Oder: Ihr Kind gibt mal wieder gelassen den Spielbeobachter auf der Auswechselbank, während seine Teamkollegen auf dem Feld sich als Nachfolger von Mario Gomez & Co. ins Spiel zu bringen. Oder… oder… oder. Es gibt Kinder, die scheinen bei der Vergabe von Ehrgeiz übersehen worden zu sein, was sie selbst gar nicht stört, Eltern aber durchaus Sorge bereiten kann. Muss ich dem Ehrgeiz meines Kindes auf die Sprünge helfen?

Eigenen Rhythmus leben lassen. Ich habe beobachten können, dass meine Söhne dann Ehrgeiz entwickeln, wenn ihnen etwas wichtig erscheint – und das ist natürlich nicht immer beim selben Thema der Fall, dem wir als Eltern die größte Wichtigkeit beimessen. Mein älterer Sohn hat sich die ersten vier Schuljahre Zeit gelassen, Lesen und vor allem Schreiben zu lernen. Als er dann zehn Jahre alt war und wir eine sehr wertvolle Buchempfehlung erhielten, die genau in seine Lebenssituation passte, hat er ein Buch mit 150 Seiten in ganz kurzer Zeit durchgelesen. Dasselbe passierte während seines Fachabiturs. Während wir dachten, es sei sinnvoll, intensiv zu lernen, meinte er, es sei wichtiger, zwischen den einzelnen Abiturprüfungen mehrere Festivalbesuche mit vielen Freunden zu organisieren und durchzuführen. Das hat uns an den Rand unserer Geduld (und darüber hinaus) gebracht. Letztendlich hat er genau das praktiziert, das in teuren Leader-

Annette,
Projektmanagerin,
zwei Söhne
(15, 19)

ship-Schulungen gelehrt wird: Setze dir Ziele und belohne dich nach jedem Zwischenziel. Ich denke nicht, dass es auf Dauer sinnvoll und nachhaltig ist, wenn man dem Ehrgeiz seines Kindes auf die Sprünge helfen will. Es sind meist nicht die Ziele des Kindes, die man zu erreichen versucht. Und es sind meist auch nicht die Ziele, die das Kind glücklich machen. Wenn man sein Kind beobachtet und reflektiert und das Wohl des Kindes im Fokus hat (und nicht die eigenen Wunschvorstellungen und/oder Projektion unerfüllter eigener Kindheitserlebnisse), dann kann man das Kind in seinen Zielen unterstützen und auch mal pushen, damit es über seinen Schatten springt, um das selbst gesteckte Ziel zu erreichen. Aber bei allen anderen Zielen sollte man das Kind in seinem eigenen Rhythmus leben lassen – auch wenn das manchmal sehr hart für uns Eltern ist.

Ehrgeiz kannst du nicht ein- und ausschalten. Kann ich nicht, mag ich nicht, mach ich nicht, das hat meine Tochter schon im Kindergarten gesagt. Sie hatte schon damals keinerlei Ehrgeiz, daran hat sich nichts geändert. Sie meidet Anstrengungen im Sport, kann immer noch kein Rad und auch keinen Handstand, aber es ist nicht so, dass sie darunter leidet. Es ist ihr einfach nicht wichtig. Sie spielt seit Jahren Klavier, aber eben auch nur mittelmäßig, weil sie kaum übt. Was sie kann, das reicht ihr. Die Noten in der Schule sind zum Glück kein Thema, aber da schrammt sie ganz oft an der Eins vorbei, auch das ist für sie okay. Das musste ich lernen, zu akzeptieren. Ich hätte mir schon oft mehr Biss gewünscht, aber Ehrgeiz kannst du nicht ein- und ausschalten. Es gibt Kinder, die streben immer die Eins an und andere Kinder, die interessiert das nicht. Die kannst du dann auch nicht in eine andere Schiene drücken. Was ich mir auch eingestehen musste: Sie ist da ein bisschen wie ich.

Vanessa, kaufmännische Angestellte, ein Sohn (8), eine Tochter (10)

Loslassen lernen. Lernmotivation und Ehrgeiz, das weiß man, hängen nachweislich von der Begeisterung eines Kindes für das jeweilige Schulfach oder Hobby ab. Meine beiden Söhne haben unterschiedliche Phasen in ihrem schulischen Ehrgeiz durchlebt – pauschal gesagt, je weiter von der „Schulmaschinerie" vereinnahmt, umso geringer das Interesse. Aus meiner Perspektive ist unsere Schullandschaft nur in kleinen Teilen dazu ausgelegt, echte Begeisterung in vielen unserer Kinder zu wecken. Aber klar, die Verhältnisse sind im Moment eben so, wie sie sind! Die Begeisterung hat sich aber dann doch in unterschiedlichen Feldern eingestellt: Sport zum Beispiel, Kochen, aber auch für die englische Sprache … Was haben wir als Eltern dazu beigetragen? Wir haben ihnen verschiedene Möglichkeiten angeboten: Sportarten, Musik, Tanz, Auslandsaufenthalt … Die Kinder konnten nach ihren Neigungen frei entscheiden, Wechsel oder Beenden eines Hobbys aber nur nach einer Zeit, in der sie genügend Erfahrungen sammeln konnten. Erfahrungen im ganzen Spektrum von Erfolg bis Niederlage, kein Beschützen vor „Negativem", sonst kann man als Kind nicht wissen, was man nicht will. Wir spürten genau, was die Kinder begeistert und war das Feld einmal gefunden (es gab auch Wechsel), ist es wichtig als Eltern starkes Interesse daran zu zeigen und die Kinder wirklich zu begleiten und da zu unterstützen, wo es nötig ist! Aber auch da loszulassen, wo man nicht gefragt ist! Läuft alles nicht nicht immer ganz glatt, aber das gehört dazu! Und – oh Wunder – irgendwann hat

Eva, Sozioökonomin, zwei Söhne (16, 19)

sich eine Art Ehrgeiz tatsächlich auch auf die Schule übertragen. Zwar überhaupt nicht entsprechend unserer ursprünglichen Vorstellung eines geradlinigen Weges zum Abitur, aber in einer Weise, die jedem Kind für sich entspricht. Auch hier ist es das Loslassen, was wir Eltern lernen mussten!

MEIN KIND LEBT DAS CHAOS

Genialität und Chaos sind unzertrennlich. Das ist der Trost, der bleibt. Es wird also wohl hoffentlich ein kleines Genie heranwachsen, das da jeden Tag Ihr Wohnzimmer innerhalb von Minuten in eine bizarre Landschaft aus Legoklötzen, Plüschtieren und anderem Spielzeug verwandelt? Vielleicht gar ein Picasso, der keinen Pinsel in die Hand nehmen kann, ohne Tisch und Wände zu verschönern? Vielleicht ein Einstein, der seinen Mathetest mit deutlichen Gebrauchsspuren erst nach mehrminütigem Suchen am Boden seines Schulranzen findet? Oder eine künftige Designerin, die es einfach nicht erträgt, dass der Boden des Kinderzimmers zentimetergroße begehbare Flächen aufweist? Wenn aber nicht, was dann? Doch lieber immer mahnen, ordnen, aufräumen, damit nicht das Chaos die Oberhand gewinnt, sondern das Kind?

Alles in die Kisten. Aaaargh! Aufräumen ist DAS heikle Thema bei uns. Wir haben früher abends immer aufgeräumt, nachdem unser Sohn endlich eingeschlafen war. Mein Mann und ich brauchen aber die gemeinsame Zeit, selbst wenn wir den Abend nur vor dem Fernseher ausklingen lassen. Unser kleiner Mann muss lernen, selbst für seine Sachen zu sorgen. Spiele müssen komplett, die Kuscheltiere müssen wieder auffindbar sein. Lego tut weh unter den Füßen, Lederbälle gehen im Regen kaputt, am Hockeytraining kann man ohne Schläger oder Schuhe nicht teilnehmen und ohne komplette Schultasche kann man nicht mitlernen. Also muss er abends seine Spielsachen selbst wegräumen, das heißt in große Kisten schmeißen. Irgendwann, also eher recht bald, wird das Chaos in den Kisten so groß, dass damit keiner mehr spielen kann, geschweige denn Spaß daran hat. Dann setzen wir uns gemeinsam hin und sortieren die Spielsachen, sortieren

Inke,
Kamerafrau,
ein Sohn (8)

aus und lassen den ganzen Zirkel von Neuem starten bis morgen oder übermorgen das Chaos wieder Überhand nimmt. Sisyphos Fels ist nichts gegen unsere Kisten. Aber immerhin liegt nichts mehr im Weg herum.

Kreativität braucht Raum. Wenn mein Sohn ins Bett geht, zieht sich die Spur des Ausziehens durch sein ganzes Zimmer, das sowieso einem Schlachtfeld gleicht. Das war schon immer so. Momentan kann man durchs Zimmer laufen, lange Zeit war das einzige, was half, Übernachtungsgäste einzuladen, denn dann musste der Boden für eine Matratze freigeräumt werden. Über Heftführung will ich nicht reden, im Schulranzen stets die Brotzeit der letzten Tage, mein Sohn ist ein Chaot – mit einem riesigen Faible für Technik. Und wenn es dagegen um seine Konstruktionen geht, ist er interessantweise sehr exakt. Kurioserweise hat er mal einen Aufräumroboter aus in seinem Zimmer herumliegenden Lego-Technic-Teilen gebaut. Ausgerechnet! Sorgen, dass er nicht durchs Leben kommen könnte, habe ich mir nie gemacht, da war ja immer viel kreativer Schöpferwille im Spiel. Das war mir wichti-

Helga, selbstständig, ein Sohn (15), eine Tochter (17)

ger als Ordnung. Kreativität braucht ja auch Raum. Ich habe das Chaos weitgehend geduldet, die Kinderzimmertüre einfach zugemacht, und gut … Ich finde, das sind ja begrenzte tolle Jahre, die man genießen muss, auch wenn zwischendrin die Wohnung im Chaos versinkt. Dafür hat uns unser Sohn oft mit wirklich außergewöhnlichen Maschinen überrascht. Und man glaubt es kaum: Er räumt inzwischen immer öfter von sich aus auf.

Verschiedene Chaos-Typen. Ich habe drei verschiedene Chaos-Liebhaber und es ist für mich eindeutig, dass der jeweilige Chaos-Typ die jeweiligen Charaktere und Verhaltensweisen widerspiegelt. Wo ist die Henne und wo ist das Ei? Und ich stelle mir tatsächlich immer wieder die Frage: Entfaltet sich hier der Charakter oder sollte ich für positive Unterstützung in anderer Richtung sorgen? Ich habe das Gefühl, dass einer Tochter die Ordnung gut tut und sie es genießt, es aber einfach selbst nicht hinkriegt. Deshalb machen wir wöchentliche Aufräum-Aktionen, und sie darf bis zur nächsten Woche wieder Chaos verbreiten, mit diesem Kompromiss können wir beide gut

Astrid, Gesundheitscoach, drei Töchter (9, 10, 13)

leben. Meine mittlere Tochter stößt bei mir auf weniger Verständnis: Ihren hundertprozentigen Perfektionismus in allen schulischen Dingen kompensiert sie in hundertprozentiger Nachlässigkeit zu Hause und lässt buchstäblich alles liegen und stehen, wo sie sich in diesem Moment befindet – diese Entfaltung kreiert bei mir weniger Kreativitätsentwicklungsgedanken als einfach Wut. Da aber ständiges Hinterherrennen mühselig ist, habe ich herausgefunden, dass ich sie leicht zur Ordnung überzeugen kann, sobald ich den Link zur Schule herstelle und sie überzeugen kann, dass z. B. ein sauberer Schreibtisch ihre Arbeit für die Schule unterstützt oder aufgeräumte Schuhe, Sportsachen, Kleidung etc. ihren Start morgens erheblich erleichtern, so werden zumindest einige Sachen aufgeräumt. Meine älteste Tochter wiederum ist ein gutes Beispiel für den „temporären Chaostyp". Sie war als kleines Kind immer sehr ordentlich und organisiert, um dann mit Beginn der Pubertät anzufangen, alles nach seiner Benutzung einfach am gerade aktuellen Platz liegen zu lassen. Die gute Nachricht ist: Der Ordnungssinn kehrt langsam zurück. Ihr Zimmer ist zwar immer mal wieder schwer begehbar. Sie führt aber inzwischen selbstständig in regelmäßigen Abständen Aufräum-, Umorganisierungs- und Umstrukturierungs-Aktionen durch mit sehr passablem Ergebnis und da sie sich in ihren Sachen immer gut zurechtfindet und ihren Alltag organisiert, kann ich das akzeptieren.

MEIN KIND NIMMT SICH ALLES FÜRCHTERLICH ZU HERZEN

Tränen, immer Tränen. Weil im Fernsehen das kleine Mädchen nicht das Kleid bekommt, auf das es sich gefreut hat, weil die Nachbarin alleine leben muss, weil die Blume nun verblüht ist, weil im Winter die armen Rehe frieren, weil die Lehrerin gewagt hat zu sagen, das „S" könnte man vielleicht noch etwas schöner schreiben … Positiv gesehen: Ihr Kind wurde reich beschenkt mit empathischen Fähigkeiten. Weshalb es sich nun, nicht mehr ganz so positiv, alles ganz fürchterlich zu Herzen nimmt. Mit trauriger Miene dasitzt, wenn es irgendwo Unglück wittert oder sich die Umwelt ihm gegenüber nicht zartfühlend genug verhält. So sehr man sein empfindsames Kind liebt, manchmal wünscht man ihm eine etwas dickere Haut. Kann man die bekommen? Und will man das überhaupt?

Tränen und Freude gehören zusammen. An sich finde ich Kinder (auch Erwachsene), die sich Dinge zu Herzen nehmen, sowohl Trauer als auch Freude, wunderbar. Deshalb sollte man sich diese Eigenschaft erhalten. Mein Sohn hat viele Freunde, seine mitfühlende Art ist vielleicht auch ein Grund hierfür. Ich finde Tränen und Freude gehören zusammen. Wenn meinem Sohn etwas sehr nahe geht, dann versuche ich ihm aber auch zu vermitteln, dass die Welt nicht gleich immer untergeht. Oft sind es ja nur Momente, die ihn aus der Fassung bringen. Dann kommt etwas Neues und schon ist die „alte" Trauer wieder vergessen. Mein Sohn ist nicht nur sehr emotional, er hat auch nicht das größte Selbstbewusstsein. Von daher tut er sich mit Veränderungen schwerer, als manch andere Kinder, die sich einfach gar keine Gedanken machen. Genauso schwer fällt es ihm, Kritik auszuhalten. Manchmal habe ich den Eindruck,

Steffi, Rechtsanwältin, eine Tochter (8), ein Sohn (10)

meine Tochter hört über Kritik einfach hinweg und ignoriert sie schlichtweg. Mein Sohn wird dann entweder bockig oder furchtbar traurig und still. Er braucht auch viel mehr Zuspruch. Mein Ansatzpunkt ist vorrangig, sein Selbstbewusstsein zu stärken, den Glauben an sich selbst.

Es sollte mehr solche Menschen geben. Eine „dünne Haut" kann man nicht abhärten. Ich finde es gut, dass mein Sohn auf andere achtet und keinem etwas zu Leide tun kann. Seine zartbesaitete Art hat so viel Schönes. Sein empathisches Wesen finde ich bereichernd. Es hat etwas gedauert, bis ich herausgefunden habe, wie sehr er sich Dinge zu Herzen nimmt und wie lange auch Situationen und Gesprochenes nachwirken. Manchmal möchte er nach zirka zwei Wochen über eine Situation sprechen, die ich schon lange nicht mehr auf dem Schirm habe. Für mich ist es oft schwer zu sehen, dass auch oder gerade Erwachsene dafür kein Verständnis aufbringen. Ein „Stell dich nicht so an" wird er von mir jedenfalls nicht hören. Mein Kind gehört zu den hochsensiblen Menschen – das ist keine Krankheit, sondern eine Art der

Karin, Journalistin, ein Sohn (7)

Wahrnehmung und eine Bereicherung für alle. Wenn jemand empathisch ist, dann kann man das nicht abtrainieren – warum auch? Es sollte doch lieber noch viel mehr Menschen dieser Art geben.

Gefühle bestätigen. Meine jüngere Tochter ist der Typ, die genau weiß, wie alles sein soll, sie malt es sich wunderbar aus und wenn dann die Dinge nur ein bisschen anders laufen, flippt sie aus. Das ist beinhart, weil ich sehe, dass sie an ihren Gefühlen fast zerbricht. Zum Beispiel auch dann, wenn sie eine Freundin gefragt hat, ob sie sich mit ihr treffen möchte, die dann aber doch mit einem anderen Mädchen etwas ausmacht. Aber Kinder müssen auch ihre Erfahrungen machen und wir als Mütter lernen, das auszuhalten … Was man tun kann? Fragen stellen, ihre Gefühle wahrnehmen und bestätigen, emotional dagegen halten. Ich frage dann zum Beispiel meine Tochter: „Ich weiß, du hast dir das ganz anders vorgestellt, aber auch wenn es ganz doll schwer ist, wie kannst du es trotzdem akzeptieren?" Die erste Antwort ist dann meist „geht gar nicht", aber die zweite vielleicht schon: „Wenn ich jetzt ein halbe Stunde Tablet spielen könnte, ging's …"

Friederike,
Coach,
zwei Töchter
(11, 13)

MEIN KIND WILL IMMER MITREDEN

Das Gespräch mit Ihrer Freundin ist richtig gut – findet Ihr Kind auch. Mit riesengroßen Ohren sitzt es dabei und findet Erwachsenenthemen nicht nur megaspannend, sondern gibt auch gerne seinen Senf dazu. Das kann ja mal ganz lustig sein, wenn es um die neue Sommermode geht. Aber wer interessiert sich schon für die Dauereinblendungen eines Naseweises. Hinzukommt: Probleme in der Beziehung oder im Job sind gar nichts für Kinderohren, auch wenn Ihr Kind prima Vorschläge hätte, wie es Ihrem Chef mal Bescheid stoßen würde. Ein, zwei Beiträge sind ja okay, manchmal sogar lustig. Aber auf Dauer nervt's, oder?

Kinder spüren, wann es spannend wird. Das Mündchen steht nie still. Mit großen Ohren fängt mein Sohn jedes Thema ein, macht sich seine Gedanken, die er immer und überall dazwischen ruft, einbringt, aufdrängt und verlautbart. Manchmal sind sie lustig und süß, oft findet er (mehr oder weniger gangbare) Lösungen zu Problemen, immer wieder nervt er, weil kein

Gespräch zu Ende geführt werden kann. Noch mehr nerven allerdings die Kinder der Anderen, welche nicht gelernt haben, die Erwachsenen ausreden zu lassen. Spaß beiseite! Die Kinder spüren genau, wann es spannend wird. „Kannst du dich nicht mal in deinem Zimmer mit deinen Playmo-Welten beschäftigen?" Das reicht leider meist nicht aus, um einem Gespräch wahren Raum zu geben. Ich treffe mich lieber vormittags oder abends mit der Freundin, um echte Gespräche zu führen. Manchmal helfen kleine Botengänge, ein Eis oder das Hervorholen vergessener Spielsachen, aber für wirkliche Gespräche braucht frau Zeit. Der Fernseher würde die Aufmerksamkeit des Kindes zwar fesseln, ist aber bei uns absolut tabu am Tag. Auf Reisen darf meine Quasselstrippe Hörbücher mit Kopfhörer hören, um uns die Gelegenheit zu Gesprächen zu geben, die nicht unbedingt für Kinderohren bestimmt sind.

Inke,
Kamerafrau,
ein Sohn (8)

Dann hilft eben eine DVD. Wenn's der Kommentare zu viel werden und andere Ablenkung nicht läuft, gönne ich dem Kind eine Runde Maus-Video (oder für die Älteren die „Mädchen-/ Jungs-WG"). Es muss mal gesagt werden, dass es völlig okay ist, das Kind zwanzig Minuten oder womöglich zwei Mal zwanzig Minuten um die Ecke zu parken, wenn man die Messages nicht mehr hören will und das Gespräch mit der Freundin trotzdem ungestört zu Ende führen möchte … Das hat sich Supermutter durch ansonsten fernsehfreie Erziehung verdient.

Uli,
Geografin,
drei Töchter
(7, 14, 15)

Frage des Respekts. Die Mutter ist die sozial Kompetentere. Sie muss selbst organisieren, dass sie ungestört mit ihrer Freundin reden kann. Wenn das Kind eine Chance hat, sich anderweitig zu beschäftigen (aber eben nicht im Café), kann man ruhig auch mal konkret sagen, dass man alleine reden will. Kinder können das verstehen. Voraussetzung ist natürlich, dass man das Kind auch in Ruhe lässt, wenn es mit seinem/r eigenen Freund/in zusammensitzt oder spielt. Das ist eine Frage des Respekts und auch das spüren Kinder sehr gut. Wenn das Kind schon älter ist, zum Beispiel vor allem später in der Pubertät, hat sich bei mir immer bewährt, einen schrecklich peinlichen Witz zu machen. Dann ergreifen sie meistens die Flucht.

Andrea,
Winzerin,
drei Töchter
(19, 20, 22)

MEIN KIND IST SCHÜCHTERN

Eben noch war Ihr Kind quicklebendig. Kaum in der Turnhalle angekommen, klammert es sich mit beiden Händen an Ihren Oberschenkel und weicht wie angeklebt keinen Millimeter von Ihrer Seite. Die anderen Kinder turnen und toben miteinander, Ihr Kind schaut dem Treiben weiter angeklebt zu, will alles, wenn überhaupt, nur mit seiner Mama machen. Seinen Mund bekommt es ohnehin nicht mehr auf, nicht mal zum Guten-Tag-Sagen. Nicht nur, dass Sie mittlerweile durchaus davon genervt sind. Leise machen Sie sich auch Gedanken, ob Ihr stummer Stock mehr als nur eine schüchterne Phase hat. Zu Recht?

Je mehr ich dränge, umso mehr klammert mein Kind. Diese Situation ist oft schwer auszuhalten und man spürt die vielsagenden Blicke der anderen Mütter im Rücken. Aber warum soll das Kind jetzt unbedingt mitrennen, wenn es das doch so offensichtlich gar nicht will? Etwa für die anderen Mütter? Nein, wichtig ist doch trotzdem bei sich und seinem Kind zu bleiben. Ich versuche, diese Blicke und die scheinbaren Erwartungen der anderen auszublenden und habe gelernt, mich auf die Bedürfnisse meines Kindes zu konzentrieren. Denn genau darauf kommt es doch an! Die Frage ist ja: Warum klammert es jetzt in genau dieser Situation? Und was braucht es jetzt? Warum will und kann mein Kind da jetzt nicht mit den anderen toben… und ich dann demzufolge auch nicht mit den anderen Müttern sprechen? Und warum stört mich das jetzt?

Klar, es kann eine schüchterne Phase sein, die irgendwann sicher nachlässt… fest steht aber im Moment: Je mehr ich versuche, mein Kind zu drängen und es alleine lasse, umso mehr klammert es. Und, was viel schlimmer ist: Es verliert den Glauben daran, sich auf seine eigenen Gefühle und Bedürfnisse zu verlassen. Mein schüchternes Kind steht dann oft einfach nur da und beobachtet. Ich zwinge meinen Sohn zu nichts. Irgendwann kennt er nämlich die Situation, kann sie besser einschätzen und dann auch damit umgehen. Und es gibt nichts Schöneres, als wenn mein Sohn nach einigen Malen dann sagt: „…und weißt du Mami, das nächste Mal

Karin,
Journalistin,
ein Sohn (7)

mache ich mit!" … und dabei über das ganze Gesicht strahlt. Das ist so toll. Zu sehen, dass er wieder einen Schritt weiter gegangen ist, ganz von alleine! Und was die anderen sagen oder denken, das ist doch völlig egal – wir beide wissen, welchen Schritt er und ich getan haben.

Ein Problem im Kopf der Mutter. Ist das wirklich ein Problem oder nur ein Problem im Kopf der Mutter, die sich dann alle möglichen Szenarien vorstellt: Was denken die anderen? Wie wird das in ein paar Jahren sein, wenn ich jetzt nicht dagegen steuere? Natürlich ist man versucht, sein Kind mit anderen zu vergleichen und zu sagen: Komm, jetzt mach doch auch mal mit. Jetzt sag doch auch mal was, guck mal, die anderen machen doch auch mit. Und die Alternative? Das Kind so lassen, wie es ist. Schließlich ist jeder Mensch anders. Ich versuche, den tatsächlichen oder imaginären Druck der anderen einfach zu ignorieren. Vielleicht fällt tatsächlich mal eine Bemerkung, die man sich zu Herzen nimmt, aber was ist wichtiger: Das eigene Kind oder die Meinung der anderen?

Susanne,
Agraringenieurin,
zwei Töchter
(7, 14)

Kinder dürfen sich abgrenzen. Das plötzliche Verstummen hat bei meiner Tochter zwei Gründe: einer ist Schüchternheit und der andere das Beobachten, das Einschätzen der Situation und der Menschen. Erwachsene können oft nicht verstehen, dass Kinder nur betrachten wollen. Die sind ja nicht nur Springinsfelde und immer gut gelaunt und zugänglich. Kinder dürfen sich auch abgrenzen. Meine Tochter geht sehr zögerlich auf andere zu. Sie schaut sich alles an und reagiert überhaupt nicht auf die Schmeichelarien der Erwachsenen. Erwachsene gehen grundsätzlich davon aus, dass Kinder dankbar zu sein haben, für die Freundlichkeit, die ihnen entgegengebracht wird. Wie oft habe ich schon gehört: „Die spricht ja gar nicht." Von Seiten des Kindes gibt es dabei kein Problem. Und ich finde das absolut gut und sehr vernünftig, dass sie ihre Umwelt beobachtet und abwägt: Ist das gut, ist das freundlich, passt das zu mir? Und beim Wiedersehen, weiß sie dann, wie sie mit diesem Menschen umgehen mag. Ich verlange eine gewisse Freundlichkeit, dass man „Grüß Gott" sagt, mehr muss aber nicht sein.

Margret,
Ärztin,
eine Tochter (7),
zwei Söhne
(9, 24)

143

MEIN KIND TRAUT SICH NICHTS ZU

Die Welt ist voller unüberwindbarer Hindernisse und gefährlicher Schrecken. Zumindest in den Augen Ihres Kindes. Andere Kinder sausen auf der Riesenrutsche am Spielplatz hinunter als seien sie kleinere Versionen von James Bond und/oder Lara Croft, hangeln sich wie Klein-Tarzan am Klettergerüst entlang. Ihr Kind nicht, es weigert sich und da nützt es auch nichts, dass Sie begleitet vom spöttischen Grinsen der versammelten Eltern selbst vorbildhaft die Rutsche erklimmen. Andere Kinder fahren jauchzend nach ein, zwei Versuchen mit ihrem ersten Fahrrad die Straße entlang. Ihr Kind nicht, stattdessen heult es, sobald sie es loslassen. Andere Kinder springen schon beim Warm-Up des Seepferdchen-Kurses fröhlich ins Wasser, Ihr Kind klammert sich ans Bein … und sagt: „Trau ich mich nicht." „Kann ich nicht." „Will ich nicht." Und da können Sie noch so oft gebetsmühlenartig den Satz „Du schaffst das schon" herunterleiern, so einfach lässt sich einem ängstlichen Kind leider nicht Mut und Zuversicht schenken. Wie aber kann das gelingen?

Beim Schwimmkurs musste ich mit ins Wasser. Wenn ich meinen Sohn heute so anschaue, kann ich überhaupt nicht glauben, dass er sich lange ohne mich überhaupt nichts zugetraut hat. Beim Schwimmkurs etwa ging er nicht allein ins Wasser. Alle Mütter saßen auf der Bank und ratschten, aber ich musste mit ins Becken. Monatelang ging das so, denn mein Sohn fürchtete sich vor dem Wasser. Wenn ich mit ihm auf gleicher Höhe war, konnte er sich überwinden. Sonst hätte er nicht Schwimmen gelernt, was ich aber mit fünf schon wichtig fand. Das Kuriose dabei war, dass er nach einigen Wochen eigentlich der Beste im Kurs war. Dennoch musste ich weiter mit ins Becken. Monatelang ging das so und es hätte nicht viel gefehlt und ich hätte aufgegeben. Ich finde, wenn ein Kind einen braucht, dann kann man auch mal etwas auf sich nehmen.

Daniela, Industriekauffrau, ein Sohn (8)

Unsere Erfolgsformel. Mein Bonussohn hatte keine richtige Lust, Fahrradfahren zu lernen. Das hatte verschiedene Gründe. Er hatte etwa Respekt vor Stürzen und Wunden. Es war ihm dennoch peinlich, dass alle anderen in seinem Alter schon Radfahren konnten und er dagegen noch Stützräder bräuchte. Am liebsten wäre es ihm gewesen, aufzusteigen und gleich losfahren zu können. Dass das aber ohne Laufraderfahrung schier unmöglich ist, war ihm auch klar. Wir nahmen ihm etwas Unsicherheit, indem wir ihm erst einmal einen besonderen Klapproller mit großen Rädern kauften. So lernte er schnell: 1. Alleine auf zwei Rädern zu rollen, macht Spaß. 2. Lena und Papa muten mir nichts Gefährliches zu und passen auf mich auf. 3. Sollte ich doch hinfallen, gibt es Star-Wars-Pflaster. 4. Rollerfahren ist gar nicht so schwer. Nach zwei Tagen schaffte er es schon, zehn Meter weit zu rollen, ohne den zweiten Fuß aufzusetzen. Dabei hörte er von uns viel Lob und sah, wie wir uns über seine Fortschritte freuten. Er wuchs an diesen Tagen gefühlt fünf Zentimeter und kam sich selber irgendwie größer und stärker vor. Der Schritt zum Fahrradfahren war dann nicht mehr so schwer. Unsere Erfolgsformel lautet seitdem quasi: (Lob + Motivation + Beistand) hoch X => Stärke + Mut.

Lena,
Journalistin,
zwei Söhne
(2, 9)

MEIN KIND IST EIN DRAUFGÄNGER

Ach nee, nicht schon wieder. Diesmal hat Ihr Kind den großen Kirschbaum bestiegen. Natürlich bis ganz obenhin, was sonst? Der Klettermaxe strotzt vor Selbstbewusstsein, das ist schön, hat aber nicht den blassesten Schimmer, wie er wieder aus der Baumkrone kommen soll. Vorher mal darüber nachdenken, ob der Mut zum Können passt, aber nicht doch … Sie dagegen sind mit den Nerven in Nullkommanichts runter. Der letzte Krankenhausaufenthalt Ihres Bruchpiloten ist schließlich noch nicht lange her. Was macht man nur mit solchen Draufgängern? Machen lassen, bis der Arzt kommt – schließlich wird man nur aus Erfahrung klug? Oder doch besser in Watte packen?

Wir haben den Wäscheabwurf abgesperrt. Manchmal erinnert mich mein Sohn an eine dieser rasenden Zeichentrickfiguren. Die Beine laufen schon voraus, der Kopf hinkt hinterher. Er ist auf dem Spielplatz immer viel zu

Jasmin,
Ärztin,
eine Tochter (8),
ein Sohn (10)

145

hoch geklettert. Mit drei ist er aus dem Fenster eines Spielhauses in die Tiefe gesprungen. Er ist sicher gelandet, aber die Freundin versicherte, dass vorher noch kein Kind je auf diese eine Idee gekommen sei. Mein Mann und ich entschieden uns auch für einen absperrbaren Wäscheabwurf in unserem Haus, weil wir uns sicher waren, dass mein Sohn entweder selbst hinunter rutscht oder seine Schwester schubst. Es ist noch gar nicht lange her, da ist er mit der Leiter auf unser Vordach geklettert – da wusste er wirklich nicht mehr weiter. Ich war total panisch und ratlos, wie ich ihn wieder herunter lotsen sollte. Am liebsten hätte ich ja selbst „Mama" gerufen! Mittlerweile habe ich aufgehört, etwas zu sagen. Ich möchte nicht meine Ängste auf ihn projizieren. Im Nachhinein sage ich, dass man den Kindern ruhig mehr zutrauen kann und darf, als man selbst für möglich hält. Ich bin mir sicher, dass er mit seinem Mut und seinem Selbstbewusstsein gut durchs Leben kommen wird.

Ich denke, er weiß, was er tut. Mein Sohn ist ein Draufgänger und ich bin eigentlich total stolz darauf. Denn er traut sich Sachen, die ich niemals gewagt hätte. Ein Beispiel: Er macht Breakdance und gibt überall eine Kostprobe seiner Kunst. Oder im Garten. Da klettert er über eine schmale, meterhohe Balustrade – ohne jegliche Spur von Angst. Und tatsächlich habe ich das Gefühl, er weiß, was er kann. Mein Kind lässt sich auch treiben, wenn ihm etwas gefällt. So kam es, dass er auf einem Künstlerfestival verloren ging. Ich bin vor Sorge fast gestorben, bis ich einen Anruf von einer älteren Dame erhielt, mein Sohn habe sie gebeten – die Telefonnummer hatte ich für alle Fälle auf seinen Arm geschrieben – mich anzurufen … Seitdem habe ich noch mehr Vertrauen in ihn, denn er hat mir bewiesen, er weiß sich zu helfen.

Ines,
Bankkauffrau,
ein Sohn (5),
eine Tochter (9)

Es wird jedes Jahr besser. Mein jüngerer Sohn wurde irgendwann schon mit Vornamen im Krankenhaus begrüßt und zu Hause sagen wir spaßeshalber immer: „Was schreit, lebt noch." Dauernd Löcher im Knie, auch Löcher im Kopf. Bei dieser Art Kind brauchst du eigentlich Augen am Hinterkopf und ein maximal ausgeprägtes Helikopter-Mütter-Gen. Bremsen

Trixi,
Baustoff-
verkäuferin,
zwei Söhne
(12, 16)

kannst du dein Kind jedenfalls nicht. Meine Erfahrung ist aber die: Es wird Jahr für Jahr besser. Mein Sohn entwickelt sich zu einem immer verantwortungsbewussteren Kind. Weil man aus Schmerz ja auch lernt.

MEIN KIND LIEBT DAS DRAMA

Schon von weitem hören Sie Ihr Kind. Und wäre es nicht Ihres, würden Sie jetzt sofort den Notarzt, die Polizei und den Rettungshubschrauber alarmieren. So aber wissen Sie: Erst einmal anschauen, was denn da überhaupt passiert ist! Und tatsächlich: Was sich nach anstehender Notoperation anhört, ist nur ein Kratzer. Auf der Theaterbühne würden Sie Ihrem Kind stehend Applaus zollen, auf die alltäglichen dramatischen Auftritte wiederum aber gerne verzichten. Was macht man mit einer Drama-Queen oder -King?

Es ist ein großer Hilfeschrei. An sich ist meine Tochter sehr locker im Umgang mit dem Leben. Sie hat einen breiten Rücken und eine hohe Toleranzschwelle. Aber wenn es um die Schule geht, die nächst höhere Instanz nach den Eltern, nimmt sie sich alles fürchterlich zu Herzen. Einmal war das Hausaufgabenheft weg und es gab unendlich viele Tränen. Das war der reinste Weltuntergang. Alles wegen der Angst bestraft zu werden, man könnte aus der Schule geworfen werden. Sie kann sich einfach nicht vorstellen, dass so ein Fehlerlein nicht so schlimm ist. Letztendlich ist das Drama aber auch ein großer Hilfeschrei: „Mama, mach's du!" Denn sie traut sich nicht die Lehrerin zu fragen, ob sie ein neues Hausaufgabenheft bekommen kann. Genau deshalb sitzt sie im Eck, heult und muss gerettet werden. In solchen Fällen rette ich dann auch. Denn ich weiß, das wird sich geben.

Margret, Ärztin, eine Tochter (7), zwei Söhne (9, 24)

Ich möchte nicht immer der Dompteur sein. Drama – das ist eine weit verbreitete Krankheit … und auch ansteckend! Mein Sohn bekommt sie manchmal auch: Ich habe immer nur Pech. Keiner meiner Freunde bekommt so viele Hausaufgaben auf wie ich. Nie habe ich Zeit zum Spielen. Ich bin der ärmste aller Schüler. Schluchz. Ich gehe dann erst mal aus dem Zimmer, um ihm die Bühne für sein Drama zu nehmen. Wenn er sich wieder beruhigt hat und wir wieder normal miteinander reden können, kommt natürlich heraus, dass alle anderen genauso viel Hausis aufhaben wie er und so. Wir haben alles wieder in die richtige Relation gerückt und ausgemacht, dass ich nicht immer der Dompteur sein möchte von Mücken, die zum Elefanten mutieren. Wenn wieder der Drama-King rauskommt, genügt zwischenzeitlich schon ein Schmunzeln von mir und ein „Törrööö"... Dann muss er lachen und das Drama ist fast wieder vergessen.

Ilona,
Bankerin,
eine Tochter (7),
ein Sohn (12)

Eine Art Kontaktaufnahme? Meine mittlere Tochter jammert sich oft die Seele aus dem Leib, manchmal glaube ich, es ist eine Art der Kontaktaufnahme. Sicherlich rutscht jedes Familienmitglied in eine Rolle, und da sie in der Mitte von zwei sehr selbstbewussten Geschwistern ist, scheint sie mit dem Jammern ihre Nische gefunden zu haben. Ja, was macht man damit? Zugegebenermaßen bringt es mich manchmal auf die Palme, meist ignoriere ich es. Sie weiß daher ei-

Christine,
Hausfrau,
zwei Töchter
(5, 8),
ein Sohn (10)

gentlich auch: Jammern bringt nichts. Was mich aber ungemein beruhigt: Sie macht das offenbar nur bei uns zu Hause, in der Schule scheint es das jammernde Mädchen gar nicht zu geben.

Mein Sohn liebt das Drama, ich ehrlich gesagt auch. Wenn mein Sohn sich beispielsweise nicht gerecht behandelt fühlt, zieht er beleidigt von dannen und schmeißt Türen. Da kann ich dann mitzählen: Es fliegt die erste, die zweite... die vierte... jetzt ist er in seinem Zimmer angekommen. Mit sechs hat er einen Zettel an seine Tür gehängt: „Niemand will hier rein." Er hängt da immer noch. Ich lasse meinen Zorniggl dann theatralisch schmollen, denn ich kann mich auch gut in ihn hineinfühlen. Wir haben das gleiche Temperament. Mein Sohn liebt das Drama – ich ehrlich gesagt auch. Ich harre eine Weile aus, dann gehe ich in sein Zimmer und ich reiche ihm die Hand – da wartet er ja auch schon darauf. Sind wir wieder gut? Und jetzt können wir reden. Da geht es dann schon auch darum, dass man im Leben auch lernen muss, mit Kritik umzugehen.

Lexa,
Sekretärin,
drei Söhne
(9, 29, 32),
zwei Töchter
(26, 34)

DIE SIND DOCH NETT

Freunde fürs Leben –
oder zumindest für heute Nachmittag

DARF ICH DAS FREMDE KIND ERZIEHEN?

Natürlich sind alle Freunde immer willkommen. Aber dürfen sie sich eigentlich auch alles erlauben? Schmatzen, rülpsen, pupsen, rumpöbeln, angeben, Sprüche klopfen und nerven... nur mal so, als kleine Auswahl. Ist Fremderziehen eigentlich erlaubt? Oder ist das eine Grenzüberschreitung?

Ich halte mittlerweile meine Klappe. Also wenn die Freunde meiner Kinder auf unserem Sofa herumhüpfen, sage ich natürlich schon etwas. Was bei uns verboten ist, gilt auch für unsere Besucher. In unserem Haus! Wenn wir aber woanders sind, und die Eltern sich nicht dafür interessieren, was ihr Kind tut, halte ich schön die Klappe und denke mir meinen Teil, was mir nicht immer leicht fällt. Aber realistisch ist doch: Bei den Kindern wird sich durch meinen Kommentar nichts ändern, und voraussichtlich habe ich danach auch noch Krach mit deren Eltern. Nein, wenn es nicht funktioniert, mache ich halt nur noch etwas ohne Kinder aus.

Jasmin,
Ärztin,
Tochter (8),
ein Sohn (10)

Aushalten. Wir fahren oft mit Freunden in Urlaub. Und manchmal auch mit Kindern, die in meinen Augen vielleicht eher schwierig sind. Da ist der Stress programmiert. Ich gebe zu, da würde ich manchmal gerne miterziehen. Zum Beispiel im Restaurant sagen: „Jetzt iss mal bitte ordentlich, ich möchte auch gerne an dem Tisch essen." Aber natürlich ist das eine äußerst schwierige Angelegenheit. Wenn die Eltern dabei sitzen und ich ihre Kinder auf ihr schlechtes Benehmen hinweise, fühlen sie sich natürlich indirekt kritisiert. Das belastet dann die Freundschaft. Insofern lautet mein klarer Rat: Aushalten! Nicht fremderziehen! Zumindest, wenn die Erziehungsberechtigten anwesend sind. Etwas anderes ist es natürlich, wenn die Freunde meiner Kinder zu Hause sind. Da müssen sie die Regeln einhalten, die für meine Kinder auch gelten. Also zum Beispiel keine Schokolade auf dem Sofa und auch bitte keine Schuhe. Aber wenn sie am Tisch beim Essen schmatzen, dann sollen sie. Da sehe ich es nicht als meine Aufgabe, einzuschreiten. Nicht umsonst heißt es: Erziehungsberechtigte. Die bin ich in diesem Fall nicht.

Andrea,
Fachwirtin
Gesundheitswesen,
zwei Söhne
(15, 18)

Ich tue das auch vor fremden Eltern. Ich nehme mir das heraus, sobald ein fremdes Kind bei uns ist und ich es notwendig finde. Ich sage sogar etwas, wenn dessen Eltern dabei sind. Wenn die mich dann erstaunt anblicken, dann kann ich das begründen. Ein Beispiel: Meine Kinder etwa essen am Tisch und nicht im Laufen, das erwarte ich von anderen Kindern auch. Das finde ich ganz wichtig. Im Haus habe ich zu 150 Prozent die umgefallen Becher wegzuwischen und ich muss überall Kekskrümel wegsaugen oder Erdbeermarmelade aus dem Boden kratzen. Also mache ich fremden Kindern schon deshalb unsere Regeln klar, weil ich meine Zeit und Nerven schonen will. Den Eltern sage ich das dann auch so: „Mein Kind, darf das nicht, deshalb dürfen eure Kinder das bei uns auch nicht." Wie sollen meine Kinder die Regeln bei uns zu Hause akzeptieren, wenn ich bei anderen nicht einschreite. Das wäre inkonsequent. In meinem Zuhause sehe ich mich anderen Eltern gegenüber auch nicht in der Erklärungspflicht. Wenn die das nicht akzeptieren, ist mir das letztendlich auch egal.

Margret,
Ärztin,
eine Tochter (7),
zwei Söhne
(9, 24)

MEIN KIND DARF BEI FREUNDEN DINGE TUN, DIE ES BEI UNS NICHT DARF

Oh, welche Freude im Gesicht des Kindes! Der Nachmittag bei Frederik scheint umwerfend gewesen zu sein. Auf Nachfrage erfährt man, warum: Im Wald gewesen, mit den Softguns geschossen! Danach mit der Konsole diese super coole Verfolgungsjagd gespielt, bei der Verbrecher wie auch Polizisten gerne mal im eigenen Blut liegen bleiben. Wow! Und der Nachmittag bei Lisa war ja nicht minder toll, weil man offenbar mit Limo und Schoko vor dem Fernseher Spaß hatte, drei Folgen Meermädchen in Folge… Super! Im ersten Affekt würde man am liebsten in der Regelkiste zur Abteilung für schwere Fälle greifen: In dieses Haus gehst du nicht mehr! Geht es auch anders?

Nur noch bei uns. Eine Situation, die ich nie vergessen werde: Ich möchte meinen Sohn, damals acht Jahre alt, bei seinem Freund abholen, komme ins Wohnzimmer und da sitzt der Vater und spielt Egoshooter, zwar mit Kopfhörer, aber doch auch mit zwei begeisterten Zuschauern: meinem Sohn und dessen Freund. Ein No-Go! Für mich war ab dem Zeitpunkt klar, gerne dürfen die beiden befreundet bleiben, aber gemeinsame Aktionen nur noch bei uns. Diese Eltern fallen als Betreuung für mein Kind aus. Die Alternative wäre: Mit den Eltern irgendwelche Erziehungsdiskussionen führen, aber damit will ich doch gar nicht erst anfangen. Was ich aber möchte: dass mein Kind nachts noch gut schlafen kann und zwar ohne Alpträume von zerschossenen Monsterköpfen.

Antonie,
Realschullehrerin,
ein Sohn (18)

Akzeptiert, nicht gefördert. Ich bin eine derjenigen Mütter, die Kinder auch bei Regen nach Draußen geschickt hat. Bei der es im Haus keinen Computer gab und keine Konsole und bei der der Fernseher ausblieb. Bei der es auch keine Limo gab und bei der man das Essen nicht mit aufs Zimmer genommen hat. Ich hatte da ganz klare Regeln. Mir war es deswegen ganz lieb, wenn die Kinder bei uns gespielt haben. Unendliche Nachmittage bei Freunden haben sich aufgrund des Sportprogramms meiner Söhne so und so eher selten ergeben. Natürlich war mir schon klar, dass es dann da anders zugeht, dass auch mal einige Zeit vor der Konsole oder dem Computer verbracht wurde, das habe ich akzeptiert. Aber nicht gefördert! Meine Erfahrung ist lustigerweise auch die: Obwohl ich eine strenge Mutter bin, sind alle immer gerne zu uns gekommen!

Claudia,
Hausfrau,
zwei Söhne
(13, 18)

Mein Kind war verstört. Ich habe meinen Sohn sehr behütet erzogen. Fernsehen nur sehr eingeschränkt. Lesen, spielen, heile Familienwelt… In der ersten Klasse wurde er zu einem Freund zum Spielen eingeladen, fatalerweise auch bei einer früheren Schulfreundin von mir. Ich hätte nie gedacht, dass er dort Egoshooter am Computer spielen darf. Mit sechs! Mein Kind kam total verstört und geschockt nach Hause. „Mama, wir haben geschossen, das Blut hat gespritzt." Natürlich fand er das dort spannend, so etwas kannte er ja nicht. Aber als es ihm zu heftig wurde, hat er sich nicht getraut, etwas zu sagen. Erst zu Hause brach es aus ihm heraus. Er hat danach min-

Jutta,
Hausfrau,
zwei Söhne
(9, 18)

destens eine Woche schlecht geschlafen. Natürlich war es der letzte Besuch dort. Was diese Erfahrung mir aber vor allem gezeigt hat: Du kannst deinem Kind keine passende Welt erschaffen, irgendwann wird es mit anderen Realitäten konfrontiert und muss lernen damit umzugehen.

MEIN KIND LÄDT DIE HALBE KLASSE ZUM GEBURTSTAG EIN

Wer kennt sie nicht, diese wunderbare Regel für den Kindergeburtstag: So viele Jahre das Kind wird, so viele Freunde dürfen kommen. Drei Jahre, drei Freunde, vier Jahre, vier Freunde, fünf … So weit, so gut. Aber was tun, wenn das Kind die halbe Grundschulklasse als allerbeste Freunde angibt? Der Sohn der eigenen besten Freundin soll dagegen nicht mehr kommen! Wie viel Einfluss dürfen wir also auf die Einladungsliste unserer Kinder nehmen?

Alle können kommen. Schon weil wir uns als Eltern erinnern, wie toll der Geburtstag für uns früher war, dürfen zu uns eigentlich alle kommen. Grundsätzlich gibt es eine Beschränkung, wie viele Kinder eingeladen werden dürfen, aber es kommt zu einer unendlichen Vermehrung. Meine Kinder sind verschieden alt und wollen dann beim Geburtstag des anderen auch jemanden für sich da haben. So geht es schon mal los. Die Geschwister der Geburtstagsgäste wollen dann auch bleiben und dürfen es auch. Die kennen sich sowieso noch alle aus dem Kindergarten. Und so haut es dann mit der Beschränkung irgendwie doch nicht hin. Es ist 'ne wilde Party mit vielen Spielen, die mit den vielen Teilnehmern sogar noch besser klappen. Unser Vorteil ist aber, alle unsere Geburtstagsfeste sind im Sommer und es ist viel Platz vorhanden. Die Feste sind anstrengend, aber auch lustig und schön.

Margret,
Ärztin,
eine Tochter (7),
zwei Söhne
(9, 24)

Wie oft feiert man Kindergeburtstag? Als ich ein Kind war, gab es nicht so viele Geburtstagspartys wie heute. Da war es etwas Besonderes. Deshalb sind mir die Feiern, bei denen ich dabei war, in guter Erinnerung geblieben. Doch nicht nur das: Im Gedächtnis geblieben sind auch jene,

153

zu denen ich nicht eingeladen war. An dieses Gefühl, nicht dabei sein zu dürfen, erinnere ich mich. Und das will ich – zumindest in Hinblick auf Geburtstage – meiner Tochter und auch ihren Freundinnen ersparen. Deshalb darf sie schon immer jedes Kind einladen, das sie gerne mag. Im Gegenzug hat auch sie das ganze Jahr über jede Menge Einladungen, ist also oft „dabei". Die Konsequenz: Viele Geschenke, deren Kauf sich über das Jahr ganz schön summiert, und große Geburtstagsfeiern bei uns. Der Höhepunkt war der zwölfte Geburtstag mit 15 Kindern bei uns zu Hause mit allem Drum und Dran, eine Extra-Feier für Großeltern sowie Verwandtschaft und schließlich noch ein Ausflug mit weiteren sieben Kindern in einen Freizeitpark. Am Abend dieses Tages haben mein Mann und ich uns geschworen, dass dies zum letzten Mal solch ausufernde Feierlichkeiten waren. Ein Jahr später waren die guten Vorsätze allerdings fast vergessen: Es gab wieder eine große Party mit nur unwesentlich weniger Kindern. Aber hey – das ist doch egal! Wir haben nur eine Tochter und wie oft wird sie noch mit unserer Beteiligung feiern wollen?

Iris,
Journalistin,
eine Tochter
(13)

Vielleicht noch einmal? Dann ist sie 14. Dann haben wir in ihrem ganzen Leben 14 Mal Kindergeburtstag gefeiert – insgesamt eine erträgliche Zahl. Der Tag, an dem sie sagt: „Stell uns eine Schüssel Chips ins Zimmer und mach die Tür hinter dir zu" wird kommen und vielleicht haben wir dann Sehnsucht nach der tobenden Bande, die wir trotz allem gerne bei uns zu Gast hatten.

MEIN KIND UND DER EINLADUNGSHYPE: SOLL ICH MICH WEHREN?

Ihr Kind kam vom Zoogeburtstag begeistert wieder: Schlange gestreichelt, Esel geritten. Das fand das Kind sogar noch besser als die Goldsucher-Party und den Besuch bei der Feuerwehr. Und sie? Schwärmen von Würstchenschnappen, Topfschlagen und klassischer Schnitzeljagd. Muss ich den Kindergeburtstags-Einladungs-Hype mitmachen, damit mein Kind in Sachen Party bei seinen Freunden mithalten kann?

Warum müssen Vierjährige einen Bobbycar-Führerschein machen? Ich lieeeebe Kindergeburtstage. Mein Sohn hat immer Ideen für ein Motto. Pirat, Ritter, Indianer, Dschungel und Unterwasser hatten wir schon. Wochen vorher überlege ich mir Kostüme, Dekoration und Spiele, bestelle, sammle, bastle. Ganz die Turbomutter. Es macht mir selbst Spaß einen bunten Kuchen oder Muffins zu backen. Vieles geht ja auch ganz simpel und lässt sich ganz schnell umsetzen: Krepp-Papier in Streifen von der Decke gehängt machen den Dschungel oder die Unterwasserlandschaft. Heliumballons die Fische, die gleichzeitig praktische und außergewöhnliche Mitgebsel sind. Die Kinder können bei uns immer etwas basteln, was sie stolz und glücklich mit nach Hause nehmen können, da muss die Mitgebseltüte nicht prall mit Süßigkeiten oder Billigplastikspielzeug gefüllt werden. Tolle Spielideen gibt das Internet doch zuhauf her, aber auch Topfschlagen, Sackhüpfen und Eierlaufen machen doch noch genauso viel Spaß wie einst in unseren Kindertagen. Ich habe noch nie verstanden, warum schon Dreijährige physikalische Experimente und Vierjährige einen Bobbycar-Führerschein in der Mercedes-Welt machen müssen? Was soll man den Zehn-, Elf- und Zwölfjährigen dann noch bieten? Eine Reise ins Disneyland oder zum Abi einen Flug zum Mond?

Eine klassische Geburtstagsfeier kann auch exotisch sein. Eltern sollten sich auf keinen Fall durch immer tollere Kinderpartys gegenseitig zu übertrumpfen versuchen. Jeder darf feiern, wie er will und wie er kann. Eine perfekt organisierte, opulent ausgestattete Party für zwanzig Grundschulkinder kann unter Umständen sowohl das Geburtstagskind als auch die Gäste hoffnungslos überfordern. Umgekehrt kann eine klassische Geburtstagsparty mit lustigen Spielen und Schatzsuche unter lauter Events exotisch und ansprechend sein. Entscheidend finde ich vor allem, dass die Party liebevoll und engagiert vorbereitet wird und die Gästezahl dem Alter des Kindes angemessen bleibt, auch auf die Gefahr hin, dass nicht alle Freunde eingeladen werden können, bei denen das Geburtstagskind zu Gast war.

Inke,
Kamerafrau,
ein Sohn (8)

Almut,
Hausfrau,
drei Töchter
(6, 6, 17),
ein Sohn (14)

MEIN KIND UND DIE GESCHENKE FÜR ANDERE

Matthias wünscht sich einen iPod, Sophia eine Tennistasche und Milena träumt schon lange von einem Puppenkopf zum Frisieren. Tolle Sache, da legen für den Kindergeburtstag einfach alle zusammen, acht bis zehn Euro, und schon gibt es ein schönes Geschenk oder einen Gutschein. Muss ich da wirklich mitmachen oder bin ich der Spielverderber und schicke mein Kind mit dem Riesenradiergummi los, den es so lustig fand?

Zu viel Kleinzeug. Die meisten Kinder werden von diesem Kleinschmarrn doch wirklich überhäuft. Und die Eltern sind froh, wenn es nicht noch mehr davon gibt. Ich habe daher weder etwas gegen Gemeinschaftsgeschenke noch gegen Geld oder Gutscheine. Wir haben Zehn-Euroscheine in den Luftballon gesteckt und etwas Lustiges darauf geschrieben, als die Kinder älter wurden, gab es dann zum Beispiel den

Alenka,
Ärztin,
eine Tochter,
ein Sohn
(beide 15)

Amazon-Gutschein. Die Idealvariante ist das ganz sicher nicht, aber doch auch besser, als wenn zum fünften Mal die Glitzerstifte oder irgendein Kleinkram auf dem Geburtstagstisch liegen.

Keine Lust auf Quatsch. Worauf ich keine Lust habe: Irgendein Quatsch für zehn Euro schenken, der in einer Geburtstagskiste im Spielzeugladen liegt. Davon haben die meisten Kinder doch eh genug. Da verschenke ich lieber ein Spiel, das ich selbst sehr mag, das ist wenigstens etwas Gescheites. Meist frage ich aber erst einmal die Eltern oder gleich das Kind, worüber es sich freuen würde. Und wenn es etwas Großes ist, dann beteiligen wir uns auch gerne: Dann hat das Geburtstagskind auch etwas von seinem Geschenk und freut sich richtig.

Melina,
Kosmetikerin,
zwei Töchter
(8)

Ich möchte auch ein Mitspracherecht. Ich mag es nicht, wenn große Geschenke angefordert werden. Dahinter steckt auch immer so eine Erwartungshaltung. Ich habe schon Situationen gehabt, die waren mir richtiggehend unangenehm. Da kannte ich die Eltern des Geburtstagskindes kaum und auch nicht die Eltern der anderen Kinder.

Dennoch hieß es: „Tu dich wegen des Geschenks mit denen und denen zusammen, dann seid ihr zu dritt, das Geschenk kostet vierzig Euro." Auch noch ein ganz ordentlicher Preis also. Mir ist das eher zuwider. Ich bin zwar bereit, bei einem Geburtstag für ein schönes Geschenk auch mal mehr zu zahlen, aber dann möchte ich doch auch ein Mitspracherecht. Und was eigentlich, wenn sich eine Familie die zehn oder fünfzehn Euro nicht leisten kann? Ich möchte den Kindern davon abgesehen auch gerne beibringen, dass die schönsten Geschenke nicht unbedingt die gekauften sind, sondern die selbstgemachten. Wenn mich meine Kinder fragen, sage ich immer, überlegt euch etwas, es muss nichts Großes sein.

Andrea,
Krankenschwester,
zwei Söhne
(7, 9)

MEIN KIND WIRD VON SEINEN FREUNDEN VERLASSEN

Eben waren sie doch noch unzertrennlich, planten die Nachmittage zusammen, das Sportprogramm, die Wochenenden, wenn möglich das ganze weitere Leben und jeder zweite Satz fing an mit: Franziska und ich oder Julian und ich … Und nun: Hat der beste Freund Ihres Kindes plötzlich immer wieder etwas anderes vor, verbringt die Zeit lieber mit neuen Spielpartnern, lässt Ihr Kind also zunehmend links liegen. Ihr Kind leidet unter einer Art ersten Liebeskummers, unter dem Sie fast genauso leiden. Wie kann ich helfen?

Begleiten und trösten, mehr ist nicht möglich. Als es meiner jüngeren Tochter passierte, habe ich mich sehr hilflos gefühlt. Sie hat damals die Schule gewechselt, als sie weg war, hatten plötzlich ihre besten drei Freundinnen keine Zeit mehr zu spielen. Ich habe ihr gesagt, dass sich die drei sicher auch von ihr verlassen fühlen. Später erklärte mir eine Mutter aus der Klasse, dass die Eltern der drei der Meinung waren, unsere Tochter oder wir meinen, etwas „Besseres" zu sein. Auch das habe ich meiner Tochter dann erzählt. Letztlich blieb es schwer für sie. Seit damals hat sie ihre ungezwungene Art etwas eingebüßt. Und sie geht nicht mehr davon aus, dass Freundschaften auch Probleme über-

Bettina,
Juristin,
zwei Töchter
(16, 18)

dauer. Schade. Andererseits ist das nun mal etwas, das man eben auch erfahren muss im Leben. Dass sich Freunde verabschieden, dass das oft gar nichts mit einem persönlich zu tun hat, aber dass man dann tatsächlich auch neue Freunde findet. Was man als Mutter tun kann? Das Lieblingsessen kochen, reden, zuhören, trösten, begleiten, Mut machen, von eigenen Erfahrungen erzählen, mehr ist aber auch nicht möglich. Man kann ja keine neuen Freunde zaubern. Vor allem muss man es als Mutter selbst aushalten.

Den Kummer nicht kleinreden. Ich tröste mein Kind, indem ich Verständnis für seine Traurigkeit zeige und dazu zählt nicht der Satz: „Ist doch nicht so schlimm!" Für mein Kind ist es ja gerade sehr schlimm. Ich habe in so einem Fall oft ein Erlebnis aus meiner Kindheit geschildert, als es mir genauso ergangen ist und ich ähnliche Gefühle hatte. Man kann mit seinem Kind dann auch einfach mal alle Kinder durchgehen, die es noch kennt. Ist es wirklich so, dass es nur diesen einen Freund/Freundin gibt? Meistens stellt sich heraus, dass da doch noch andere Kinder wären, mit denen man,

Sabine, Pädagogin, zwei Töchter (16, 18)

jetzt, wo man nicht mehr so gebunden an den einen Freund ist, gerne etwas unternehmen würde.

MEIN KIND VERGLEICHT SICH STÄNDIG MIT SEINEN FREUNDEN

Karl hat eine Drohne mit Kamera, Fernbedienung und allem Drum und Dran. Warum ich eigentlich nicht? Corinna darf jeden Tag eine Stunde „Minecraft" am Computer spielen. Warum ich eigentlich nicht? Und überhaupt alle in der Klasse haben diese neuen Schuhe mit dem Drehverschluss … Der hat dies, der darf das: Puh, manchmal kostet es ganz schön Mühe, den Gruppendruck auszuhalten und zu seinen Standpunkten zu stehen. Was tun? Durchhalten auch auf die Gefahr, dass Ihr Kind manchmal nicht mitreden kann oder sogar außen vor ist?

Mein Sohn glaubt allen Angebern. Wenn seine Freunde erzählen, sie haben drei Nintendos und sieben Computer, an denen sie den ganzen Tag spielen, glaubt mein Sohn ihnen das. Und wir haben dann zu Hause die Diskussionen… Denn mein Sohn macht das durchaus zum großen Thema und kann auch keine Ruhe mehr geben. Wann ist Weihnachten? Wann habe ich Geburtstag? Und wann bekomme ich das endlich? Wochenlang kann das so gehen. Das nervt irgendwann riesig. Ich frage dann immer, ob er denn all die Sachen bei den Kindern schon mal gesehen hat? Natürlich hat er das nicht. Und ich sage ihm auch klar und deutlich, warum es das eine oder andere bei uns eben nicht gibt. Andere Familie, andere Regeln. Manchmal sind wir dann doof. Aber das ist dann so.

Stephi,
Betriebswirtin,
eine Tochter (6),
ein Sohn (9)

Oft unzufrieden mit sich. Mein jüngerer Sohn sieht sich sehr im Vergleich. Und dabei geht es nicht unbedingt ums Materielle. Er ist eigentlich immer der Jüngste und kann nicht zeigen, was für ein toller Hecht er ist. Daran hat er schwer zu knapsen, zumal er seine Ziele auch immer noch so hoch setzt. Das große Vorbild ist der Nachbarsjunge, da kommt er einfach nicht hinterher. Dann gibt es noch den großen Bruder.

Andrea,
Krankenschwester,
zwei Söhne
(7, 9)

Und auch in der Klasse sind alle anderen älter. Wie willst du ihm helfen? Ich versuche ihm den Rücken zu stärken. Und habe ihn mit Taekwondo zu einer Sportart motiviert, in der es darum geht, auch die eigene Kraft und Stärke zu spüren. Fußball zum Beispiel mit der irren Hackordnung ist Gift für ihn. Im Nachhinein denke ich mir, wir hätten ihn doch später einschulen sollen, dann hätte er vielleicht von Anfang an das Gefühl gehabt, er kann's und ist dabei. Nun muss er eben damit leben, dass er der Jüngste ist. Es tut einem sehr leid, wenn das eigene Kind so unzufrieden mit sich. Aber ich denke mir, irgendwann wird sich das auch alles relativieren.

Es interessiert mich nicht, was alle anderen haben. Haben, haben, haben. Wir würden ersticken und keinen Fuß mehr in unser Haus setzen können, wenn wir allen Kinderwünschen nachgeben würden. Mein Sohn hat schon jetzt zu viel, wie alle Kinder in unserem Freundeskreis. Ich träume immer davon, sein Zimmer leer zu räumen und nur drei Spielsachen zur Auswahl darin zu belassen. Kreativität fördern und so… Allerdings müsste ich dafür erst den Keller

Inke,
Kamerafrau,
ein Sohn (8)

ausräumen … Also hilft nur: weniger kaufen. Deshalb fällt es uns viel leichter, Nein zu neuen Anschaffungen zu sagen, die angeblich ALLE Kinder aus der Klasse haben. Meine Eltern hat es schon nicht interessiert, was ALLE ANDEREN durften, deshalb fällt es mir leicht, meinem Sohn eigene Wege aufzuzeigen. Dafür hat er andere spannende Spielzeuge. Und es macht doch viel mehr Spaß, Freunde zu besuchen, die eine große Ritterburg oder die Wasserrutsche haben, die man dann entdecken kann. Immer wieder machen wir auch einen Ringtausch und leihen uns gegenseitig Bücher oder Spielsachen aus, dann können die ausgiebig ausgelesen oder bespielt werden. Und der Verleiher freut sich, wenn die Spielsachen zurückkehren und wieder „neu" und aufregend sind.

MEIN KIND SUCHT SICH DIE FALSCHEN FREUNDE AUS

Bei der Auswahl der Freunde kann ja jeder mal irren. Auch das eigene Kind. Dann entpuppt sich der lustige Klassenkamerad, der stets im Mittelpunkt steht, vielleicht nach einigen Wochen als unzuverlässiger Freund, der den einen Bewunderer gegen den nächsten austauscht. Das tut weh, ist aber noch kein Drama. Was aber, wenn das kein Einzelfall ist und das eigene Kind einen fatalen Hang zu Freunden hat, die ihm nicht gut tun? Wie helfe ich meinem Kind dabei, die richtigen Freunde zu finden?

Ich habe eine Gegenstrategie angewendet. Meine Tochter fragt manchmal, was ich an ihrer Freundin XY mag und was nicht? Ich sage ihr das dann ganz ehrlich, ohne das andere Kind bloßzustellen. Das klingt dann in etwa so: Ich würde es nicht mögen, wenn meine Freundin mir immer Befehle gibt und mich herumkommandieren würde … Das lass ich dann auch so im Raum stehen. Je mehr ich gegen eine Freundin meiner Tochter bin, desto mehr will sie mit der zusammenstecken. Und einmal habe ich auch eine Gegenstrategie angewendet: Ich habe das Mädel so oft zu uns eingeladen, bis es selbst meiner Tochter zu blöd wurde, in ihrem eigenen Zuhause von ihrer Freundin herumkommandiert zu werden.

Ilona, Bankerin, eine Tochter (7), ein Sohn (12)

Was machen gute Freunde eigentlich aus? Es bringt auf jeden Fall nichts, zu sagen: „Das ist kein Freund für dich, der tut dir nicht gut" oder vielleicht sogar „Das ist schlechter Umgang." Ich denke, dadurch bewirkt man das Gegenteil. Wie bei eigentlich allen Erziehungsfragen finde ich Selbsterkenntnis wichtig. Man sollte sein Kind daher eher fragen, was ihm in einer Freundschaft eigentlich wichtig ist? Welche Charakterzüge er gut findet? Was er bisher an seinen Freunden toll fand und was nicht? Und anschließend definieren, was für einen selbst Freundschaft bedeutet, Beispiele aus dem eigenen Leben bringen, wann man Freunde gebraucht hat und ob diese da waren.

Diana, Unternehmerin, zwei Söhne (12, 15)

Unbemerkt ein bisschen die Weichen stellen. Grundsätzlich: Freundschaft ist die erste freiwillige Beziehung eines Menschen. Diese Freiheit haben unsere Kinder. Aber in Abwandlung eines Lieblingszitats „muss man die Situationen nehmen, wie sie sind, aber man darf sie nicht so lassen". Ein bisschen kann man die Weichen ruhig stellen: Früh genug

Andrea, Winzerin, drei Töchter (19, 20, 22)

das Umfeld beobachten und dann etwas einfädeln, also den Kontakt organisieren, wenn das Kind jung ist, und zwar so, dass es keiner merkt (Netzwerk-Aktivitäten und Hobbies organisieren sowie Treffen mit Müttern sympathischer Kandidaten). Das funktioniert erstaunlich gut, darf aber niemals kommuniziert werden! Ansonsten gilt die Maxime, die uns immer am schwersten fällt: Aushalten! Es macht Kinder nicht stärker, wenn man ihre Krisen und Erfahrungen verhindert.

An die Gefühle appellieren. Es ist doch so: In der ersten Klasse erstarren die Kleinen noch in Ehrfurcht vor den Lehrern, in der zweiten müssen sie ausprobieren, was geht. Vielleicht fühlte mein Sohn sich deshalb eine Zeit lang zu den Hau-Drauf-Jungs auf dem Pausenhof hingezogen. Gleichzeitig dachte er sich wohl auch, wenn er Quatsch macht, steht er im Mittelpunkt und die anderen finden ihn gut. So war das leider auch im Unterricht. Nicht gut! Ich habe versucht, an seine Gefühle zu appellieren: Es fühlt sich doch nicht gut an, wenn man immer geschimpft wird oder es von der Lehrerin wieder

Daniela, Industriekauffrau, ein Sohn (8)

einen Eintrag ins Hausaufgabenheft gibt? Erstaunlich fand ich, dass er nach unserem Gespräch irgendwie kapiert hat, dass er sich offensichtlich beeindruckende, aber doch die falschen Freunde ausgesucht hat. Er hat wirklich begonnen, sich von den Hau-Drauf-Jungs fern zuhalten. Motivierend war in der Situation natürlich, dass die Lehrerin ihn rasch für die „warme Dusche" ausgesucht hat. Das ist, wenn im Stuhlkreis alle Kinder etwas positives über ein anderes Kind sagen. So stand er mal auf eine Art und Weise im Mittelpunkt, die sich gut anfühlte.

Vorsichtig gelenkt. Eine meiner Töchter hatte im Kindergarten eine Freundin, mit der sie zusammen nur den größten Blödsinn gemacht hat: Zum Beispiel die Waschbecken in der Toilette überlaufen lassen. Die wollten sich gegenseitig bei solchem Quatsch am liebsten übertrumpfen. Was ich nicht gemacht habe: Meiner Tochter zu sagen, mit diesem Mädchen triffst du dich bitte nicht mehr. Damit provozierst du ja genau das Gegenteil. Aber ich habe versucht, diese Freundschaft vorsichtig ins Aus zu lenken.

Jeannine,
Sachbearbeiterin,
vier Töchter
(4,6,11,13),
ein Sohn (4)

Wenn die zwei sich treffen wollten, habe ich zum Beispiel gesagt, nein, geht heute leider nicht, keine Zeil, und auch mal behauptet, meine Tochter sei krank, also sogar geschwindelt. Ein bisschen gemein, aber die zwei waren einfach keine gute Kombination. Als sie dann in der Schule in die gleiche Klasse kommen sollten, habe ich mit dem Direktor gesprochen und der hat dann veranlasst, dass die beiden getrennt werden. Dazu hatte übrigens auch der Kindergarten geraten. Der Kontakt ist dann schön langsam eingeschlafen …

MEIN KIND SUCHT DIE FALSCHEN FREUNDE FÜR MICH AUS

Ihr Kind bekommt in der Eisdiele den niemals mehr verwendbaren Becher und den bitterbösen rosa Plastikstrohhalm. Brutal, wie Sie das Müllproblem ignorieren. Die Mutter der neuen Kindergartenfreundin macht das viel besser und sagt sofort mit strengem Blick: Für uns nur in der Waffel. Und nur im Glas. Dann ist das Gesprächsklima kühler als das Eis. Sie sind genervt, aber Ihr Kind findet das Mädchen doch so nett. Wie soll ich mit Eltern umgehen, die ganz anders ticken als ich?

Wie spannend. Mein Sohn hat einen Montessori-Kindergarten besucht, da gab es ein interessenbezogenes Klientel und wir als Eltern haben dort viele Freunde gefunden. Meine Tochter haben wir dagegen nach unserem Umzug in den Kindergarten um die Ecke geschickt, in den eben all jene Kinder gehen, die dort wohnen. Ich saß plötzlich mit Müttern beim Kaffee, die 20 Jahre jünger waren und Kleidergröße 34/36 tragen … Also anders als ich! Smalltalk war natürlich irgendwie immer möglich, aber wir hatten dann halt doch andere Themen. Dicke Freundschaften sind nicht entstanden, für mich zumindest, für meine Tochter schon. Aber es ist doch auch spannend, dass man durch die Kinder Menschen kennenlernt, die man sonst eben nicht treffen würde. Meist umgibt man sich ja mit Leuten, die ähnlich denken und ähnlich leben wie du selbst. Da pflegt man eine Art menschliche Monokultur. Ich fand es daher bereichernd, dass sich meine

Sandra,
Betriebswirtin,
eine Tochter (6),
ein Sohn (9)

Tochter andere Freunde für mich ausgesucht hat … und ich auch mal andere Perspektiven auf das Leben eingenommen habe.

Nicht von langer Dauer. So ein Problem hatte ich zum Glück nicht oft als meine Kinder noch „klein" waren. Im Gegenteil, durch meine älteste Tochter habe ich meine heute besten Freundinnen kennengelernt. Hin und wieder aber traf man auf Eltern der gerade „besten" Freundin, mit denen man absolut nichts gemeinsam hatte und erst recht nicht viel zu tun haben wollte. Da habe ich meistens so getan, als ob ich der Mutter einen tollen Freundschaftsdienst machen wolle – von wegen: Jeder braucht mal Zeit für sich alleine – und habe ihre Tochter für den ganzen Nachmittag bei uns zum Spielen gehabt. Ich war happy, dass die Mutter nicht da war, die Kinder waren happy, dass sie zusammen waren und die Mutter, dass sie ihr Kind mal los hatte. Die Freundschaften der Kinder dauerten erfahrungsgemäß nicht besonders lange, da die Kinder schnell merkten, dass die Familie doch anders oder komisch war.

Karin,
Hausfrau,
zwei Töchter
(16, 18)

Ich habe keine Zeit zu verschenken.
Wir ermutigen unseren Sohn, sich mit unterschiedlichen Charakteren zu verabreden. Damit er sich ausprobieren, kennenlernen und sich auseinander setzen kann. Ich stehe selbst auf dem Standpunkt, dass man mit jedem eine Gesprächsbasis findet, vor allem, wenn man sich zu zweit aufeinander einlässt, denn dann erkennt man, dass jeder etwas Interessantes zu erzählen hat. Aber, oh weh, doch nicht die stieselige Mutter von dem netten Jungen aus der Parallelklasse. „Die Kinder spielen doch so schön." Okay, wir verabreden uns. Zugegeben, es war ein netter Nachmittag und wir haben tatsächlich eine gemeinsame Ebene gefunden. Trotzdem hält sich meine Lust auf Folgetreffen in Grenzen, ich habe keine Zeit zu verschenken in diesem Mutterleben. Ergo: Die Kinder treffen sich hüben oder drüben – sie spielen ja so schön – und ich kümmere mich lediglich um Paprikaschnitze, Panda-Eis oder Streitschlichten. Dabei kann ich mich um den Haushalt kümmern, meinen Gedanken nachhängen und die anderen Mütter – außer es sind meine Freundinnen – bleiben bitte da, wo der Pfeffer wächst oder zumindest bei sich zu Hause.

Inke,
Kamerafrau,
ein Sohn (7)

Ich habe immer Ausreden gefunden.
Ich befürchte, ich bin da eigensinnig. Egal, ob sympathisch oder unsympathisch, Einladungen von Müttern zum Kaffeetrinken, damit die Kinder mal spielen können, habe ich immer geblockt und dafür schnell Ausreden gefunden, auf den Spielplatz habe ich demonstrativ ein Buch mitgenommen. Ich sage es klar, ich brauche diese Müttergespräche nicht. Entweder wird dir erzählt, was die Kinder in der Windel haben oder was sie schon alles tolles können. Und manche Mütter geben dir auch noch ungefragt Tipps… Nein, danke! Ich bin berufstätig und habe neben meinem Kind auch noch andere Interessen, die kommen ohnehin schon zu kurz. Mein Sohn hätte es vielleicht schon mal nett gefunden, mit dem einen oder anderen Kumpel zu spielen, aber da er bis um 16 Uhr im Kindergarten war, hatte er dazu tagsüber ausreichend Gelegenheit. Sprich: Er hat angenehmerweise nie auf solche Treffen bestanden! Und angesichts der wenigen Stunden am Tag, die uns als Familie bleiben, ist es mir viel wichtiger, diese intensiv zu nutzen. Mit Spielen, Vorlesen, Basteln oder was uns einfällt. Auch auf Kosten eines möglichen Mütter-Netzwerkes!

Nefisa,
Bauzeichnerin,
ein Sohn (6)

MAMA, MIR IST LANGWEILIG

Freizeit kann anstrengend sein

MEIN KIND WILL SCHON WIEDER ETWAS NEUES ANFANGEN

Die Gitarre war ja vielleicht wirklich die falsche Wahl, kein neuer Eric Clapton wächst da heran, aber ob es nun mit dem Klavier besser wird? Oder kommt in einem halben Jahr dann vielleicht der Wunsch auf, Schlagzeug, Querflöte oder Saxophon zu lernen? Einerseits wollen Sie Ihr Kind ja auch ermutigen, ruhig etwas Neues auszuprobieren, wenn es mit der Wahl seines Instrumentes oder seiner Sportart nicht glücklich ist, andererseits sind ständige Programmwechsel nun doch auch nicht sinnvoll. Mit Spaß fördern oder Durchhalten fordern – was hilft meinem Kind?

Nicht zum Weitermachen zwingen.
Ich habe meine Kinder immer alles ausprobieren lassen. Mein älterer Sohn will Geige spielen, gut, organisiere ich eine Leihgeige und höre mir wochenlang das Gequietsche an und hoffe, dass auch diese Phase vorü-bergeht. Danach Schlagzeug. Warum nicht? Das haben wir dann gekauft. Nichts hat ihn aber richtig gefesselt. Als er in die Schulband aufgenommen wurde, hat sich alles schlagartig geändert: Plötzlich galt er als Multitalent, weil er von allem etwas konnte. Danach hat er angefangen, sich selbst Klavier und Gitarre beizubringen. Meine Tochter wiederum, da habe ich auch alles erlaubt, mal Geige, mal Klavier, den Schwimmverein, Tennis, Volleyball. Und sie hat mit allem wieder aufgehört. Auch das habe ich zugelassen, weil ich dachte, soll ich sie zwingen? Das hat sie mir dann irgendwann zum Vorwurf gemacht. Sie könne jetzt nämlich gar nichts richtig. Mein jüngster Sohn hat schon Taekwondo, Wakeboarden, Turmspringen, Hiphop und American Football hinter sich. Jetzt macht er Fitness, spielt aber seit vielen Jahren konstant Saxophon. Ich finde es schon sinnvoll, Kinder eine Zeit lang zu motivieren, aber doch auch nur eine Zeit lang. Ich selbst will ja auch nicht gezwungen werden. Man stelle sich vor, jemand schreibt mir vor: Du hast jetzt mit dem Nähen

Regina,
Referentin
Erwachsenenbildung,
zwei Söhne (16, 22),
eine Tochter (27)

angefangen, da musst du aber nun auch zwei Jahre dabei bleiben. Ich würde glatt Depressionen bekommen! Wenn du etwas findest, was dir richtig Spaß macht, dann machst du das von dir aus weiter, Kind wie Erwachsener.

Irgendwann für eine Sache entscheiden. Ständig neuen Firlefanz anfangen und wieder aufhören, das geht bei uns nicht. Aber natürlich müssen sich Kinder erst einmal ausprobieren, um dann auch das Hobby zu finden, das ihnen wirklich wichtig ist und Spaß macht. Mein Sohn zum Beispiel hat eine Zeitlang Tennis und Fußball gespielt, außerdem noch Gitarren- und Malunterricht bekommen. Dann aber hat er sich ganz auf Fußball konzentriert und das dann auch durchgezogen. Meine Tochter würde eigentlich gerne alles und noch mehr machen: Tennis, Klavier, Turnen, Ballett, Gesang und Konditionstraining … Jetzt möchte sie noch mit Hiphop beginnen. Das darf sie auch, dafür wird etwas anderes gestrichen. Irgendwann aber muss auch sie sich entscheiden, bei was sie nun bleiben will. Meist machen wir am Ende des Schuljahres Tabula rasa und schauen, was weitergemacht wird und was nicht.

Angelika,
Lehrerin,
eine Tochter (12),
ein Sohn (19)

Ausprobieren lassen. Als Mutter von zwei Söhnen habe ich schon einiges durchlebt: Gitarre, Schlagzeug. Fußball, Rugby, Basketball, Skifahren, Snowboarden. Meiner Meinung nach sollte man die Kinder ausprobieren lassen, wenn es möglich ist. Am besten man schaut gemeinsam mit dem Kind, wie es die jeweilige Sportart möglichst kosten- und zeitgünstig durchführen kann, sprich, wo gibt es Probeunterricht, wo kann man die Ausrüstung leihen, wie kann das Kind selber zum Unterricht kommen oder irgendwie eine Fahrgemeinschaft gebildet werden. Ich habe festgestellt, dass die Begeisterung für eine Sache schnell abnimmt, wenn Taxi Mama (oder Papa) eben nicht immer zur Verfügung steht. Wenn allerdings tatsächliche Begeisterung vorhanden ist, dann nimmt das Kind selber die Frage der Organisation in die Hand. Geschehen bei uns mit Snowboarden bzw. Skifahren, wo unsere Söhne selbst in Bussen alleine mitgefahren sind.

Annette,
Projekt-
managerin,
zwei Söhne
(15, 19)

MEIN KIND WILL TASCHENGELD. WIE VIEL EIGENTLICH?

Es gibt ja eine Tabelle. Zum Beispiel die vom Deutschen Jugendinstitut. Da gibt es genaue Empfehlungen. Zum Beispiel sollen Kinder bis zum neunten Lebensjahr wöchentlich ihr Taschengeld an einem festen Tag erhalten, maximal bis zu drei Euro. Und das Geld soll den Kindern zur freien Verfügung stehen, also muss beispielsweise nicht fürs Pausenbrot ausgegeben werden. So weit, so gut. Was aber kümmern Kinder Tabellen, wenn doch die Freunde mehr bekommen, wenn denen die Oma noch etwas zuschießt, wenn doch die Eispreise ständig in die Höhe gehen und wenn überhaupt überall das Geld lockerer zu sitzen scheint als in Ihrem Portemonnaie. Soll man sich an Dagobert Duck orientieren, damit das Kind auch lernt, mit dem Vorhandenen auszukommen? Oder doch Aufstocken, damit der Krösus junior mithalten kann?

Wir achten auf einen vernünftigen Umgang mit Geld. Seit meine Tochter sieben ist, bekommt sie Taschengeld.

Sie hat mich danach gefragt. Ich selbst hätte das Thema nicht angesprochen. Seitdem erhält sie einen Euro in der Woche – am Freitagabend und bewusst nicht am Montagmittag, sodass sie es gleich raushauen könnte. So einen Fall hatten wir nämlich im Bekanntenkreis, da konnte das Kind nicht einmal das Mittagessen abwarten, um sein Geld auszugeben. Was den Umgang mit Geld angeht, sind meine Kinder total unterschiedlich. Meine Tochter spart, mein achtjähriger Sohn, der ja mittlerweile auch Taschengeld erhält, kauft Fußballbilder, ob er sie sammelt oder nicht. Der Klassendurchschnitt liegt bei ihm übrigens bei zwei Euro. Das ist zu viel, finde ich. Meine Kinder sollen lernen, dass man sich unter Umständen etwas erarbeiten muss. Oder dass es halt auch dauern kann, bis man sich etwas leisten kann. Kürzlich hat sich meine Tochter von ihrem Ersparten eine Tasche gekauft, die sie schön fand. Das habe ich unterstützt.

Monika,
Hausfrau,
zwei Söhne (5, 8),
eine Tochter
(10)

**Dann aber keine „Sonderwünsche"
mehr.** Ein super Thema um seinen Kindern folgende Themen näher zu bringen: Die Härte des Lebens, soziale Unterschiede, Fleiß und … alles ist relativ.

Als meine Kinder das letzte Mal das Thema Taschengelderhöhung ansprachen, haben wir zusammen erarbeitet, warum Kinder Taschengeld bekommen sollten. Wichtig war mir dabei, dass die Kinder selber darüber nachdenken! Natürlich kam dann unter anderem die Antwort: „Damit wir uns etwas kaufen können, bzw. kleine Wünsche erfüllen, oder auf größere sparen." Danach habe ich mit meinen Söhnen recherchiert, was sie zusätzlich zu ihrem Taschengeld alles für „Wünsche" erfüllt bekommen, welche eigentlich vom Taschengeld zu bezahlen wären. Bei uns waren das zum Beispiel Kinobesuche, das zweite oder dritte Eis an einem Urlaubstag, mal eine Zeitschrift, irgendwelche Dinge, die sie beim Einkaufen einfach so mit einem netten Lächeln in den Einkaufswagen legen ...

Diana, Unternehmerin, zwei Söhne (12, 15)

Anschließend habe ich ihnen zur Wahl gestellt, ihr Taschengeld zu erhöhen, aber ansonsten keine „Sonderwünsche" mehr zu erfüllen. Nach kurzer Überlegung entschieden sich beide unabhängig dafür, dass alles so bleiben soll wie es ist.

Meine Söhne bekommen kein Taschengeld. Die Kinder bekommen ohnehin, was sie möchten (natürlich im vernünftigen Rahmen). Und wenn sie sich mal mit Freunden treffen, bekommen sie auch Geld von mir. Deswegen gibt es kein Taschengeld. Die Oma steckt ja auch noch ab und zu etwas zu. Das reicht.

Eva, Bürokauffrau, zwei Söhne (11, 14)

MEIN KIND GIBT SEIN GELD FÜR QUATSCH AUS

Von der Omi gab es zu Weihnachten ein Buch und darin einen Geldschein. Das Buch liegt leider noch in der Ecke, das Geld ist aber bereits verwandelt worden in einen Stapel Sammelkarten, in ein fürchterliches Stofftier mit Hut, in Monstertrucks aus feinstem Chinaplastik, einen Ball in Knallfarben, der nun kaputt in der Ecke liegt, oder in Süßigkeiten aller Art. „Das ist meins und damit darf ich doch kaufen, was ich will", hat Ihr Kind Ihnen bei einer ersten leisen Kritik trotzig erklärt. Hat es da etwa Recht? Wie kann ich mein Kind dazu bringen, sein Geld nicht mehr für Quatsch auszugeben, sondern sinnvoll zu verwenden?

Akzeptieren, auch wenn es weh tut. Wenn meine Kinder für irgendeinen Blödsinn ihr Geld einfach so raushauen, so etwas trifft mich dann auch persönlich. Auf rationale Weise aber ist das Kind in so einem Moment nicht zu erreichen. Da kann man noch so lange reden und darauf hinweisen, was für sinnvolle Sachen man sich für dieses Geld kaufen könnte. Vergebens. Das muss man akzeptieren, auch wenn es weh tut. Mein Sohn hat sich zum Beispiel eine Zeit lang Unmengen von Wrestling-Chips gekauft, sein ganzes Taschengeld dafür ausgegeben, nach ein paar Monaten habe ich dann diese Chips alle weggeworfen. Die Alternative wäre nur, ein Veto einzulegen und das Geld wegzunehmen. Aber das ist ja nicht der Sinn, dass du Vorschriften machst. Es ist ja das Geld des Kindes, über das es frei verfügen kann, und so hoffentlich auch den Umgang damit lernt.

Theresa,
Erzieherin,
eine Tochter (15),
ein Sohn (18)

Selbst herausfinden lassen, was man braucht und was nicht. Schon wieder ein Nagellack in einer Nuance, die sich kaum von einem unterscheidet, der erst letzte Woche gekauft wurde. Ein Eyeliner muss es auch sein, und der Lidschatten stammt aus einer „Limited Edition", die nach Meinung meiner Tochter in zwei Tagen mit Sicherheit vergriffen ist. Sie liebt es, Kosmetik zu kaufen – allerdings benutzt sie diese kaum. Soll ich also darauf bestehen, dass sie sich diesen Kram nicht zulegt? Nein, denn irgendwann muss sie lernen, in unserer Überflussgesellschaft herauszufinden, was sie braucht und was nicht. Spätestens dann, wenn in ihrem Zimmer der Platz ausgeht und der Kauf von Neuem bedeutet, sich von Altem trennen zu müssen. Sie muss lernen zu unterscheiden, was zu kaufen wirklich Sinn macht. Und diesen Prozess muss sie selbst durchlaufen – auch wenn er leider unter Umständen teuer ist. Dabei hilft dann der Gedanke: Es ist ja ihr Geld!

Iris,
Journalistin,
eine Tochter
(13)

Das Kind hat Recht. Das Kind hat Recht, es ist sein Geld und war von der Oma nicht an irgendeine Bedingung geknüpft. Jeder von uns hat sicher schon mal etwas gekauft und sich im Nachhinein gefragt: „Warum gerade das?" Im Moment des Kaufs war es das Geld wert.

Sabine,
Pädagogin,
zwei Töchter
(16, 18)

MEIN KIND
LIEBT DAS FERNSEHEN

Alle Mütter, die ihre Kinder nie Fernsehen schauen lassen, bitte diese Frage nicht lesen. Sie werden sie nicht verstehen. Für alle anderen aber bitte: Draußen ist strahlend schönes Wetter, man könnte Fußball spielen, Roller fahren oder sich mit Freunden verabreden. Ihr Kind hat zu alledem keine Lust. Es möchte Fernsehen. Stundenlang am liebsten. Jeden Quatsch. Und am besten schon am frühen Nachmittag. Natürlich haben Sie mal schnell den Fernseher angemacht, als Sie ein wichtiges Telefonat führen mussten. Jetzt haben Sie den Salat und Ihr Kind seine Lieblingsserie um 16.30 Uhr. Wie kann ich Fernsehen eigentlich richtig dosieren, ohne dass es ständig Ärger ums Ein- und Ausschalten gibt?

Wir schauen gemeinsam fern. Erst kürzlich kam mein Sohn aus dem Kindergarten und erzählte mir: „Thor ist ein Superheld." Das habe ich erst mal richtig gestellt. Nee, nee, das ist ein Donnergott. Thor war interessanterweise Thema im Kindergarten – unter fernsehenden Kindern, weil der Film zu sehen war. Ich erschrecke immer, was die Kinder alles schauen dürfen: Transformers, Star Wars, Spiderman … Wie will ein Kind solche Informationen verarbeiten? Vor allem kurz vor dem Schlafengehen? Da haben meiner Meinung nach die Eltern irgendwas überhaupt nicht kapiert. Bei uns ist es so: Wir gucken gemeinsam fern. Was mein Sohn immer schauen darf, ist „Löwenzahn" und „Sendung mit der Maus" – das ist altersgerecht. Und auch das ist bei uns klar: Mein Kind hat mit seinen Fingern nichts an der Fernbedienung zu suchen. Fernsehen muss meiner Meinung nach begleitet werden in diesem Alter – genauso wie das Internet. Wir schauen gerne „Terra X" und Natur-Dokus an. Fernsehen darf keine Kinder-Abstellmaschine sein. Und ein eigener Fernseher im Kinderzimmer geht gar nicht. Einige Kindergartenfreunde von ihm besitzen tatsächlich einen eigenen. Mein Sohn hat inzwischen eine neue CD: Germanische Sagen. Darin kommt Thor auch vor.

Sarah,
Pferdewirtin,
ein Sohn (6)

Wir machen unser eigenes Programm.
Als Kind hatte ich eine Freundin, die nie fernsehen durfte. Sie konnte nirgends mitreden. Ich fand sie auch

irgendwie ein bisschen langweilig. Sie wusste nie, was läuft. Mit anderen Worten: Ich finde Fernsehen gut, weil man auch was lernt. Das klassische Fernsehen nutzen wir in unserer Familie kaum mehr. Wir machen oft unser eigenes Programm. Aber natürlich gibt es auch Sandmännchen, Robin Hood und die aktuellen Zeichentrickfilme. Meine Kinder dürfen alleine Fernsehen. Umschalten dürfen sie allerdings nicht!

Ines,
Bankkauffrau,
ein Sohn (5),
eine Tochter
(9)

Realität und Geschichte verschwimmen. Mein Jüngster hat eine blühende Fantasie. Zeichentrickfilme kann er einordnen, aber Spielfilme überfordern meinen Siebenjährigen. Ganz schlimm war es, als er einmal „Hui Buh – das Schlossgespenst" und ein anderes Mal „Harry Potter" mit seinen großen Geschwistern angesehen hat. Danach konnte er nicht mehr einschlafen und hat wieder richtig oft ins Bett gepieselt. Er traute sich auch nicht mehr, in den Keller zu gehen. Mein Kleiner kann Realität und Geschichte nicht unterscheiden. Darauf müssen seine großen Geschwister nun Rücksicht nehmen, auch wenn sie motzen. Ich finde so-

Christina,
Hausfrau,
zwei Söhne (7, 9),
eine Tochter
(11)

wieso, die Kinder müssen nicht jeden Tag fernsehen. Auch nicht Wissenssendungen oder Kindernachrichten. Da kommt noch die richtige Zeit dafür. Sie sollen spielen und nicht passiv vor der Glotze hocken.

MEIN KIND SOLL ANALOG LEBEN

Eine Standpunktfrage: Fernsehen, gibt es nicht! Computer, gibt es nicht! Handy, Playstation, Gameboy, gibt es auch alles nicht. Denn Sie sind sich sicher, das ist nicht gut für mein Kind! Tatsächlich? Oder verschließe ich meinem Kind damit nicht auch eine Welt, die zu seiner Zeit einfach gehört? Wie fühlt sich eigentlich mein Kind, wenn es als das einzige der Klasse nicht weiß, wie man mit einem Controller Tore schießt? Und vielleicht nicht einmal die wichtigsten Serienhelden kennt… Tue ich meinem Kind mit meiner strikten Ablehnung von Medien aller Art wirklich etwas Gutes?

Der Fantasie eine Chance geben. Es ist schon toll, was es alles gibt und man sollte die Augen vor der Technik nicht verschließen, immerhin wird es immer mehr werden. Aber dennoch ist ein Kind ein Kind und braucht Bewegung, Zeit zum Kreativsein. Kinder sollten toben, Bäume heraufklettern, im Matsch spielen, in Pfützen springen und mal einen Staudamm bauen. Auch den Purzelbaum kann man nur, wenn man ihn übt. Ich finde es traurig zu beobachten, dass Kinder schon in der ersten oder zweiten Klasse ein Smartphone besitzen und einige davon sogar ein Tablet! Das alles zögere ich so weit hinaus wie es geht. Amerikanische Wissenschaftler sprechen schon vom sogenannten iPhone-Syndrom. Das entsteht wohl, wenn Eltern beispielsweise ihren gelangweilten Kindern unterwegs in der Bahn ihr Smartphone zustecken, damit sie ruhig sind. Die Kinder lernen dann: Wenn sie quengelig sind, werden sie unterhalten. Was sie aber nicht lernen, ist, geduldig zu sein oder gar ihrer Langeweile aus eigenen Stücken mit eigenen Ideen zu entfliehen. Denn genau in diesen Situationen entstehen lustige Geschichten, schöne Bilder, eigene Kreationen und so vieles schönes mehr.

Karin,
Journalistin,
ein Sohn (7)

Digitale Regeln sind unumstößlich. Ich selber bin ein medialer Dinosaurier und lebe für viele Menschen sicher-

lich hinter dem Mond. WLAN ist für mich die Nummer 23 auf der chinesischen Speisekarte, Mails halte ich für grundlegend überbewertet und WhatsApp ist die Zwangsanordnung meines engsten Freundeskreises mich sonst kommunikationstechnisch in die arktische Eiswelt zu schicken. Ja, und auf der anderen Seite stehen dann da meine Digital Natives. Das ganze Leben ist ein ewiges Wischen über Flatscreens. Umgeben von tablet- und handytragenden Freunden. Im Klassenchat wird der „notwendige" Austausch betrieben. Online wird gecheckt, was in ist. Und die fehlenden Hausaufgaben müssen natürlich auch in der dafür extra eingerichteten WhatsApp-Gruppe diskutiert werden. Was bleibt? Ich versuche, mich zu entspannen. Ich akzeptiere die digitale Parallelwelt zu meinem analogen Jurassic Parc. Oft gibt es Situationen, in denen ich alle Handys und Tablets verbrennen möchte. Dann sattle ich wieder mein Pferd und reite wie Don Quichotte gegen Bits und Bites. Was aber unumstößlich ist, sind digitale Regeln. Am Tisch sind Handys ein No Go. Wenn Freunde da sind auch (vielleicht ist da auch der Wunsch Vater

Simone,
selbstständig,
zwei Söhne
(6, 12)

des Gedanken). Auch im Kinderzimmer haben sie nichts verloren. Medienzeiten haben bei uns nie funktioniert. Spannend ist, wenn wir im Urlaub sind – da ist das Handy plötzlich wurscht. Mit Freunden ist das Ding vergessen (vorausgesetzt sie haben ihres auch nicht dabei, aber schenkt euch den Kampf mit anderen Eltern deswegen). Und wenn das reale Leben mit Fahrrad, Wald, Abenteuer und Erlebnis zuschlägt, ist die Welt plötzlich eh wieder ganz schön … analog.

Das ist doch wirklich Quatsch. Ein rein analoges Leben für mein Kind? Das ist doch wirklich Quatsch! Weil es einfach nicht ins heutige Leben passt. Du musst mit Computer, Handy & Co ja auch umgehen lernen, das sind wichtige Fähigkeiten, also warum sollte ich mein Kind davon fern halten. Natürlich, wenn dein Kind in dieser digitalen Welt versinkt, dann ist das ein Problem. Mein Sohn ist da zum Glück kein Grenzgänger. Der spielt mal eine Stunde „Minecraft" oder aber auch mal mehr, aber dann ist auch wieder gut. Wir haben da nie den Überblick verloren. Wenn sich das ändern würde, dann müsste ich mir etwas einfallen lassen. Grundsätzlich aber sehe

Klara,
Vertriebs-
assistentin,
ein Sohn (15)

ich das entspannt. Es gibt bei uns auch keine Regeln, deren Einhaltung müsste ich ja dann ständig überwachen und ich wüsste auch gar nicht, welche das sein sollen. Ich lasse ihn lieber erst mal agieren, schaue, ob sich das in einem Rahmen bewegt, der für mich okay scheint, und das funktioniert bislang. Ein analoges Leben, das ist in meinen Augen heute nicht mehr wirklich lebbar.

MEIN KIND WILL EIN HANDY

Die Schule ist schon seit über dreißig Minuten aus und ihr Strawanzer ist noch nicht mal in Sichtweite. Jetzt wäre ein Handy im Schulranzen schon verdammt praktisch. Einfach mal schnell nachfragen, ob alles in Ordnung ist. Mobiltelefone schenken Müttern schnelle Sicherheit, wo sich Schätzelchen gerade herumtreibt. Aber muss ich wirklich immer wissen, wo mein Kind ist? Smartphones können auch einfach gefährlich sein. Klick, klick – und schon könnte Schätzelchen auf allen möglichen Internetseiten sein, auf denen es sich ganz bestimmt nicht herumtreiben sollte. Ab welchem Alter ist ein Handy sinnvoll?

Das ist mir zu gefährlich. Seit ich den Vortrag eines Polizisten an der Schule gehört habe, ist für mich ganz klar: Meine Kinder bekommen so schnell kein eigenes Smartphone. Dass Neunjährige auf Pornoseiten landen, hat mich richtiggehend schockiert. Und es ist auch nicht zu glauben, auf welche Weise Kriminelle versuchen, Kontakt zu Kindern herzustellen. Das ist mir viel zu gefährlich! Tatsächlich stehen wir nun vor der Situation, dass mein Sohn einen weiteren Schulweg haben und mit den öffentlichen Verkehrsmitteln unterwegs sein wird. Das ist ein Grund, weshalb ich über ein Handy nachgedacht habe. Aber dann wird es sicherlich ein alter Knochen sein. Auch auf die Gefahr hin, dass er ausgelacht wird.

Stephi,
Betriebswirtin,
eine Tochter (6),
ein Sohn (9)

Will man seine Kinder immer kontrollieren? Wer braucht eigentlich das Handy mehr: die Eltern oder die Kinder? Für Eltern ist es natürlich einfacher, wenn Kinder schon in der Grundschule ein Handy besitzen. Dann sind sie immer erreichbar, man weiß, wo sie stecken und muss sich keine Sorgen machen. Man hat also seine Ruhe, in jeder Hinsicht. Andererseits wollen wir ja auch, dass unsere Kinder selbstständig werden. Wie aber soll das gehen, wenn man sie zugleich immer über das Handy kontrolliert? Und wie sollen Kinder lernen, sich an Abmachungen zu halten und ein Zeitmanagement zu entwickeln, wenn sie jederzeit anrufen können und sagen: „Ich komme noch ein bisschen später?" Meine Töchter wissen, ich warte auf sie, wenn es zu lange dauert, mache ich mir Sorgen. Und falls ich einmal nicht zu Hause bin, können sie zur Nachbarin gehen, die hat auch einen Schlüssel. Wobei ich auch weiß: Wir haben hier eine heile Welt, würden wir mitten in der Großstadt leben, würde ich vielleicht anders entscheiden.

Melina,
Kosmetikerin,
zwei Töchter
(8)

Nutzung klar begrenzen. Ohne Handy sind Kinder heute ab einem gewissen Alter ausgegrenzt. Auch deswegen, weil sie dann nicht in den sozialen Netzwerken unterwegs sind. Ein Handy in der dritten oder vierten Klasse muss noch nicht sein, aber dann gehört es doch dazu. Nur müssen Kinder auch lernen, damit klarzukommen und dafür muss dann auch die Nutzung klar

Friederike,
Coach,
zwei Töchter
(11, 13)

begrenzt werden. Es muss handyfreie Zeiten geben. Mittlerweile weiß man zum Beispiel, dass wenn ein Kind lernt und danach daddelt, etwa ein Drittel des eben Gelernten wieder gelöscht ist. Zwischen guten Noten und Handynutzung gibt es also einen direkten Zusammenhang. Wir haben daher klare Regeln, wie lange das Handy pro Tag genutzt werden darf, abends wird das WLAN abgeschaltet, auch wenn meine Töchter natürlich immer wieder darüber verhandeln wollen. Ich werde mit ihnen weiter über das Thema streiten, aber nicht kapitulieren!

Ich möchte nicht, dass meine Tochter außen vor ist. Meine Tochter hat jetzt seit der vierten Klasse ein Handy. Zum Übertritt bekommen die meisten Kinder ein eigenes Smartphone. Sie hat ein gebrauchtes iPhone, das genügt erst mal. Bislang nimmt sie es nicht mit in die Schule, aber das wird sich sicher bald ändern. Wir haben die Abmachung, dass sie es nicht mit auf ihr Zimmer nimmt – weder tagsüber noch nachts. Eine Sperre für gewisse Seiten haben wir nicht eingebaut, unsere Tochter interessiert sich nicht groß für Spiele und

Monika,
Hausfrau,
zwei Söhne (5, 8),
eine Tochter
(10)

ähnliches. Sie hatte aber auch einen Lehrer, der im Unterricht die möglichen Handy-Gefahren sehr bewusst gemacht hat. Ich fand das richtig gut, dass dieses Thema in der Schule vorgearbeitet wurde. Inzwischen gibt es auch einen Klassenchat – ich möchte nicht, dass meine Tochter da außen vor ist.

MEIN KIND BENIMMT SICH IM RESTAURANT DANEBEN

Sie wollten eigentlich nur mal wieder Muscheln im Weißweinsud. Dann aber haben Sie sich im Restaurant gezwungenermaßen gefreut, dass Sie mit Ihrer Familie für viele Gäste wieder Fernsehprogramm eins, zwei und drei ersetzen konnten. Sie waren nicht mal besonders laut, hatten aber live und in Farbe wohl viel zu bieten. Okay, und einmal sind Ihre Kinder um den Tisch gerannt … Das war dann der Moment, in dem das ganze Lokal bereit zur TED-Abstimmung schien: Hat diese Mutter alles im Griff? Wie still müssen Kinder eigentlich im Restaurant sein?

Zumindest versuchen, das Kind unter Kontrolle zu halten. Unvergessen, als ich mit einer Freundin und ihrem etwa eineinhalbjährigen Sohn in ein Café gegangen bin und der Sohn sich mit großer Freude frei bewegt und die Mutter entspannt gegessen hat – während ich schon leicht nervös wurde. Und wie der Sohn dann mit großer Selbstverständlichkeit seine vom Schokoladencroissant verschmierten Hände an der hellen Hose eines Mannes am Nebentisch abgewischt hat. War mir das peinlich! Der Mutter übrigens nicht… Der Mann jedenfalls war fassungslos. Ich finde schon, man muss seine Kinder im Restaurant unter Kontrolle halten, es zumindest versuchen. Das hat auch bei mir und meinen Kindern nicht immer geklappt, schon klar, aber ich habe mich bemüht. Und wenn ein Kind massiv stört, dann geh ich! Da schmeckt doch auch das Essen nicht mehr. Natürlich kann es auch nicht sein, dass man vom öffentlichen Leben ausgeschlossen wird, bloß weil man plötzlich ein Kind hat. Ein normales Lokal oder Café samt Gästen sollte mit Familien bitte schön zurechtkommen. In ein Spitzenrestaurant, in dem

Regina,
Referentin
Erwachsenenbildung,
zwei Söhne (16,22),
eine Tochter (27)

die Gäste sehr viel Geld für einen besonderen Abend ausgeben, wäre ich mit kleinen Kindern ohnehin nicht gegangen.

Meine Töchter benehmen sich. Ich finde die Vorurteile gegenüber Kindern ungerecht. Mit meinen drei Töchtern gehe ich gerne ins Restaurant, die benehmen sich auch. Wir haben Spiele, Malsachen, kleine Lego-Bausätze, Lätzchen und Feuchttücher für Hände und Mund dabei. Allerdings ärgert es mich, wenn ein Kellner schon pikiert schaut, wenn ich ihn um einen Hochstuhl bitte, dann vergeht sogar mir die Lust, Essen zu gehen. Klar ist natürlich auch, dass ich kein Drei-Gänge-Menü mit meinen Kindern absolviere. Eine Freundin von mir geht immer zu McDonald's, weil sie sich nicht traut, mit ihren Kindern in ein Restaurant zu gehen. Das finde ich traurig.

Petra,
Bankkauffrau,
drei Töchter
(2, 4, 6)

Kinder spüren, wo sie sich angenommen fühlen. Ich bin ein Typ, der eigentlich nicht auffallen will. Aber mit meinem kleinen Sohn bin ich in Restaurants aufgefallen. Er war kein Sitzenbleib-Kind war, sondern sehr mobil und nicht besonders interessiert am Essen. Sobald der Teller leer war beziehungsweise er satt, wollte er aufstehen. Zuhause haben wir ihm das auch erlaubt, damit wir wenigstens in Ruhe zu Ende essen konnten. In deutschen Restaurants geht das aber nicht, da sind mobile Kinder nicht gerne gesehen, weil sich dann die Bedienung in ihren Laufwegen gestört fühlt. Einmal, da war mein Sohn zwei und ist ein wenig zwischen den Tischen herumgelaufen, um zu sehen, was so los ist, kam die Wirtin zu uns und hat gesagt: „Jetzt schauen Sie bitte mal, dass Ihr Sohn endlich sitzen bleibt." Danach hatte ich erst einmal keine Lust mehr auf Restaurantbesuche. Dann aber: Eine Pizzeria, wir öffnen die Türe, der Wirt sieht meinen Sohn, ruft „un bello biondo" und alles war anders. Mein Sohn durfte hinter die Theke, zum Holzofen und war glücklich. Wenn ich hinterherlief, dann hieß es, „alles gut, der stört doch nicht". Ich glaube, auch Kinder spüren, wo sie sich angenommen fühlen und wo nicht. Und wenn nicht, dann hat sich das bei meinem Sohn in einer gewissen Unruhe widergespiegelt. Mein Rat daher: Geht zum Italiener!

Angelika,
Lehrerin,
eine Tochter (12),
ein Sohn (19)

Essen, wo man willkommen ist. Eigentlich erkennt man doch schnell, wo Kinder willkommen sind und wo nicht. Meist schon an der Speisekarte. Insofern: Lieber ins lässige Café gehen, in dem vielleicht sogar Kinderstühle bereit stehen, als im feinen Restaurant gestresst das Kind in Zaum halten. In meinen Augen gibt es aber schon einige Regeln, die für jeden Restaurantbesuch gelten. Kinder, die sich mal umschauen, kein Problem. Kinder, die herumrennen, das zum Beispiel geht meiner Ansicht nicht. Vermutlich stört es die Eltern aber nicht, denn ansonsten würden sie es verhindern, das ist ja durchaus zu schaffen. Mir jedenfalls wäre es unangenehm gewesen. Ich habe, als die Kinder klein waren, wunderbare Zeiten im Café eines Möbelhauses verbracht. Das Essen war okay, ich konnte in Ruhe mit meiner Freundin reden, und die Kinder? Tobten im Bällebad!

Sabine,
Juristin,
zwei Söhne
(11, 13)

GUTE NACHT, MEIN SCHATZ!

Die Sache mit dem Schlafen

MEIN KIND WIRD NIEMALS SCHLAFEN LERNEN

Eigentlich war alles gut. Sie haben Ihrem Kind die Gute-Nacht-Geschichte vorgelesen, dann krabbelte es ins Bett, Sie haben ein bisschen vom Tag erzählt, gebetet oder gesungen. Dann ein Gute-Nacht-Kuss und endlich haben Sie Zeit für sich. Falsch gedacht! Ihr Kind nämlich will nicht, dass Sie Ihre Zeit allein verplempern, sondern findet es viel sinnvoller, wenn Sie ihm, bis es eingeschlafen ist, die Hand halten… Gefühlte drei Stunden später schleichen Sie aus dem Zimmer, werfen sich erleichtert aufs Sofa, klappen gerade Ihr Buch auf oder schalten den Fernseher ein, da steht der Liebling schon wieder vor Ihnen: „Ich kann nicht schlafen…" Was tun? Hart bleiben und die kostbare Freizeit erkämpfen? Wieder mit ins Kinderzimmer gehen, die Hand halten? Es also als ernstes Bedürfnis ansehen und auf eine andere Phase hoffen?

Immer die gleichen drei Lieder. Natürlich habe ich auch mal eine Stunde mein Kind im Dunkeln geschuckelt, wenn es Sorgen oder Ängste hatte. Aber große Schlafprobleme gab es bei uns eigentlich nicht. Dafür aber immer feste Rituale: Schlafanzug anziehen, waschen, immer die gleichen drei Lieder, in der gleichen Reihenfolge. Dann haben wir gebetet, ich habe die Spieluhr aufgezogen und bin raus. Das habe ich so gemacht, seit meine drei Babys waren. Und noch heute bete ich mit meiner zehnjährigen Tochter und ziehe ihr die Spieluhr auf, obwohl sie danach noch ein bisschen lesen darf. Aber ein „Mama, ich habe noch Hunger" oder ein Kind, das wieder nach unten tanzt, das kenne ich eigentlich nicht. Meine Kinder wissen aber auch, wenn ich sage: „Jetzt ist Schluss, dann ist aber auch Schluss."

Mathilde, Diplomkauffrau, zwei Töchter (10, 15), ein Sohn (13)

Durchhalten – irgendwann schaffen sie es. Meine Große musste zweieinviertel Jahre alt werden und hat just in dem Moment, bevor die kleine Schwester zur Welt kam, das Durchschlafen gelernt. Ich habe, ehrlich gesagt, schon nicht mehr daran geglaubt. Bei unserer Kleinen wollten wir alles anders und besser machen. Früher abstillen, keine

Gabi, Grafikerin, zwei Töchter (2, 5)

Milch und kein Wasser im Bett… Alle guten Vorsätze waren umsonst. Sie ist jetzt zweidreiviertel und wacht im Schnitt zweimal pro Nacht auf. Seit sie mittags nicht mehr schläft, schläft sie jetzt abends zwar super schnell ein und freut sich förmlich aufs Bett vor lauter Müdigkeit. Allerdings hat es zum Durchschlafen überhaupt nichts beigetragen. Im Moment bin ich ratlos. Wir arbeiten immer noch daran, ihr das Durchschlafen beizubringen – aber ich weiß ja von meiner Großen: Irgendwann wird auch sie es lernen …

Ich habe mich zu ihnen ins Bett gelegt. Wenn meine Kinder nicht in ihrem Bett einschlafen konnten, habe ich mich mit in ihr Bett gelegt und gewartet, bis sie eingeschlafen waren. Da gibt es sicher pädagogisch sinnvollere Methoden, aber ich fand es immer besser, als wütend oder verzweifelnd weinende und schreiende Kinder immer wieder und wieder zurück ins Bett zu schicken. Sollten die Kinder doch friedlich und ruhig einschlafen. Zugegeben, ich war davon oft genervt, aber die Zeit geht hundertprozentig vorbei! Mir war es einfach wichtiger, dass morgens alle ausgeschlafen sind.

Eva,
Bürokauffrau,
zwei Söhne
(11, 14)

MEIN KIND WANDERT JEDE NACHT INS EHEBETT

Eigentlich war alles gut. Doch aus unerfindlichen Gründen hat Ihr Kind das Elternbett als seinen neuen Lieblingsplatz entdeckt. Leider besteht es zwischen drei oder vier Uhr morgens auf den Ortswechsel. Weil nichts kostbarer ist als Ruhe, holen Sie es in Ihr Bett. Eine Nacht ist ja nicht so schlimm, obwohl Ihr Kind schläft und Sie wach liegen, weil Sie plötzlich seine Füßchen im Gesicht haben. Aber die zweite, dritte, zehnte? So lieb Sie Ihr Kind haben, aber wie bekommen Sie es wieder aus Ihrem Bett?

Die Zeit sollte man als Eltern eigentlich genießen. Wenn das Kind ins Bett kommt, dann braucht es die Nähe ja auch anscheinend. Einem Kind das zu verbieten, um Himmels willen. Das ist ja auch kein Opfer für die Eltern – abgesehen natürlich davon, dass man die Nacht auf 40 Zentimeter völlig verkrampft verbringt und nicht besonders gut schläft. Aber es gibt doch auch nichts Schöneres als diese Zeit und das weiß man erst im Nachhinein, wenn die Phase vorbei ist: Kleine Kinderkörper, die sich im Bett an einen kuscheln, das ist wunderbar… Wenn dann irgendjemand bemerkt hat, die seien doch wohl alt genug, um in ihrem eigenen Bett zu schlafen, habe ich immer gesagt, ich habe noch von keinem gehört, der noch samt der Freundin im Bett der Eltern lag. Und wann wer alt genug ist, wer entscheidet das eigentlich? Deswegen: Genießen. Die Zeit kommt nie wieder. Ich habe sie geliebt.

Regina,
Referentin Erwachsenenbildung, zwei Söhne (16, 22), eine Tochter (27)

Ich werde es irgendwann schmerzlich vermissen. Fast sechs Jahre ist mein Sohn alt, im September kommt er in die Schule – aber vor allem kommt er jede Nacht in unser Ehebett. Das ist zwar mit zwei auf zwei Meter wirklich groß – aber jede Nacht einen Ellenbogen oder einen Fuß im Gesicht? Ich dachte eigentlich, da wäre ich schon darüber hinaus. Wir. Dem ist nicht so. Mein Trost: Mit meiner Tochter – heute fast acht Jahre – war es genauso. Nachtwanderungen zu uns waren Standard. Kaum war sie jedoch in der Schule, war der

Veronika,
Journalistin, ein Sohn (5), eine Tochter (7)

Schalter wie umgelegt und sie schlief in ihrem Bett – außer sie ist am krank werden. Dann kommt sie auch heute noch. Und soll ich was verraten? Ich vermisse es richtig, dieses morgendliche Kuscheln beim Aufwachen mit ihr. Aber dafür habe ich ja noch meinen kleinen Sohn. Er entschädigt mich auf seine burschikose Art. Und ich glaube, ich werde mich noch schmerzlich an diese schöne Zeit erinnern. Und mich nach Kinnhaken mit Ellenbogen und Füßen sehnen…

Diese Diskussion habe ich nie verstanden. Nein, es war noch nie gut. Insbesondere meine Tochter kennt kein eigenes Bett, weder früher noch heute. Mein Mann hat einen einzigen Versuch unternommen und nach dem x-ten Mal „Zurück-ins-eigene-Bett-bringen" gegen Morgen aufgegeben. Genug Betten haben wir, jeder kann einschlafen, wo er will und hinwechseln, wohin er will. Ganz ehrlich, diese Diskussion habe ich noch nie verstanden. Das ist eines der wenigen Themen, die sich sicherlich irgendwann einfach von selbst erledigen. Mein Kinderarzt hat mich übrigens darin bestärkt, dass das Schlafen im

Steffi,
Rechtsanwältin, eine Tochter (8), ein Sohn (10)

Elternbett die Nähe zwischen Eltern und Kinder fördert. Und diese ist mir, insbesondere auch für die Zukunft, viel wichtiger als geordnetes Schlafen in den jeweils zugedachten Betten.

MEIN KIND WILL NICHT WOANDERS ÜBERNACHTEN

Mit süßen vier Jahren hatten sie es ja durchaus mal ausprobiert – Übernachten bei einem Freund/ einer Freundin. War auch alles ganz toll: Kakao trinken, Gute-Nacht-Geschichte, einkuscheln, einschlafen – und am nächsten Tag ganz schnell wieder abholen. Seither macht Ihr Kind keine Anstalten irgendwo anders zu übernachten. Eine Geburtstags-Übernachtungsfest-Einladung? Lieber mal absagen. Mehrere Tage ins Schullandheim? Aber sicherlich nicht! Ist es okay, wenn Kinder einfach zu Hause schlafen wollen? Oder wäre es besser Fremdschlafversuche offensiv fördern?

Immer wieder versuchen. Es hat nie funktioniert. Und weil ich ja gemerkt habe, wie leid es meinem Sohn tut,

dass er nur zu Hause und nie bei Freunden schlafen kann, habe ich ihn immer wieder ermutigt, es neu zu versuchen. Für ihn war das Schlimmste, wenn die anderen vor ihm eingeschlafen sind, weil dann ging sein Kopfkino los: Ich kann nicht schlafen, mir wird heiß … Ich habe immer wieder gesagt: „Überlege mal: Was ist das Schlimmste, das passieren kann? Doch nur, dass du eine Nacht nicht schläfst." Aber das hat ihm nicht geholfen. Es war eine totale Katastrophe. Auch trotz Rescue-Nachtschlaftropfen. Ich habe ihn auch mitten in der Nacht mehrmals abgeholt, im Schlafanzug, so bin ich dann auch von der Polizei angehalten worden. Ohne Papiere natürlich. Als Teenager hat sich das Problem dann auf einen Schlag erledigt. In der Rückschau also: Ermutige dein Kind, es immer wieder zu versuchen, stelle dich als Mutter darauf ein, dass nachts um drei das Telefon klingelt, und hole es ab, irgendwann klappt es das erste Mal. Das aber ist dann ein wirklich erhebendes Gefühl für die Kinder.

Irgendwann wächst das Selbstbewusstsein. Meine Tochter versucht immer wieder bei ihrer Nachbars-

Antonie, Realschullehrerin, ein Sohn (18)

freundin zu übernachten. Bei vier Versuchen wollte sie jedoch drei Mal wieder abgeholt werden – wegen anderer Einschlafrituale, anderer Geräusche, anderer Lichter, einfach ein Zuviel von auf einmal anders. Da kommt sie nicht zur Ruhe und dafür habe ich Verständnis, weil es mir als Kind auch nicht anders gegangen ist. Also befeuere ich das Anderswo-Übernachten nicht. Ich glaube auch nicht, dass Kinder so etwas üben müssen. Irgendwann wachsen das Selbstbewusstsein und die innere Ruhe. Da das Übernachten bei Verwandten ja klappt, mache ich mir keine Sorgen, wenn es mal ins Schullandheim geht … Aber in einer „fremden" Familie weiß man als Kind nicht, was auf einen zukommt. Das weiß ich als Mutter letztlich auch nicht. Es würde mir kein gutes Gefühl geben, wenn meine Tochter bei Leuten übernachtet, die ich nicht gut kenne.

Margret,
Ärztin,
eine Tochter (7),
zwei Söhne
(9, 22)

Nichts erzwingen. Einen ersten Versuch startete unsere älteste Tochter mit vier Jahren: Um halb zehn abends mussten wir sie bei ihrer besten Freundin mit ihrem kleinen Köfferchen wieder einsammeln. „Ich konnte da nicht einschlafen. Das Bett war zu eng." Ein

paar Monate später, bei den Großeltern im fernen Hamburg, gab es keine Wahlmöglichkeit, und die Übernachtung zusammen mit ihrem Bruder war für sie in Ordnung. Danach verspürten beide Kinder lange nicht den Wunsch, bei jemandem zu übernachten, und wir drängten sie auch nicht dazu. Gegen Ende der Grundschulzeit nahm unsere Tochter aber dann gerne an Ferienfreizeiten teil. Die Klassenfahrt im vierten Schuljahr war für sie dann schon selbstverständlich, genauso wie für unseren Sohn, der sich in der 3. Klasse noch als einziger geweigert hatte, an einer Übernachtung in der Schule teilzunehmen. Seit er zwölf Jahre alt ist, ist er allerdings zu einem großen Fan von Übernachtungspartys (und Übernachtungen bei und mit Freunden) mutiert. Bei unseren Zwillingen (6) haben wir uns daran gehalten, jedem Kind seine Zeit zu lassen und gerade bei Kindergartenkindern nichts zu erzwingen. An der Abschieds-Übernachtungsparty in der Kita wollten die beiden ebenso wenig teilnehmen wie bei Freunden übernachten, aber ich vertraue darauf, dass sie gegen Ende der Grundschulzeit genauso gerne auf Klassenfahrt fahren werden wie ihre älteren Geschwister.

Almut,
Hausfrau,
drei Töchter
(6, 6, 17),
ein Sohn (14)

MEIN KIND HAT ALBTRÄUME

Nachts um zwei, ein Schrei! Ihr Kind hat mal wieder von Mäusen geträumt. Nicht von kleinen, süßen Mäusen, sondern von riesigen Monsternagern, die aus dem Schrank kommen und nun vor dem Bett sitzen, es auffressen wollen. Was Mäuse eben so nachts in Albträumen gerne tun. Nun verjagen Sie sie mal wieder auf bewährte Art. „Monsternager, echt? Aber schau, hier sind gar keine. Ja, Mami schaut gleich im Schrank. Nein, da sind auch keine. Wie sahen Sie denn aus, mein Schatz? Kann man vielleicht mit Ihnen reden?" Und dabei streicheln Sie Ihrem nassgeschwitzten Kind sanft über den Kopf, versprechen im Zimmer zu bleiben, und jede fiese Maus, sobald sie eine entdecken, zu verjagen. Und das machen Sie mindestens einmal in der Woche! Gibt es dagegen ein Heilmittel? Oder wenigstens eine Falle für Monsternager?

Bücher helfen. Unser Sohn ist während der Kindergarten- und Grundschulzeit immer wieder schreiend aufgewacht. Zwei Bücher haben uns gerettet. Als er kleiner war, war es das „Traumfresserchen" – ein wunderbares Buch von Michael Ende: Prinzessin Schlafittchen aus dem Schlummerland hat schreckliche Albträume. Niemand weiß Rat, bis Schlafittchens Vater das Traumfresserchen findet, das am liebsten Albträume verspeist. Man muss es nur einladen. Der Spruch, mit dem Kinder das Traumfresserchen rufen können, wurde unsere Erste-Hilfe. Später half auch die Episode aus der Comic-Serie „Calvin und Hobbes" nachzuspielen: Calvin sitzt zitternd vor Angst auf seinem Bett und fragt in die Dunkelheit: „Sind da irgendwelche Gespenster unter meinem Bett?" Ein vielstimmiger Chor antwortet mit „Nö" – der erste Lacher bei unserem Sohn. Calvin fragt weiter: „Und wenn da welche wären, wären sie groß oder klein?" Aus dem Dunkeln die Antwort: „Gaaanz klein!" Spätestens jetzt war die Spannung gelöst …

Kein Albtraum, sondern der Nachtschreck. Albträume kenne ich bei beiden Kindern. Aber ich habe sie noch nie als großes Problem empfunden, meist beruhigen sich ja die Kinder schnell wieder. Viel schlimmer war der

> Elisa,
> PR-Agentin,
> eine Tochter (13),
> ein Sohn (20)

sogenannte Nachtschreck, wobei ich erst später erfahren habe, dass es das im Kleinkindalter geben kann. Im Alter von zwei bis drei Jahren ist meine Tochter häufiger nachts aufgewacht und hat dann laut und durchdringend geschrien, auch mal eine halbe Stunde lang, und du konntest sie durch nichts beruhigen. Beim Nachtschreck ist das Kind, auch wenn es die Augen geöffnet hat, nicht richtig wach und nimmt die Umwelt nicht wahr. Und es kann sich am nächsten Morgen auch nicht daran erinnern. Heute würde ich versuchen, mit homöopathischen Mitteln zu helfen. Und auf jeden Fall hätte ich mir keine solchen Sorgen gemacht, wenn ich gewusst hätte, um was es sich handelt.

Susanne,
Agraringenieurin,
zwei Töchter
(7, 14)

Wir haben das Haus nach Monstern abgesucht. In Sachen Albträume haben wir manche Nachtwache geschoben. Und ganz ehrlich, wenn man über viele Jahre kaum mehr eine Nacht durchschläft, reagiert man auch nicht immer pädagogisch wertvoll… Dann erklärt man dem Kind schon mal sehr unwirsch: So ein Schmarrn, es gibt keine Monster, jetzt wird geschlafen, fertig. Natürlich hilft das wenig weiter: Die

Rechnung bekommt man prompt, das Kind schreit kurz darauf wieder. Was aber auch immer wieder passiert ist, obwohl wir gefühlvoll auf das Kind eingegangen sind, bei Licht das Zimmer, den Hausflur und die Toilette nach den kleinen und großen Monstern abgesucht und es getröstet zurück ins Bett gebracht haben. Einer unserer Söhne hatte nach einem leidvollen Krankenhausaufenthalt sehr lange Albträume, da half nur eines: Er durfte die restliche Nacht bei uns schlafen. Wenn die Albtraum-Nächte nicht überhand nehmen, ist das die einfachste und schnellste Lösung für alle. Unsere Zwillinge haben, als sie schon älter waren, das Problem einfach selbst gelöst, indem sie wieder in ein Zimmer zusammengezogen sind: Ein Mitschüler hatte während eines Schullandheimaufenthalts einen Horror-Video auf dem Handy gezeigt. Das hat enorme Ängste bei ihnen ausgelöst, alleine schlafen ging lange Zeit gar nicht mehr. Das hat uns auch wieder darin bestätigt, wie wichtig es ist, den Medienzugang und Medienkonsum der Kinder solange es geht, unter Kontrolle zu haben und wenn sie dann alt genug sind, mit ihnen sehr kritisch darüber zu sprechen.

Andrea,
freiberufliche
Texterin,
vier Söhne
(12, 12, 17, 19)

HMM, WIE KANN ICH DIR DAS ERKLÄREN?

Die großen Fragen

MEIN KIND AHNT, DASS BABYS IRGENDWIE GEMACHT WERDEN

Wie war das nochmal mit den Bienchen und den Blümchen? Ihr Kind weiß natürlich, dass es mal im Bauch von der Mama war. Aber wie kam es da hinein? Und natürlich weiß Ihr Kind, dass Mama und Papa sich ganz doll lieb haben müssen, damit die Kinder kommen, aber wie lieb genau? Räusper, räusper … Wann ist der richtige Zeitpunkt, diese netten Detailfragen zu erzählen? Mit vier, mit sechs, mit acht Jahren? Wie erkläre ich das Ganze – Bienchen, Blümchen oder pure Biologie – ohne ins Stottern zu geraten?

Ich sage die ganze Wahrheit. „Mama, gibt's Babys eigentlich auch im Supermarkt zu kaufen?" Nicht schon wieder, denke ich, das hatten wir doch schon alles. Mein Sohn bleibt hartnäckig. „Wo kommen denn nun die Babys her?" Ich: „Na, du hast doch gestern dem Luis seine Mutter mit dem

Veronika, Journalistin, ein Sohn (5), eine Tochter (7)

dicken Bauch gesehen. Da ist ein Baby drin!" Er: „Aber wie ist es da reingekommen?" Ich: „Wenn sich Mamas und Papas ganz doll lieb haben und ganz eng zusammen sind, dann gibt's manchmal ein Baby!" Das ist meine Einfach-Version um 20 Uhr. Ins Konkrete, Plastische gehe ich dann eher untertags. Was der Unterschied zwischen Buben und Mädchen ist und wie „das Ganze" konkret funktioniert. Lieber erkläre ich ihm das von Anfang an, und eben ich und nicht der Maxi im Kindergarten. Lieber sage ich ihm die ganze Wahrheit, ja, auch mit erst fünf Jahren, damit er das eben nicht nur als mechanischen Akt geschildert bekommt. Das will ich auf keinen Fall. Da muss man – oder eben frau durch. Und eben dann, wenn mein Kind es wissen will – und nicht erst, wenn er in den Supermarkt geht und sich wundert, warum es dort keine Babys gibt.

Viel gelacht. Ich hatte irgendwann so ein Gefühl, es wäre an der Zeit, das Thema mal anzusprechen. Da war meine Tochter in der ersten Klasse und mein Sohn im Vorschulalter und ich wollte vermeiden, dass sie nicht Bescheid wissen, wenn andere Kinder darüber sprechen. Weil ich keine

Ahnung hatte, wie ich es erklären soll, habe ich nach einem Buch gesucht und wirklich ein sehr lustiges gefunden, das ich meinen Kindern dann vorgelesen habe. „Peter, Ida und Minimum", das ist ein Bilderbuch, das wie ein Comic gemacht ist. Wir haben sehr viel beim Vorlesen gelacht, den Kindern war es auch ein bisschen peinlich, aber damit war das Ganze dann auch erledigt. Sie haben keine weiteren Fragen gestellt, denn das Thema war ihnen offenbar ein bisschen unangenehm. Und als ich fragte, „sollen wir das Buch noch einmal lesen", haben sie beide erklärt: „Nein, das brauchen wir nicht." Ich denke, man sollte auf jeden Fall seine Kinder selbst aufklären, bevor es in der Schule im Unterricht geschieht oder durch andere Kinder.

Auf die Fragen warten. Bei uns gab es eine CD von „Willi wills wissen", da wurde das Thema sehr unverblümt und nett behandelt, eine ganz wunderbare Sache, um es nicht selbst erklären zu müssen. Sich Hilfe zu holen durch Bücher oder CDs, ist meiner Ansicht nach das Beste, was man machen kann, um nicht ins Stottern zu kommen. Der richtige Zeitpunkt? Dann, wenn die Kinder Fragen haben. Mein großer Sohn hat einfach geahnt, dass es da etwas gibt, was er nicht weiß … Hätte er mich nicht gefragt, hätte ich das Thema auch nicht angesprochen. Zu lange warten sollte man aber natürlich auch nicht, sonst werden Kinder durch andere Kinder aufgeklärt und da werden ja auch blöde Sachen erzählt. Ich aber möchte, dass sie Sexualität als etwas ganz Normales einordnen können, daher sollten sie es auch ganz offen und normal erklärt bekommen.

Vanessa, kaufmännische Angestellte, ein Sohn (8), eine Tochter (10)

Andrea, Krankenschwester, zwei Söhne (7, 9)

MEIN KIND MACHT DOKTORSPIELE

Schau mal, was ich da habe und du nicht … Ach, das ist ja interessant: Gerade eben waren die Kinder noch angezogen, jetzt sind sie nackig im Kinderzimmer und leben ihren Forscherdrang aus. So, und jetzt? Doktorspiele gehören ja zum Großwerden dazu, soweit alles klar, alles bekannt. Aber wann muss ich den naturwissenschaftlichen Eifer in eine andere Richtung steuern? Was der/die eine kennenlernen will, will der/die andere vielleicht nicht herzeigen und umgekehrt. Muss ich unter fadenscheinigen Vorwänden – wollt ihr vielleicht was trinken? – regelmäßig einen Blick ins Zimmer werfen? Und wo liegen überhaupt die Grenzen?

Ich habe eine klare Ansage gemacht. Ich war erst baff und dann ratlos. Auf dem Nachhauseweg von einem Freund erzählte mir mein Sohn von der neuen Spielidee seines Freundes. Beide haben sich nackig gemacht, dann hat der Freund versucht, meinem Sohn den Penis in das Popoloch zu stecken. Die waren damals fünf! Mein Sohn erklärte, diese Freundschaft sei nun beendet und er gehe da auch nicht mehr hin. Natürlich habe ich mit ihm geredet: Er müsse nichts tun, was er nicht möchte, auch nicht für einen Freund. Er solle einfach sagen, so ein Spiel spiele ich nicht. Aber damit war die Sache ja noch nicht erledigt. Soll ich mit der anderen Mutter reden oder nicht? Als der Freund dann doch mal bei uns wieder zu Besuch war, habe ich dem Kleinen eine klare Ansage gemacht: Ausziehspiele werden bei uns nicht gespielt. Die Botschaft kam an.

Susanne,
Floristin,
ein Sohn (9),
eine Tochter
(15)

Trotzdem habe ich ehrlich gesagt immer wieder mal ins Zimmer geschaut, ob alles noch so im Rahmen ist. Bei der anderen Mutter habe ich nie ein Wort verloren. Es war ja eine einmalige Sache und mein Sohn fühlte sich nach der kurzen Ansprache auch nie mehr von seinem Freund bedrängt.

Heftig, wenn die Kinder ihr Geschlecht erkennen. Doktorspiele waren gestern. „Ich spiele Gitarre auf meinem Pimmi!" Mein nackiger Sohn steht vor mir und macht musikalische Früherziehung mit seinem kleinen Freund. Am liebsten vor seiner Schwester, die früher lachte, aber mittlerweile nur den Kopf schüttelt und sich umdreht. Heftig, wenn Kinder ihr Geschlecht erkennen. Aber auch ganz normal. Es gab Zeiten, da saßen meine Beiden nackig im Bad auf dem Boden und haben sich in alle erdenklichen Körperritzen geguckt – bis zum Anschlag. „Mumu", „Pimmi", „Schniedel" wurden zu ihren Lieblingsworten – und sind es bei meinem Kleinen immer noch. So lange er sich nicht wie neulich im Kindergarten die Hose runterzieht, um auf das Wasserlabyrinth zu pinkeln, ist mir das auch egal. In meinen/unseren vier

Veronika,
Journalistin,
ein Sohn (5),
Tochter (7)

Wänden ist das okay. Aber nicht vor anderen, vor allem vor kleinen Mädchen, denn manche haben tatsächlich noch nie einen nackten Buben bzw. Mann bzw. Vater gesehen. Für mich erschreckend. Man muss nicht nackt durch die Wohnung laufen, aber je normaler man damit umgeht, um so normaler und damit uninteressanter wird es für die Kinder.

Ganz normal, aber ein Gespräch hatten wir. Mein Sohn, damals vielleicht sieben Jahre alt, hat einen Freund zu Besuch. Ich gehe in sein Zimmer, er hatte damals ein Hochbett, die Matratze war also auf Augenhöhe, und das erste, was ich sehe, war ein Spielzeugthermometer in einem nackten Po… „Blöd, darauf bist du jetzt nicht vorbereitet", habe ich damals gedacht und bin noch einmal aus dem Zimmer, um nachzudenken. Beim zweiten Anlauf habe ich dann locker gesagt: „Na, spielt ihr Doktor? Das ist in Ordnung, aber bitte passt auf, mit so einem Plastikthermometer im Po kann man sich auch verletzen…" Und dann habe ich vorgeschlagen, dass sie sich jetzt vielleicht doch mal wieder anziehen. Dabei habe ich es belassen. Abends gab es noch ein kurzes Gespräch mit meinem Sohn. Dem war das Ganze ein

bisschen peinlich. Ich habe ihm erklärt, dass solche Spiele ganz normal sind. Aber dass man nichts machen soll und darf, was der andere nicht will und umgekehrt. Und dass es auch gefährlich sein kann, wenn man sich Sachen in den Po steckt… Das war es dann auch und damit war das Thema durch. Man darf ja keinesfalls ein Drama daraus machen. Aber das zu sagen, fand ich wichtig.

Christine, selbstständig, zwei Söhne (12, 15)

MEIN KIND WERTET MATERIELLES SO HOCH

Michis Eltern sind toll, die haben nämlich einen Pool. Bastis Eltern sind auch toll, weil die besitzen drei Autos. Die Eltern von Franziska fliegen in den Ferien einfach mal so mit ihren Kindern nach Mauritius. Und die von Charlotte? Die kaufen ihr nur teure Markenklamotten. Wow. In der Kindheit sind wir noch alle Amerikaner, bejubeln und bewundern den Wohlstand der anderen ungeniert und träumen vom später über uns hereinprasselnden Reichtum. Je mehr Geld, umso besser! Aber, aber, sagen dann wir Eltern, Geld ist doch nicht alles, wir haben es doch auch gut. Und bloß, weil nun einer reich ist, ist er noch lange kein besserer Mensch … Natürlich haben wir Recht, aber unser Kind irgendwie doch auch. Pool, Autos, Mauritius … darf man das alles nicht wollen?

Das echte gute Leben im Kind verankern. Es ist ja etwas völlig Normales, dass Kinder Materielles hoch werten. Unsere Zeit ist materialistisch, wir leben ihnen das alle vor. Als Eltern muss man aber meiner Ansicht versuchen, dem Thema Geld die Bedeutung zu nehmen. Kinder müssen lernen, dass Geld und Besitz mit dem Wert der eigenen Person nichts zu tun haben. Seien wir ehrlich – jeder von uns kann sich noch an die eigene Unsicherheit als Kind erinnern, an die Sehnsucht, in der Gruppe ein Star zu sein. Und dass dieses „Star-Sein" unabhängig von Materiellem ist (zu meiner Zeit war ein „Zuviel" unpopulär, heute ist es oft ein „Zuwenig"), ist eine Weisheit, die auch manchem Erwachsenen noch fehlt. Wie sollen es also die Kinder so ohne weiteres lernen? Mein Tipp: Kinder erleben lassen, wie froh einen Freundschaft macht oder wie gut man sich

Andrea,
Winzerin,
drei Töchter
(19, 20, 22)

fühlt, wenn man im Sport o.ä. erfolgreich ist oder wie schön ein Lagerfeuer sein kann. Und vor allem – solche Erlebnisse gemeinsam machen. Das echte gute Leben – Natur, Beziehung, Bewegung – ist etwas, das vor der Pubertät verankert sein muss. Danach kann man nur in Geduld hoffen, dass die Saat auch aufgeht, aber ich vertraue dann sehr auf den inneren Kompass, den die Kinder in jungen Jahren ausgebildet haben. Ach ja, noch was: Wenn wir als Mutter/Vater das eigene Älter-Werden nicht akzeptieren und uns ständig um unsere Außenwirkung sorgen, sind wir nicht unbedingt ein gutes Vorbild.

Das Beste, Schönste und Teuerste. Mein Sohn ist ein ganz lieber Kerl, aber er will alles haben und nur das Beste, Schönste und Teuerste. Ich bin zugegebenermaßen auch sehr großzügig. Kaufe auch unter dem Jahr mal was, wenn wir etwas Schönes sehen. Das erzählt er gerne seinen Freunden, die auf Geburtstag, Weihnachten oder Ostern warten müssen. Er gibt auch mit den Autos von Freunden an, die viel Geld haben. Wir haben ihm vorgerechnet, wie viel man für einen Lamborghini arbeiten muss, und dass er selbst nie einen besitzen wird, wenn er in der Schule weiterhin so faul ist. Da hat er plötzlich angefangen zu lernen. Aber natürlich prahlt er weiter. Aber es wird besser, weil wir ihm sagen, dass wir das nicht wertschätzen und auch nicht so angeberisch sein wollen.

Christina,
Hausfrau,
zwei Söhne (7, 9),
eine Tochter
(11)

Der Unterschied zwischen Needs und Wants. Hier in den USA wohnen wir in einer Gegend, in der fast jedes Kind zum Führerschein auch gleich den Jeep dazubekommt und jedes Jahr, seit der Grundschule, das neueste iPhone in der Tasche hat. Natürlich hat das bei meinen Kindern auch Begehrlichkeiten geweckt. Wenn es darum ging, wer was hat und was sie nicht, habe ich immer den Unterschied zwischen „Needs" und „Wants" angebracht. Diese Begriffe haben sie in der Grundschule gelernt und ich finde, sie sind sehr treffend. „Needs" – was braucht ihr? „Wants" – was wollt ihr? Auf diese Weise haben meine Kinder ihre Wünsche dann immer selbst sortiert. Ich habe ihnen versucht zu erklären, wie glücklich man sein kann, wenn man sich alle Needs erfüllen kann, dass andere das leider nicht

Karin,
Hausfrau,
zwei Töchter
(16, 18)

können. Und dann ist es natürlich auch so: Kinder reden miteinander, beobachten viel und hören wie es in anderen Familien, in denen auch alle „Wants" erfüllt werden, so zugeht und das ist oft weit weg vom Glücklichsein. Das haben sie selber ganz schnell gemerkt.

Nicht die Wünsche abwerten. Vor ihrer Klassenfahrt hat mir meine ältere Tochter einmal erklärt, sie brauche jetzt Marken-T-Shirts. Ich habe sie da gut verstanden. Was habe ich einst für meine Wrangler-Jeans gekämpft. Als Kind oder Jugendliche meint man eben, die Dinge würden dich aufwerten. Und mir selber macht es doch auch Spaß, mir mal eine schöne Tasche zu leisten, wobei ich mich dann aber auch übers

Friederike,
Coach,
zwei Töchter
(11, 13)

billige T-Shirt freue. Ich versuche daher auch nicht, ihre Wünsche abzuwerten. Man will eben dazugehören, zum Beispiel, indem man ein iPhone besitzt. Ich glaube, die Lösung liegt wie immer darin, dass man eine klare Haltung vorlebt. Dass all diese Dinge im Endeffekt nichts bedeuten. Und dass man die Realität Einzug halten lässt. Acht Paar Ugg-Boots, wie sie manche Kinder an der Schule haben, gibt es nicht. Meine Tochter bekommt eine bestimmte Summe, über die kann sie verfügen. Sie kann sich also kaufen, was ihr wichtig ist, aber dann muss sie vielleicht auf etwas anderes verzichten.

MEIN KIND GLAUBT NOCH IMMER ANS CHRISTKIND

Am schnellsten fliegt meist die Sache mit dem Nikolaus auf. Der verrät sich gelegentlich, wenn der Bart rutscht oder die Schauspielkunst eben doch nicht ganz reicht und die Kinder sich plötzlich verschwörerisch zuraunen: „Der Nikolaus klingt doch wie Onkel Tom." Der Zahnfee droht dieses Schicksal nicht. Sie schlägt ja schließlich nur nachts zu, kann also höchstens auf frischer Tat ertappt werden, wenn sie gerade den Zahn unterm Kopfkissen gegen ein Geschenk tauschen will. Aber dass da irgendwas nicht stimmt, ist jedem Kind spätestens nach dem Verlust des letzten Milchzahns klar. Wie eben auch die Sache mit dem Christkind, dem Weihnachtsmann, dem Osterhasen … Eine

fortwährende Entzauberung auf dem Weg zum Erwachsenwerden. Aber braucht es all diese Mythen tatsächlich für eine glückliche Kindheit? Und wann ist eigentlich der Moment gekommen, an dem ich mein Kind womöglich selbst aufklären muss, dass es doch Mama und Papa sind, die da die Eier im Garten verstecken, die Geschenke verpacken, die Säckchen füllen, den Weihnachtsbaum schmücken … einfach, damit es die Wahrheit nicht in der Schule erfährt, sich blamiert und fürchterlich enttäuscht ist?

Das gehört zur Kindheit. Den Zauber um Weihnachten würde ich meinen Kindern niemals nehmen. Der Glaube ans Christkind löst sich schon von alleine auf oder verändert sich vielmehr. Meine Tochter etwa sagte einmal zu mir: „Das sind ja all die Geschenke vom Wunschzettel, den ich geschrieben habe …" Als ich ihr daraufhin geantwortet habe, „du warst halt sehr brav und bist vom Christkind dafür belohnt worden", hat sie mir ein Bussi gegeben und mir leise ins Ohr geflüstert: „Danke, Mama."

Christina,
Hausfrau,
zwei Söhne (7, 9),
eine Tochter
(11)

Mein älterer Sohn glaubt noch irgendwie an diesen Weihnachtszauber, aber auch nicht mehr so richtig, jedenfalls sucht er jedes Jahr die Weihnachtsgeschenke… Vergeblich! Mein Jüngster freut sich natürlich glühend auf das Christkind. Für ihn spielen wir alle ein großes Theater und finden das sehr, sehr schön. Es wäre doch schade, den Kindern diese Mythen nicht zu schenken, das gehört zur Kindheit doch dazu.

Beim Osterhasen kamen die frühesten Zweifel. Für mich sind die Erzählungen über Osterhase, Nikolaus und Weihnachtsmann ein Teil der Kindheit, die Ostern und der Weihnachtszeit etwas Geheimnisvolles verleihen und in der frühen Kindheit unbedingt zum Ritual gehört. Bei uns zu Hause tritt allerdings keiner der drei leibhaftig in Erscheinung – kein verkleideter Nachbar, Onkel oder Student. Der Nikolaus kommt wie der Osterhase nachts und von allen unbemerkt. Und auch der Weihnachtsmann macht nur kurz durch Geräusche auf sich aufmerksam und will ansonsten gar nicht von den Kindern gesehen werden, weil er ja noch so viele andere beschenken muss. Unsere damals vierjährige Tochter fand es durchaus

gut, dass sie vom Weihnachtsmann beschenkt werden würde, weil sie von diesem eher die Erfüllung ihres Herzenswunsches erwartete als von den Eltern, die erklärtermaßen wenig von der Sache hielten.

Beim Osterhasen kamen unseren Kindern am frühesten Zweifel: Wie kommt das Ei eigentlich auf den Dachbalken? Wie groß muss der Osterhase dafür sein? Und warum bringt ein Hase überhaupt Eier? Hier heißt es dann rechtzeitig die Kurve kriegen und nicht krampfhaft an Märchen festhalten, wenn ein Kind anfängt, die Dinge kritisch zu hinterfragen. Aber auch das ist für mich Teil der kindlichen Entwicklung, dass ein Kind lernt, etwas in Frage zu stellen, einer Sache auf die Spur zu kommen. Als unser damals siebenjähriger Sohn mich inständig bat, ihm die Wahrheit zu sagen, ob es den Weihnachtsmann gibt, lautete meine Antwort: „Er kommt zu dir, solange du an ihn glaubst." Auch unsere mittlerweile Großen haben jahrelang an diese Gestalten geglaubt und haben es sich gegenüber ihren jüngeren Geschwistern bisher auch gut verkneifen können, den Mythos zu zerstören.

Almut,
Hausfrau,
drei Töchter
(6, 6, 17),
ein Sohn (14)

Ich nehme den Zauber nicht. Meine jüngeren Brüder habe ich über das Christkind aufgeklärt, da waren sie noch in der Grundschule, weil ich als Studentin damals gelernt hatte, man solle die Kinder ab sechs Jahren nicht mehr an der Nase herumführen, also anlügen. Damit man als Erwachsener auch glaubwürdig bleibt. Das hat mir meine Mutter damals übelgenommen und meine Geschwister habe ich in Zweifel gestürzt. Die wollten ja noch gar nicht die Wahrheit wissen. Ich kläre seitdem kein Kind mehr auf und auch meine eigenen Kinder durften solange an das Christkind oder den Osterhasen glauben, wie sie daran glauben wollten. So lange kam zum Beispiel auch der Nikolaus ins Haus. Osterhase, Nikolaus, Christkind oder Weihnachtsmann, das sind doch die Mythen, die die Kindheit verzaubern ... Irgendwann erfahren die Kinder die Wahrheit dann ohnehin in der Schule, im Gespräch mit anderen Kindern, der eine weiß dann eben schon ein bisschen mehr. Deswegen aber verlieren Eltern doch nicht ihre Glaubwürdigkeit! Die Kinder verstehen ja in dem Alter dann auch, warum die Eltern diesen Aufwand betreiben – ihnen zuliebe. Wenn dann die Ernüchterung kommt, und klar, es ist eine Ernüchterung, ist das so etwas wie der erste Schritt zum Erwachsenwerden. Dann geht es ja aber leider nur noch um die Geschenke und der besondere Zauber von Weihnachten ist vorbei.

Angelika,
Lehrerin,
eine Tochter (12),
ein Sohn (19)

MEIN KIND WILL ÜBER GOTT SPRECHEN

„Mami, was macht der liebe Gott eigentlich nachts? Schläft der?" Wer da schon stottert, kommt bei anderen Fragen vermutlich erst richtig ins Schwitzen. Dann nämlich, wenn Kinder von ihren Eltern das Glaubensbekenntnis einfordern oder hinterfragen: Warum lässt Gott zu, dass Kinder sterben? Warum ist Gott keine Frau? Warum glaubt meine Freundin Ayse eigentlich nicht an den gleichen Gott wie ich? Kommt sie denn dann nicht in den Himmel? Wer sich in seinem Glauben sicher ist, dem fällt das Antworten leichter als jenen, die hadern. Soll man aber mit seinem Kind wirklich über die eigenen Zweifel sprechen? Oder ihm der Wahrheit zuliebe auch gestehen, dass man selbst mit der Religion vielleicht wenig am Hut hat und ihm damit womöglich auch die beruhigende Vorstellung eines liebenden Gottes nehmen, der niemals schläft?

Keine Gedankenkonstrukte bauen.
Die Frage nach Gott sollte man meines Erachtens immer ehrlich beantworten, denn Kinder merken ganz genau, wann Eltern ehrlich sind oder schwindeln. Wenn wir möchten, dass unsere Kinder die wichtigsten Werte dieser Glaubensgemeinschaften leben, dann müssen wir sie ihnen auch vorleben: Mitgefühl, Güte, Aufrichtigkeit, Versöhnlichkeit. Wenn wir dies vorleben, dann können wir auch die schönen Seiten der Religionen leben und an die Kinder weitergeben: Beschützt werden von Gott, Engel zu Rate ziehen und auf sein Herz hören, fragen, was würde wohl deine tote Oma oder Opa dazu sagen, usw. Im Fokus sollte die Ethik und Moral stehen, nicht die einzelne Religion – und dann ist es egal, ob Gott Allah oder Manitu oder Jahweh heißt. So kann man dann auch individuelle Antworten auf die Fragen

Annette,
Projektmanagerin,
zwei Söhne
(15, 19)

seiner Kinder geben, so wie jeder einzelne seine Spiritualität lebt – es authentisch den Kindern zu erklären, denke ich, macht mehr Sinn als Gedankenkonstrukte zu bauen.

Ein Vakuum, das mit Spiritualität gefüllt werden muss.
Wir haben alle ein großes Loch, ein Vakuum, das irgendwie mit Spiritualität gefüllt werden muss. Wenn wir diesen Bereich bei unseren Kindern nicht füttern oder füttern lassen, saugen sie später irgendetwas auf. Und das kann dann so richtig schief gehen und ihnen viel Angst mitgeben. Klar hat Gott im Moment ein Problem mit einem Teil seines Bodenpersonals und die Kirche keinen besonders guten Ruf. Aber für mich sind Religionsunterricht und Kirche immer noch besser als gar nichts oder ein diffuses Gutmenschentum, das bei den großen Krisen keine Antworten bereit hält. „Hab keine Angst!", sagen wir ihnen, wenn sie klein sind. Selbst entscheiden werden sie sich, wenn sie groß sind. Da haben wir sowieso keinen Einfluss mehr darauf. Abgesehen davon hauen sie uns dann um die Ohren, was wir tun,

Andrea,
Winzerin,
drei Töchter
(19, 20, 22)

beziehungseise getan haben. Sie sehen messerscharf, mit wie viel Hoffnung wir selbst durch unser Leben schlittern. Die alte Vorbild-Falle! Da ist sie wieder …

Ein wichtiges Kulturgut. Meine Kinder sind katholisch getauft. Aber nicht mehr zur Kommunion gegangen. Ich habe es ihnen damals freigestellt, weil ich mittlerweile aus der Kirche ausgetreten war. Das hatte mit der katholischen Kirche zu tun und auch mit mir: Im Innersten bin ich nicht gläubig. Gute-Nacht-Gebete gab es bei uns zum Beispiel auch nicht. Im Nachhinein habe ich mich aber dann geärgert, dass sie nicht gegangen sind. Weil ich glaube, dass Religion ein sehr wichtiges Kulturgut ist und dass es auf jeden Fall besser ist, sich damit auseinanderzusetzen, als es nicht zu tun. Nur wer sich damit auseinandersetzt, kann dann auch entscheiden, bringt mir das etwas, will ich das oder nicht? Den Kindern gegenüber war ich offen: Ich habe ihnen damals erklärt, dass ich nicht weiß, ob es wirklich einen Gott gibt, aber ich doch weiß, dass es dir im Leben weiterhilft zu glauben, weil dir religiöse Lebens-

Alenka,
eine Tochter,
ein Sohn
(beide 15)

gemeinschaften in ganz vielen Fragen des gesellschaftlichen Zusammenlebens einen Rahmen und einen Halt geben. Weil man dort auch eine Form finden kann, Dinge loszuwerden, die man den Eltern nicht sagen kann. Mein Sohn ist dann später zur Firmung gegangen, meine Tochter nicht.

MEIN KIND WILL ÜBER DEN TOD SPRECHEN

Ihr Kind will jetzt immer den Opa im Himmel besuchen. Seit der Großvater gestorben ist, gibt es viele Fragen zu klären. Sterben eigentlich nur die Männer oder auch die Frauen? Wenn die Oma stirbt, kriegen wir dann eine neue? Sitzt man im Himmel auf einer Wolke oder wird man ein Stern? Aber wenn das so ist, warum kommt ein Sarg dann in die Erde? Ihr Kind will alles über das Sterben wissen – ein Thema, bei dem wir selbst an unsere Grenzen stoßen. Wie rede ich eigentlich mit meinem Kind über den Tod? Wie viel Wahrheit kann mein Kind vertragen?

Ehrlich mit den Kindern über den Tod reden. Es gab eine Zeit – meine Kinder waren zwei und vier Jahre alt – da war der Tod sehr real bei uns zu Hause. Ich war krank, wusste nicht, wie und ob es weitergehen würde. Wichtig war mir in dieser Zeit aber, dass meine Kinder über den Tod sprechen können. Dass sie keine Angst vor ihm haben müssen. Dass sie im besten Fall an den lieben Gott glauben – aber die Waldfee wäre mir in diesem Moment auch recht gewesen. Hauptsache, sie glauben an etwas. Daran, dass sie jemand beschützt, dass alles gut wird, egal, wie es kommt. Meine Kinder löcherten mich: „Wo bekomme ich im Himmel was zu essen?" Ich: „Das fällt von der Wolke." Meine Kinder: „Und wo gibt's was zu trinken?" Ich: „Du stellst dich einfach unter die Wolke, dann regnet es." Sie: „Mama, stirbst du vor uns?" Ich: „Das will ich doch hoffen, andersherum wäre das eher unnormal." Sie: „Aber wie finden wir dich im Himmel?" Ich: „Also, ich stelle mir vor, dass ihr wie ein Magnet angezogen werdet. Ihr könnt mich also nicht verfehlen!" Kinder brauchen Geschichten. Aber man sollte ihnen ehrlich sagen, dass man das mit dem Tod, dem Himmel auch nicht genau weiß, dass es keiner wissen kann. Aber, dass man es sich eben so vorstellt. Dass man daran glaubt – dann schlafen sie hoffentlich glücklich und zufrieden ein, wie meine eingeschlafen sind in einer sehr dunklen Zeit in unserem Leben.

> Veronika,
> Journalistin,
> ein Sohn (5),
> Tochter (7)

Den Tod und die Trauer nicht verstecken. Als der Uropa meiner Kinder im Sterben lag, wurde er ein halbes Jahr zu Hause gepflegt. Da haben wir natürlich viel geredet und so muss es auch sein. Ich möchte nicht, dass meine Kinder den Tod als etwas Schlimmes empfinden. Der Tod gehört zum Leben nun mal dazu, man muss lernen, auch mit diesem Thema umzugehen. Und man darf seine eigene Trauer vor den Kindern daher auch nicht verstecken. Das ist meiner Ansicht nach extrem wichtig. Wir haben dann ein Buch gemeinsam gelesen, in dem es um den Tod eines Großvaters ging. Als der Uropa gestorben ist, hat mein großer Sohn gesagt: „So Mama, jetzt dürfen wir weinen." Er ist auch mit zur Beerdigung gegangen, wusste genau, was passiert, dass es da ein Grab gibt mit vielen Blumen darauf,

> Andrea,
> Krankenschwester,
> zwei Söhne
> (7, 9)

dass viele weinen werden. Er weiß nun, das der Friedhof kein Ort ist, vor dem man Angst haben muss, sondern eine Stätte, an der man an liebe Menschen denkt und auch einmal traurig sein darf.

Wir sprechen über alles im Leben – und dazu gehört auch der Tod. Unsere Kinder waren einfach immer selbstverständlich dabei, wenn der Tod in unser Leben trat. Leider war das sehr früh: Als unser Sohn fünf war, starb seine Urgroßmutter. Als die eine Großmutter starb, waren die Kinder neun und zwei, als die andere ging 13 und sechs. Sie haben erlebt, dass diese für sie so wichtigen Menschen krank und schwächer wurden, bis sie schließlich nicht mehr da waren und wir alle gemeinsam die Beerdigung feierten (!). In dieser Zeit haben die Kinder selbst bestimmt, wie viel sie mit uns über das Kranksein und Sterben sprechen wollten. Wir haben offen mit ihnen geredet über ihre Fragen und Gedanken – und auch unsere Traurigkeit. Sie selbst waren dabei nie verzweifelt oder hoffnungslos, wie wir Erwachsenen manchmal.

Elisa,
PR-Agentin,
eine Tochter (13),
ein Sohn (20)

MEIN KIND WILL MIT MIR NICHT ÜBER SEINE SORGEN SPRECHEN

Kinderkummer wiegt schwer – auch in den Herzen von Eltern. Und so gerne man seinem Kind helfen würde, oft weiß man ja gar nicht, woher der Kummer kommt, weil es beharrlich schweigt. Ärger mit dem besten Freund oder der besten Freundin? Probleme mit der Klasse? Zoff mit der Lehrerin? Angst vor einer Prüfung? Dass da ein Kummer herrscht, merken Eltern oft erst am Verhalten: Weil sich das Kind vielleicht zurückzieht, schneller zornig wird oder beim kleinsten Anlass in Tränen ausbricht… Von wegen also alles okay… Wenn das Kind aber einfach nicht darüber sprechen will, wie kann man dann eigentlich helfen?

Töchter schauen genau, was wir tun. Ich war häufiger im Krankenhaus, als meine jüngere Tochter noch im Kindergarten war. Ich hatte damals psychische Probleme und wollte sie aus allem raushalten. Sie sollte sich keine Sorgen machen, weshalb ich die Situation „heruntergespielt" habe, was aber natürlich nicht funktioniert hat. Im Gegenzug hat auch meine Tochter mich aus allem rausgehalten und ihre Angelegenheiten alleine geklärt. Ich habe dann angefangen, selbst mehr von mir zu erzählen. Danach ist es etwas besser geworden. Sie weiß mittlerweile auch, dass es meine Sorgen nicht kleiner macht, wenn ich nichts von ihren Sorgen weiß. Töchter schauen genau, was wir tun, sie bekommen alles mit. Letztlich zählt insbesondere, was wir tun, nicht was wir reden.

Bettina, Juristin, zwei Töchter (16, 18)

Haltung respektieren. Meine Tochter und ich reden über alles – fast alles. Es gibt nämlich auch diese Gespräche zwischen uns. Ich: „Wie geht es?" – Sie: „Alles in Ordnung." – Ich: „Ich sehe doch, dass etwas ist." – Sie: „Nein."… – Ich: „Wirklich nicht?"… Dann kann ich nur mutmaßen, vielleicht gab es irgendeinen Ärger mit ihren Freundinnen. Aber ich muss ihre Haltung natürlich respektieren. Ich glaube, sie möchte manchmal einfach nicht, dass ich für

Regina, Juristin, eine Tochter (16)

sie Partei ergreife, mich über ihre Freunde aufrege und mich am Ende immer daran erinnere: „War das nicht die, die damals…" Kinder sind ja meist lange nicht so nachtragend wie die Eltern! Sie verzeihen den Freunden viel schneller. Und sie wollen irgendwann auch keine Einmischung mehr, das ist nun mal Teil der Entwicklung. Aber für Eltern ist das natürlich nicht leicht zu ertragen. Ich arbeite an mir zu lernen, dass ich den Schmerz und Kummer meines Kindes nicht zu meinem eigenen mache. Und höre im Ohr die Stimme meiner Freundin: „Kinder müssen leiden, um erwachsen zu werden."

Abwarten und akzeptieren. Meine jüngere Tochter macht alles gerne mit sich aus. Und natürlich sorge ich mich deswegen manchmal. Aber ich kann nicht mehr machen, als sie darauf ansprechen und sie fragen, ob sie vielleicht darüber mit mir reden möchte. Wenn nicht, dann muss ich das akzeptieren. Und nicht ständig nachhaken und damit auch meine Ängste ins Kind projizieren. Als Mutter muss ich ja meinem Kind das Vertrauen geben, dass es für sich eine Lösung finden wird – auch

Friederike, Coach, zwei Töchter (11, 13)

ohne mein Zutun. Insofern: Abwarten, bis das Kind von alleine kommt. Akzeptieren, wenn es nicht kommt. Und wenn es kommt, nicht predigen, sondern zuhören und versuchen, zu verstehen.

MEIN KIND HAT ANGST

Angst ist nicht wählerisch. Angst nämlich kann man vor fast allem haben: Vor Spinnen, Mäusen, Hunden oder Pferden, aber auch vor der Dunkelheit und dem Gewitter, vor dem Kindergarten und der Schule, vor Krankheit und Tod, vor Menschen und Monstern und natürlich vor dem Alleinsein. Und Angst ist auch nicht gerecht verteilt: Es gibt Kinder, die entdecken die Welt fast ohne Furcht. Und andere, da muss man jede Nacht unterm Bett die Monster verjagen, bevor Ruhe einkehrt. Wie aber geht man mit der Angst des Kindes um, wie vertreibt man sie und muss man jede Angst wirklich ernst nehmen?

Wir erproben Alltagssituationen. Mein Sohn ist ein generell vorsichtiges Kind. Als wir einmal einen Kinderfilm zu Halloween angeschaut haben, hat sich seine kleine Schwester richtig gut amüsiert, mein Sohn war im Ausnahmezustand. Dabei hatten sich nur zwei kleine Kinder als Vampire verkleidet. Ein wirklich netter Film, den niemand schlimm finden konnte! Mein Sohn konnte nicht mehr allein einschlafen und kam danach lange Zeit nachts zu uns ins Bett gekrochen. Er wollte immer in der Mitte liegen, damit ein angreifender Vampir zuerst einen Erwachsenen erwischt. Wir wollten, dass unser Sohn sich sicher fühlt und haben das sehr lange akzeptiert. Bettgeh-Rituale mit Musik und Meditation brachten nichts, genauso das Gespräch mit dem Kinderarzt. Dann haben sich durch schulische Probleme die Ängste – nicht nur wegen Vampiren – so sehr verstärkt, dass wir einen Angsttherapeuten hinzugezogen haben. Mein Sohn erzählt ihm bei den Sitzungen spielerisch, wie er sich nachts fühlt, was ihn beschäftigt und im Anschluss darf er ein Computerspiel machen, in dem er als Ritter Drachen besiegen muss. Uns wurde geraten, ihn im Alltag Situationen erproben zu lassen, um sein Selbstbewusstsein zu stärken, beim Bäcker Semmeln holen etwa. Oder selber ein Eis kaufen, seine klei-

Stephi,
Betriebswirtin,
eine Tochter (6),
ein Sohn (9)

ne Schwester kann das wunderbar, er geht gerne mit ihr mit. Allmählich spüren wir aber, dass es besser wird. Kürzlich hat unser Sohn uns stolz berichtet, dass er nachts aufgewacht ist, sich überlegt hat, ob er uns rufen soll und sich dann gedacht hat, dass er eigentlich niemanden braucht. Ein großes Erfolgserlebnis für uns alle. Was ich unter anderem daraus gelernt habe: sich von niemandem dreinreden lassen. Denn als meine Eltern gehört haben, dass unser Sohn fast jede Nacht ins Ehebett wandert, konnten sie dies überhaupt nicht verstehen und haben dies auch mehrfach thematisiert. Wir wussten aber, was für tiefer gehende Gründe sein Verhalten hat(te).

Plötzlich war die Angst da. Für mich ist es rätselhaft, warum mein achtjähriger Sohn plötzlich Angst hat. Früher ist er mal schnell allein geblieben, wenn ich meinen Kleinsten aus dem Kindergarten abgeholt habe, der gleich um die Ecke ist. Das ist nun nicht mehr möglich. Er kann nicht allein sein und nicht mehr alleine einschlafen. Er hat auch schrecklich Angst, dass wir ihn allein lassen, obwohl so etwas noch nie vorgekommen ist. Wenn ich ihn nun ins Bett bringe, muss ich auf dem gleichen

Stockwerk bleiben, sonst weint er bitterlich. Das nervt manchmal gewaltig. Normalerweise gehe ich abends immer in das Zimmer meines Jüngsten und lese ihm noch vor. Das ist gerade wirklich schwierig zu bewerkstelligen, weil mein Angsthase ständig nachfragt: „Bist du noch da?" Mein Mann setzt sich manchmal auf die Treppe, um zwar in der Nähe zu sein, die Entfernung aber auch ein wenig zu vergrößern. Seit ein paar Monaten geht das nun schon so. Ich weiß, dass meinem Sohn vieles durch den Kopf geht, er ist ein sensibles Kind. Oft denkt er Situationen weiter, was alles passieren könnte. Das macht es ihm schwerer abends runterzukommen. Ich sage ihm oft: „Schalte deinen Kopf aus." Aber meine Abende sind dennoch gelaufen. Ich rechne fest damit, dass es vorbeigeht, er konnte es ja mal. Wir versuchen ihn peu à peu in die richtige Richtung zu schieben.

Monika, Hausfrau, zwei Söhne (5, 8), eine Tochter (10)

Angst folgt keiner Logik. Die Angst war bei meinem Sohn von dem Wort „allein" begleitet: Angst vor dem alleine schlafen, Angst davor alleine in den Keller oder alleine in den ersten Stock zum Zähneputzen zu gehen,

Angst alleine im Zimmer zu spielen, Angst alleine zu Hause zu sein, vor allem in Kombination mit Dunkelsein, auch wenn ich nur zu Freunden auf die andere Straßenseite gegangen bin. Das war auch noch ein Problem, als er schon zehn oder elf Jahre alt war, da brannte dann immer die Vollbeleuchtung, aber das war natürlich okay. Ich habe hoffentlich nie diese Sprüche gesagt wie „Da musst du doch keine Angst haben" oder so getan, als ob die Angst lächerlich wäre. Angst folgt ja keiner Logik. Klar, war ich manchmal genervt, man kann da nicht immer Geduld aufbringen. Aber man muss sein Kind mit seiner Angst ernst nehmen. Ich habe versucht ihm auf Augenhöhe zu begegnen, versucht, mich einzufühlen, wie es ist als Kind in einem alten Haus, das knarzt. Angst gehört ja zum Erwachsenwerden dazu. Aber klar ist auch: Man muss die Angst überwinden. Daran wächst ja ein Kind auch, wenn es eine Angst bewältigt. Sonst wächst die Angst. Wir sind dann zum Heilpraktiker gegangen, ich habe es mit Globuli probiert und ich habe versucht, die Grenzen zu verschieben. Wenn er mich beispielswei-

Antonie,
Lehrerin,
ein Sohn (18)

se angerufen hat, habe ich ihm erklärt, ich bin in zehn Minuten zu Hause und bin nicht sofort panisch nach Hause gerast. Wenn ich einen Tipp geben kann, was die Angst und das Alleinsein betrifft: Ein Tier kann da sehr helfen. Wenn ich nicht da war, dann zumindest die Katze!

DIE WELT IST SCHLECHT. WANN UND WIE SOLL MEIN KIND DAS ERFAHREN?

Natürlich geht Ihr Kind in diesen Sag-Nein-Kurs. Denn es wird bald mal allein auf dem Schulweg unterwegs sein. Natürlich soll es trainieren, wie es entschieden „Nein" sagt und weitergeht, wenn es ein Fremder anspricht. Und dass es die Haustür nicht einfach aufreißt, wenn es klingelt. Und wenn es dann fragt, warum eigentlich genau? Was sagen Sie dann? Dass der Exhibitionist/Entführer/Pädophile/Räuber ständig lauert? Wie erklären Sie, dass die Welt schlecht ist, ohne dass Ihr Kind Angst bekommt – und Sie erst recht?

Einfach bewachen. Mütter, die mir erzählen, dass ich nicht so klammern soll und es total in Ordnung finden, dass sechsjährige Kinder in der Dunkelheit morgens alleine zum Bus oder abends alleine zum Flötenunterricht laufen, kann ich nicht verstehen. Ich kann in diesem Alter schwer schreckliche Sachen erklären, ohne Kindern Angst zu machen. Ein Sag-Nein-Kurs hilft ihnen im Ernstfall auch kein bisschen. Das mit den vorsichtigen Erklärungen, was passieren kann, geht vielleicht ab zehn Jahren, aber vorher heißt es einfach aufpassen und das Kind nicht alleine (laufen) lassen. Da ich bereits große Kinder habe, kann ich alle Zweifler beruhigen: Meine Kinder haben sich völlig normal entwickelt und hängen ganz sicher nicht mehr an meinem Rockzipfel. Kinder müssen nicht mit sieben Jahren selbstständig sein!

Regina,
Referentin Erwachsenenbildung, zwei Söhne (16, 22), eine Tochter (27)

Keine Angst erzeugen. Als meine Tochter das erste Mal mit einem Schulfreund heimlaufen durfte, waren die beiden derart beflügelt von ihrer neuen Selbstständigkeit, dass sie spontan beschlossen, eine Freundin zu besuchen. Die einfache Grundregel „Nach der Schule auf direktem Wege nach Hause gehen" hat gleich überhaupt nicht funktioniert. Ich habe versucht, sie maßvoll zu rügen und ihnen nicht gleich den Schneid abzukaufen. Ich möchte mich auf meine Kinder verlassen können, sie aber auch nicht ausbremsen, sich im Umgang mit Alltagssituationen und Menschen auszuprobieren. Denn das ist doch auch großartig und erst dadurch werden sie selbstbewusst. In der Hoffnung, dass sie Gefahren erkennen und spüren können. Ich würde nie mit Worten Angstgefühle erzeugen.

Olga,
Landschaftsarchitektin, eine Tochter (12), ein Sohn (15)

Immer wieder die Sinne schärfen. Ich lasse meinen kleineren Sohn ungern alleine. Wenn ich das Haus kurz mal verlasse, sperre ich ihn wirklich ein. Natürlich reden wir darüber. Ich sage ihm dann, mir ist es so lieber, weil es Menschen gibt, die nichts Gutes im Sinn haben. Eigentlich kann man nur versuchen, einem Kind wieder und wieder die Sinne zu schärfen. Aber ich bin überzeugt, letztlich kann man es nicht schützen. Wenn ein trickreicher Mensch läuten würde und vortäuscht, mir ginge es schlecht, mein Sohn solle ganz schnell mit ihm kommen, dann würde mein Kleiner das zu hundert Prozent tun. Tausend Sag-Nein-Kurse würden ihn in so einer akuten Situation nicht davon abhalten, mir helfen zu wollen. Dennoch will ich daraus kein großes Thema machen. Eigentlich möchte ich eher vermitteln, dass wir in einer schönen Welt leben – in der man manchmal aber auch einfach vorsichtig sein muss.

Jutta,
Hausfrau,
zwei Söhne
(9, 18)

MEIN KIND HAT ANGST VOR TERROR. WAS UND WIE VIEL ERKLÄRE ICH IHM

Es ist wieder passiert irgendwo in der Welt. Die Nachrichten kennen nur ein Thema und die Erwachsenen reden auch von nichts anderem mehr. Und natürlich bekommt Ihr Kind mit, dass es wieder einen schlimmen Terroranschlag gegeben hat. Tote, Verletzte, Rettungskräfte, Sicherheitsmaßnahmen, aus Gesprächsfetzen kann es sich einiges zusammenreimen. Viel zu viel sogar. Und nun will es darüber reden. Mama, was ist da genau passiert? Was tun? Ablenken. Kleinreden. Beschwichtigen, weil das nur Nachrichten für Erwachsene sind oder doch offen darüber reden?

Lernen, das Risiko des Lebens zu akzeptieren. Meine Tochter ist (besonders) intelligent, (besonders) aufgeweckt und hat (besonders) viel Fantasie. Das klügste Kind der Welt also. Die ganze Sache hat nur einen Haken: Dank ihrer überbordenden Fantasie kann sie sich bei Geschehnissen irgendwo auf der Welt umgehend Schreckensszenarien in unserem Provinzstädtchen ausmalen: Vom Amoklauf an ihrer Mädchenschule bis hin zum Bombenanschlag beim Kinderkonzert. Leider war sie schon immer hellwach, registrierte auch als Kindergartenkind Meldungen im Radio und in der Grundschule Nachrichten aus der Zeitung. Obwohl ich eine Meisterin im schnellen Leisedrehen des Autoradios und im Verstecken von Zeitschriften mit kritischem Inhalt war. Kann ich ihr diese Ängste nehmen? In einer Zeit, in der selbst viele Erwachsene Angst haben? Das ist schwer, denn hundertprozentige Sicherheit

Iris,
Journalistin,
eine Tochter
(13)

kann ich ihr einfach nicht versprechen. Ich hoffe einfach, dass sie mit jedem Tag lernt, sich von Ängsten nicht ausbremsen zu lassen und das Risiko des Lebens zu akzeptieren. Und das versuche ich ihr, vorzuleben.

Den Kindern keine Angst machen. Also von selber bringe ich die Diskussion nicht auf den Tisch. Aber vermeiden lässt sie sich eben auch nicht, dazu ist das Thema derzeit viel zu präsent. Teils wird in der Schule ja schon darüber gesprochen. Selbstverständlich ist, dass jede Art von Terror schrecklich ist und auch kein Grund der Welt Terroranschläge rechtfertigt. Ich versuche dann aber schon, meinen Kindern alle Fragen offen und möglichst objektiv zu beantworten. Ich versuche auch, den beiden einen möglichst globalen Blick zu vermitteln (und überfordere sie dabei wahrscheinlich). Wichtig ist für mich auch, dass ihnen keine Angst gemacht wird. Mehr Platz als nötig räume ich solchen Diskussionen daher nicht ein. Die Kinder sollen aber verstehen, dass wir momentan mit Terror leben müssen. Ich bin auch mit dem Terror der RAF groß geworden.

Steffi,
Rechtsanwältin,
eine Tochter (8),
ein Sohn (10)

Trotzdem nahm dieses Thema keinen maßgeblichen „Platz" in meinem Leben ein.

Nicht alleine mit diesem Thema lassen. Grundsätzlich betreibe ich keine offensive Aufklärung. Aber wenn wir zusammen in den Medien Berichte sehen, in der Zeitung oder im Fernsehen, dann kommentiere ich das auch bzw. versuche die Wahrheit zu vermitteln, ohne Ängste zu erzeugen. Ich sage dann zum Beispiel zu meiner kleinen Tochter: „Das passiert leider auf der Welt, aber nicht bei uns in Augsburg." Ich will doch nicht, dass sie abends im Bett liegt und vor lauter Angst nicht mehr einschlafen kann. Mit meinem Sohn, der drei Jahre älter ist, spreche ich natürlich anders. Ich kann und will ihn nicht davon abhalten, sich zu informieren. Ich reiße ihm ja nicht die Zeitung oder Zeitschrift aus der Hand, wenn er dort derartige Nachrichten entdeckt. Wenn er eine Frage hat, beantworte ich sie, aber wenn er keine Frage dazu hat, dann „beantworte" ich sie auch: Ich kann ihn damit nicht alleine lassen. Das erfordert aber auch, dass ich seine Mediennutzung beobachte. Einfach so

Sandra,
Betriebswirtin,
eine Tochter (6),
ein Sohn (9)

auf dem iPad herumsuchen, das geht zum Beispiel nicht, da will ich dabei sein, weil ich nicht möchte, dass er auf schlimme Nachrichten oder anderes Übles stößt.

Wir haben das Radio eher abgedreht. Als unsere Kinder klein waren, haben sie Meldungen solcher Art tatsächlich meist nicht mitbekommen, denn bei uns läuft kein Fernseher. Natürlich kommen die Meldungen auch im Radio, aber kleinere Kinder sind meist viel zu versunken in ihre Beschäftigung, als dass sie darauf achtgeben. Und letztlich haben wir das Radio eher abgedreht und Katastrophenmeldungen, welcher Art auch immer, nicht speziell thematisiert. Kinder bis zum Grundschulalter, so finde ich, müssen sich nicht damit auseinandersetzen. Das kommt früh genug. Dann lässt es sich nicht mehr vermeiden und natürlich sollen sie Bescheid darüber wissen, was in der Welt, was bei uns passiert. Aber auch im Grundschulalter fand ich es wichtig, sie nicht mit unnötig vielen Bildern zu überfrachten. Die Meldungen hören, sie in der Zeitung lesen und darüber sprechen – das ist besser als die vielen Bilder, die sich im Kopf festsetzen und Angst machen. Inzwischen sind unsere Kinder selbst alle „online" und mit den Terrormeldungen hierzulande „groß" geworden. Sie sind leider so alltäglich wie für uns es der kalte Krieg war. Und sie sind immer noch „weit genug" weg, zumal wir in keiner Großstadt leben, als dass sie konkret Angst davor haben. Sicher liegt es auch daran, dass wir, so bestürzt man darüber ist, uns selbst nicht ängstlich zeigen. Wir lassen uns auch nicht davon abhalten, mit ihnen auf öffentliche Veranstaltungen zu gehen oder im Urlaub europäische Städte zu besuchen.

Andrea,
freiberufliche
Texterin,
vier Söhne
(12, 12, 17, 19)

NACHWORT

Noch Fragen offen? Aber natürlich. Auf 101 Fragen haben wir knapp 320 Antworten von 75 Müttern bekommen, die zu fast allen Lebenslagen des Familienalltags Tipps, Ratschläge und Meinungen parat hatten. Wie gesagt zu fast allen. Erstaunlicherweise zu einer (für uns doch einst sehr, ähem, alltagsverändernden) Frage nicht. Wie schafft man es als Mutter eigentlich noch, ausreichend fernzusehen? Muss ich tatsächlich meine Fernsehlust radikal unterdrücken, damit meine Kinder malen, basteln und nicht dick und dumm werden?

Aber während unserer Recherchen haben wir verstanden: Supermütter haben keine Zeit zum Fernsehen. So ist das. Erziehen, arbeiten, kochen, fahren ihre Kinder durch die Gegend … wollen auch schlafen. Und deshalb entsteht so ein Buch quasi nebenbei: Also am Beckenrand, während das Kind Schwimmunterricht hat, oder am Sportplatz, während das Kind herumrennt, abends nebenbei, wenn die Kinder im Bett, oder morgens, wenn sie schon im Kindergarten oder in der Schule sind. Dann gibt es Chancen auf ein schnelles Gespräch oder eine E-Mail-Antwort. Die liest sich manchmal aber ziemlich dramatisch: Mein Kind hat Würmer, ich bin krank und mein Mann ist in Hongkong. Ich schaffe es gerade nicht, dir zu antworten … Ein Buch von Müttern und für Mütter entsteht also zwischendurch. Aber in diesem „Zwischendurch" haben wir wunderbare Gespräche mit unseren Supermüttern geführt, die vielleicht nicht immer viel Zeit, aber immer ein Herz für die Sache hatten.

Was wir selbst dabei gelernt haben? Dass man seine Probleme beim Erziehen nie mit sich alleine herumschleppen sollte. Dass wir Mütter ruhig selbstbewusster sein dürfen. Und dass wir alle den Satz im Kopf behalten sollten, den uns eine unserer Supermütter für dieses Buch geschenkt hat: „Alle Kinder wissen, dass ihre Mütter nicht perfekt sind. Wir müssen es nur auch selbst akzeptieren."

Wir sagen unseren Supermüttern ein unendlich großes Dankeschön: für ihre ehrlichen Antworten, für ihr Vertrauen, für ihre Zeit, für ihre Geduld, uns immer und immer wieder Rede und Antwort zu stehen, für ihren Idealismus, anderen Müttern mit ihrem Wissen vielleicht weiterhelfen zu können. Ganz besonders danken wir aber unserer Freundin Andrea Steichele-Biskup, die an diesem Buch von Anfang an mit vielen klugen Gedanken und Ideen, jeder Menge Zeit, Arbeit und Herzblut beteiligt war.

Ach ja, und falls doch noch eine Supermutter auf unsere oben genannte Frage antworten möchte: bitte unter supermuetter@augsburger-allgemeine.de. Wir freuen uns über Tipps, Anregungen und Meinungen.